W0186538

Maman, est-ce que ta chambre te plaît ?

Du même auteur
aux Éditions J'ai lu

LA CHAMBRE D'ALBERT CAMUS

N° 8794

QUEL BEAU MÉTIER VOUS FAITES !

N° 9335

WILLIAM
RÉJAULT

avec la collaboration de Christelle Bertrand

Maman, est-ce que ta chambre te plaît ?

Survivre en maison de retraite

RÉCIT

J'AI LU

© Éditions Privé, 2009
© Édition J'ai lu, 2011, pour la présente édition

Dans les réunions, on ne parle plus que d'euros [...]. Nous avons discuté récemment avec le conseiller de Nicolas Sarkozy. Il nous dit : « Je ne vois pas de différence entre l'hôpital et l'industrie aéronautique. » Mais de quoi parle-t-il ?

André GRIMALDI,
chef de service de diabétologie
à l'hôpital La Pitié-Salpêtrière à Paris.

Préface

Écrire des romans, des nouvelles, je sais faire. Livrer un témoignage brut, une fois jetés les artifices de l'écriture, les petits paravents derrière lesquels je me suis caché quand je voulais épargner mes lecteurs ou moi-même, livrer un « doc », comme me demandait mon éditeur, ça je ne savais pas le faire

Je tiens à remercier Christelle Bertrand sans qui je ne serai jamais allé aussi loin. Par ses questions, sans cesse reposées, par sa rigueur, par sa volonté de comprendre, par son insistance à me pousser dans mes derniers retranchements, ce livre a pu se faire, dans la douleur, souvent.

Il m'a été fort pénible de tout raconter, de me souvenir, encore, ou même parfois, alors que je parlais, subitement de me taire, d'un coup, car la vraie anecdote était là, derrière, tapie, atroce, et j'avais soigneusement posé du papier de soie dessus, depuis des années, en regardant ailleurs. Sans Christelle, jc n'aurai jamais osé raconter tout cela : qu'elle en soit remerciée. La colonne vertébrale de ce livre, c'est elle.

Prologue

On est dimanche, il fait gris dehors, aucune envie de bosser. Aucune envie de sourire, aucune envie d'être aimable, aucune envie d'esquisser le début du commencement d'un comportement civilisé ce matin. Je ne suis pas un ours, pourtant, non, loin de là, mais depuis hier matin j'ai mal au crâne, force 8 sur une échelle qui va de 1 à 7. Les médicaments proposés en urgence à la consultation neuro de l'hôpital Lariboisière n'ont rien changé. Ma tête va exploser : les lumières m'agressent, les sons m'agressent, les vibrations de mes propres pas dans les couloirs du métro m'agressent.

Je viens d'enchaîner deux journées de onze heures. Il fait moche, comme tous les jours à Paris depuis cinq ans. C'est la spécialité locale, avec les champignons : la grisaille. Pas un rayon de lumière pour me réconforter en ouvrant les volets. Non, vraiment, la seule chose intelligente serait de rester au lit. Douche rapide, essai avec de l'eau froide pour voir si ça calme la douleur dans les tempes, non, même pas. Je m'habille sans même regarder dans l'armoire : premier pantalon, première chemise, premier pull. De toute façon, je les enlève pour bosser, alors... Allez, je me traîne mais j'y vais. Qu'est-ce qu'ils vont devenir, les vieux, si je n'y vais pas ? Oh, il y a toujours des solutions de remplacement, personne n'est Dieu le Père, mais tout de même, je vais créer un sacré bazar si je ne me pointe pas à l'heure ce matin.

Je marche dans la rue comme un zombie. Je me demande à chaque pas comment je vais faire pour tenir la journée entière. J'arrive néanmoins à sourire, en poussant la porte d'entrée. Ma collègue, voyant ma tête épuisée, me rappelle que c'est systématiquement quand je suis mal en point que les pires événements arrivent, ce qui me permet de ne pas m'apitoyer sur mon sort en gérant les urgences. Je fais un geste vulgaire, d'un doigt, pour la faire taire. Sous-sol, encore des marches. Il fait un froid glacial, ici, ce matin. Je peste, comme chaque jour : mes blouses propres ne sont pas arrivées de la buanderie centrale. Pas le choix, je fouille dans le tas de linge sale et arrive à celle qui est à mon nom, qui sent bien ma sueur de la veille. Ça commence super bien.

Je rencontre le cuisinier dans le couloir. Lui aussi se sent patraque depuis hier, ça se voit, il est blanc comme un cachet. Pas de doute, c'est la gastro. On n'essaie même pas de plaisanter sur nos états respectifs, signe que nous n'allons vraiment pas bien. Il fait de plus en plus froid, je fais demi-tour, enfile une polaire sous ma blouse et monte dans les étages. Les portes pare-feu sont fermées, je dois les pousser de toutes mes forces pour passer. Bizarre. Je croise enfin la veilleuse de nuit qui m'explique qu'il y a eu une alerte à l'incendie cette nuit, d'où les portes fermées. Et le froid, alors ? « Ah, ça, c'est parce que la chaudière est en panne ! Et il n'y a pas non plus d'eau chaude, mon grand... J'ai laissé un message sur le portable de la directrice... Bon courage, moi, je file au lit. »

On se concerte deux minutes et il est décidé de laver les vieux au gant, façon petite toilette de chat, comme au bon vieux temps. Certaines filles proposent d'aller faire chauffer de l'eau au micro-ondes, mais ça prendrait trop de temps, et puis je pense déjà aux brûlures qui en découleraient. Non, toilette au gant, c'est dit, c'est fait, allez, au boulot. Quarante chambres.

Il fait vraiment froid, dans les étages. J'ai un gros problème de conscience en plus du reste. J'hésite, je me tâte. Oui, c'est vrai, je pourrais aller rallumer la chaudière. Je pourrais, oui, mais merde, ce n'est pas mon boulot. Tous les dimanches c'est pareil : je suis seul. En première ligne, à devoir prendre des responsabilités pour lesquelles je ne suis pas payé. Un coup c'est l'ascenseur qui ne marche plus, un autre coup c'est le chauffage, la semaine d'après le four lâche, et puis c'est au tour du lave-vaisselle – une semaine à manger dans des assiettes en carton, les vieux, à boire dans des gobelets en plastique. Non, non et non, je ne descends pas rallumer la chaudière. Tant pis. On aura froid. Je continue à distribuer mes médicaments. Les vieilles grelottent, moi aussi. Je me sens de plus en plus mal : je cours vomir aux toilettes.

En me redressant difficilement, je frissonne de plus belle. Le froid me paralyse les doigts et la colère monte. Je m'inspecte dans la glace en me lavant les mains, j'essaie de fuir mon propre regard, mais non, c'est inutile, je me connais, sous-payé ou pas sous-payé, ma tâche ou pas ma tâche, marre ou pas marre, je sais que je dois descendre au sous-sol rallumer la chaudière.

Une fois de plus. Gérer quelque chose qui n'est pas de mon ressort et à laquelle je ne comprends rien.

Je me retrouve devant deux grands panneaux orange d'un mètre de hauteur, pas un seul bouton n'est visible dessus. Je démonte la façade, la pose par terre, enfin deux boutons apparaissen derrière. « Marche/Arrêt » et « Purge ». Pas besoin d'avoir fait Normale sup, je suis soulagé. J'appuie, le voyant passe au vert et j'entends la chaudière repartir. Dix minutes plus tard, l'eau chaude est revenue.

Les filles me remercient et reprennent les soins de nursing, cette fois-ci dans les douches. Trente minutes plus tard, alors que mon mal de crâne semble vouloir me lâcher un petit peu, l'alarme à incendie se met à hurler. J'abandonne mon chariot, je vais voir le tableau de localisation : aucun doute, c'est dans la chaufferie que ça déconne. Je descends dare-dare, j'ouvre la porte du local de la chaudière et là, soudain, une chaleur atroce me saute à la figure. 60 degrés ? 80 degrés ? La fournaise ! Ça sent le cramé. Je me mords la lèvre, pensant que j'ai dû faire une connerie en appuyant sur le mauvais bouton, alors que non, logiquement, je n'ai pas pu me planter. Rien à faire, la chaleur me fait tourner le cerveau à toute allure, une peur irrationnelle me pousse à m'éloigner, j'ai le sentiment que tout va exploser. Je ferme la porte, remonte les escaliers et appelle les pompiers.

Ils arrivent assez vite. La caserne est à deux cents mètres. Quand le premier passe le pas de la porte, un petit truc carré et noir bipe sur son épaule. Le pompier, surpris, nous regarde et lance, presque heureux : « Banco ! Vous avez du monoxyde de carbone dans tout le bâtiment. Vous avez bien fait d'appeler ! »

Et là je tilte.

En un instant.

On se regarde avec le cuisinier : nous venons de comprendre pourquoi nous sommes si mal depuis la veille. On a travaillé toute la journée d'hier à côté de cette satanée chaudière, lui à ses fourneaux, moi dans le bureau médical, sur l'ordinateur. Ce matin, nous pensions souffrir d'une gastro ou d'une migraine bien tapée. Ce n'était que la face cachée de l'iceberg. Quelques heures de plus, aujourd'hui, moi allongé dans le bureau, pensant soulager ma migraine, lui assis dans sa cuisine et nous y passions. « Nous y passions », mais pas comme au cinéma, non, comme en vrai, nous y passions comme dans « ils sont morts tous les deux ». C'est une information qui me laisse sans voix. Je regarde alors les pompiers travailler, sans bien réaliser ce qu'il se passe, les premières minutes.

Les types se sont déjà tous rués dans le bâtiment pour ouvrir les fenêtres du rez-de-chaussée, ils nous demandent de faire pareil dans les étages. Pas le choix, on ne peut pas évacuer. L'ascenseur n'est pas assez grand pour y mettre plus d'un fauteuil roulant à la fois et nous ne sommes pas assez nombreux pour porter tout le monde.

Je monte les marches quatre à quatre. Je passe dans toutes les chambres, croisant mes collègues au petit bonheur la chance. Dans chaque chambre, j'ouvre en grand la fenêtre, repoussant les rideaux. Un air frais, vif pénètre dans chaque pièce et bientôt dans les couloirs. On est en novembre, il fait à peine 3 degrés dehors. Et me voilà en train d'ouvrir en grand toute la maison alors que certains vieux sont encore en pyjama. Irréel.

Je préviens les filles qui ne sont pas descendues qu'il y a peut-être un danger mais qu'il faut rester calme, professionnel. Je n'informe pas les vieux, pas le temps. Je dis juste à ceux qui sont conscients qu'on a un petit problème de chaudière. Je vois bien que certains me regardent d'un drôle d'œil. Ce matin je suis speed, comme on dit, pas spécialement aimable. Ça ne me ressemble pas de balancer une info et de passer rapidement de chambre en chambre. Ils n'osent pas me poser la question, de toute façon je suis déjà passé dans la pièce d'à côté. Ça leur paraît louche, évidemment. Ils ne sont pas idiots, mes vieux, loin de là. Ils me connaissent par cœur, ils doivent sentir que je suis fou d'inquiétude, ou plutôt fou de rage. J'essaie de ne rien montrer.

J'ouvre chaque fenêtre du deuxième étage, puis du troisième et enfin du quatrième… Je me rapproche de chez les Gautier. À eux, je ne peux rien cacher, je n'aurais pas le courage. Si je dois en sauver deux, ce seront eux. Quand j'entre, je me dirige vers M. Gautier, je me penche à son oreille et je lui murmure : « On a une intoxication au monoxyde, si on doit évacuer je m'occuperai d'elle et vous descendrez à pied, à votre rythme. L'ascenseur est condamné mais on y arrivera, si besoin. »

Il me regarde un peu paniqué, il sait qu'avec ses béquilles dévaler les quatre étages ne va pas être une partie de plaisir. Je tente de lui sourire pour le rassurer, mais moi aussi, je suis mort de trouille. Je ne sais pas comment je vais faire pour porter sa femme sur mon dos, avec ma tête en vrac, ma nausée et cette angoisse qui me noue l'estomac. Je me raisonne en me raccrochant à la colère, qui m'aidera à déplacer des montagnes et sûrement à porter sur soixante marches une vieille dame que je respecte énormément.

Les laissant là, je redescends ventre à terre vers l'entrée, puis, ne trouvant personne, sors et me poste sur le trottoir. Le cuisinier est de plus en plus vert, les voisins, aux fenêtres, regardent le barouf dans la rue. Un deuxième camion de pompiers a rejoint le premier.

On attend.

La directrice finit par arriver, essoufflée, suivie de près par le financier, le numéro 3 du groupe. Il pose quelques questions, un peu désabusé, pas vraiment concerné. Nous lui expliquons que nous venons d'échapper de peu à l'asphyxie, il n'a franchement pas l'air de compatir. Alors que je m'adosse au mur, j'entends la directrice lui demander : « Bon, monsieur Tourneur, après tout ça, maintenant, plus d'excuses, vous allez me le signer, ce contrat d'entretien de la chaudière, hein ? »

Je les dévisage tous deux, un peu étonné, et là je le vois, lui, qui détourne la tête et qui s'éloigne sans répondre. À trois mètres de nous, il s'allume une cigarette et lève la tête vers les étages. Je le regarde, éberlué. Il n'a dit ni oui ni non, il a simplement détourné la tête comme si le sujet l'ennuyait prodigieusement et il s'est cassé fumer sa clope.

Je n'en crois pas mes yeux.

Elle lui demande de signer un contrat de maintenance et lui… il fuit.

Le cynisme à l'état brut.

Il y a maintenant une dizaine de pompiers dans les bâtiments, des pompiers en tenues de guerre contre le feu, tenues qui sonnent un peu partout. Bip-bip-bip-bip.

On a des vieux frigorifiés dans les étages, du monoxyde de carbone partout, quarante personnes en danger de mort immédiat… et l'autre, il détourne la tête. Je suis scié. Je sais qu'ils font des économies sur la peinture, sur les rideaux, sur les fournitures. Je sais qu'il a fallu que je paye moi-même le double des clés de l'infirmerie. Pas remboursé. Idem pour le store que je réclame depuis six mois. Soleil aveuglant en plein dans le visage, quand il y en a. Je sais qu'on fait prendre des risques à la femme de ménage qui manque de s'électrocuter chaque fois qu'elle charge le lave-vaisselle parce que les gaines électriques sont à nu. Elle le dit en plaisantant, tous les jours : « Un jour vous allez me retrouver en friture ! » Un jour, oui. Mais non, en vrai. Ces choses-là, ça n'arrive jamais, ça n'arrive qu'aux autres, ça n'arrive qu'au cinéma.

« Putain. » Voilà, c'est le seul mot que je trouve. Balancé avec tout le dégoût que j'ai en moi. Un drôle de goût me monte à la bouche. Je suis en train de prendre conscience que ma vie n'est rien, que ma vie ne vaut rien. Je réalise qu'un financier peut y mettre fin en refusant de signer un contrat de maintenance pour x raisons qui ne me regardent pas mais qui sont aussi mauvaises les unes que les autres puisqu'elles me mettent toutes en danger. Je réalise que ma vie, et puis celle des autres aussi, pardonnez-moi de penser d'abord à moi, ma vie aurait pu se terminer aujourd'hui, ce dimanche. Mourir un dimanche matin de novembre, au boulot, intoxiqué au monoxyde de carbone. Une demi-page dans *Le Parisien*, si une guerre n'éclate pas le même jour. Oublié le surlendemain.

Non mais c'est d'un glauque.

Les pompiers partent vers 13 heures. Il n'y a plus de danger dans les étages, d'après eux. Pour le reste, c'est supportable. Supportable. Dans les limites qu'un corps humain puisse avaler.

Tout l'après-midi je travaille en retournant ça dans ma tête. Je vois et revois mille fois la scène, la question de la directrice, le regard fuyant du financier.

Vers 16 heures, je la croise, elle est restée sur place, c'est tout à son honneur, un dimanche en plus. Je demande à lui parler cinq minutes, nous

nous asseyons sur deux chaises, dans un coin calme.

« Madame, je suis très choqué de ce qui vient de se passer.

— (*Faussement étonnée*) L'important, c'est que tout soit rentré dans l'ordre, non, William ?

— (*Sur le point de perdre mon calme*) On a quand même tous failli mourir, ce matin... »

Et elle, qui m'achève :

« Écoutez, c'est bon, ça m'a pris quatre heures, mais il l'a finalement signé, ce contrat d'entretien ! On a gagné, il a lâché le morceau ! »

Et la voilà qui me sourit, toute contente d'elle. Quatre heures ! Je n'en crois pas mes oreilles ! Quatre heures ! Et elle a dû le harceler en plus ! J'ai de nouveau envie de vomir.

Trop, c'est trop.

Je n'arrête pas de me repasser la scène : « Bon, monsieur Tourneur, après tout ça, maintenant, plus d'excuses, vous allez me le signer, ce contrat d'entretien de la chaudière, hein ? »

Je revois le financier qui détourne la tête et je pense aux résidents qui déboursent jusqu'à 6 500 euros par mois.

Aux filles qui gagnent à peine plus de 940 euros.

Ce financier qui refuse de signer un contrat qui s'élève, je l'apprends plus tard, à 400 euros par an. Dans ma tête, c'est une bataille de chiffres, d'émotions, de colère et de résignation. Une histoire de valeurs bafouées, de limites depuis trop longtemps dépassées.

On est dans la maison de retraite la plus chère d'Île-de-France. On demande beaucoup d'argent aux personnes âgées, à leurs familles, argent qui ne sert pas à payer du personnel formé, qualifié. Argent qui ne sert pas à entretenir les locaux, les machines. Des économies violentes qui nous font passer à deux doigts de la catastrophe. Là, pour la première fois, dans mon quotidien, je touche du doigt le cynisme le plus total.

Ça fait treize ans que je sens l'argent et les belles paroles envahir mon métier. Treize ans que peu à peu nous sommes cernés, d'un côté par la pression financière et sociale, les investisseurs, et d'un autre côté par la paperasserie, l'administration...

La France vieillit, il y a de plus en plus de demandes de soins, il y a de moins en moins de personnels qualifiés, compétents, rémunérés correctement et désireux, surtout, avant tout, de travailler avec des personnes âgées et dépendantes. Alors on fait comme on peut, au quotidien, on colmate les brèches, on remplace la secrétaire, l'homme d'entretien, la directrice, la comptable, et le kiné, et le médecin, et qui encore ?

On ne se rend même plus compte qu'on est en train de traiter les malades et les vieux comme on traiterait mécaniquement des boîtes de conserve. On gère à flux tendu en comptant sur la bonne volonté, on économise, on sabre là où on peut : dans leur dignité, dans leur santé, dans leur droit à une fin de vie décente.

Moi ? J'arrête. C'est fini. Vous m'avez usé. Je vais voir ailleurs.

Constat d'échec ? Ce sera pour plus tard, pour le moment, je pars.

C'est peut-être une fuite en avant, oui, c'est peut-être partout pareil, oui, mais ailleurs au moins j'ai la faiblesse de croire qu'on exploite, certes, mais qu'on ne tue pas les gens aussi froidement. Je ne suis pas contre le fric, contre le fait qu'on en fasse, toute notre société marche à ça, depuis des années. Mais l'argent et la santé des gens ne font pas bon ménage.

Là, la notion de base fondamentale de mon métier, le soin, est en train de se transformer lentement mais sûrement en un débat dans lequel les soignants ne prennent plus part, non, mais qu'ils subissent au quotidien, à coups de claque, de charte, de protocole et de grille d'évaluation. Je ne soigne plus les gens parce que je dois les soigner, parce que je suis formé pour ça, parce que la société, autour de moi, a mis en place un système protégeant les plus faibles. Non, je les soigne désormais sur des bases de rentabilité, à flux tendu, sans aucun égard pour leurs pathologies, leurs besoins ou... leur passé.

Je le sens chaque jour, au boulot. Voilà donc un « or gris » dont les puits assurent un débit inextinguible et qui, chose rare, s'en ira croissant. Si les clients se pressent à la pompe, sans trop regarder le prix sur le compteur (il n'y a pas d'autre choix, de toute façon), trouvera-t-on encore bientôt des techniciens soignants qualifiés pour assurer l'intendance de ces puits ? Combien d'entre nous fuient un milieu devenu le règne du n'importe quoi, pour enfin pouvoir dormir un peu la nuit, en notre âme et conscience ? Combien d'entre nous tournent la tête pour respirer encore un peu, juste un peu, et finissent par fuir, ailleurs, épuisés ? Combien d'entre nous restent au contact de l'« or gris » parce qu'il faut bien payer les traites de la baraque, ces mêmes qui finiront un jour par lever la main sur une vieille qui demande une seconde d'égard, une plainte de trop pour un soignant débordé ? Combien d'entre nous sont effarés simplement par ce qu'ils voient, au quotidien, et n'ont que leur ulcère, leur zona ou leur mal de dos pour exprimer une colère qui ne trouve pas les mots pour sortir ?

Deux jours après l'histoire du monoxyde, j'apprenais aux infos que deux personnes étaient mortes dans une maison de retraite d'une... intoxication au monoxyde de carbone. Du coup, je me suis inquiété à nouveau et, apercevant le technicien de la maintenance repartant vers sa camionnette, je me décide à aller lui parler :

« Ça va ? Il n'y a plus de danger ?

— Non, non.

— (*Toujours pas rassuré*) Vous êtes sûr ? Certain ?

— Oui, oui, pas d'inquiétude. Et puis... (*il réfléchit*) et puis, bon, au pire, je vous installerais des détecteurs de monoxyde.

— Comment ça, au pire ? Ce n'est pas prévu dans le contrat ?

— Non. »

Dans la foulée, j'apprends que les fuites de monoxyde n'étaient pas dues au hasard mais à un défaut d'installation de la chaudière. Défaut d'installation qui aurait nécessité un entretien mensuel. Pas annuel. Men-su-el ! Cela fait sept ans que ce technicien prévient les directions successives puis son patron à lui, pour se couvrir, qu'il y a une erreur de conception. Personne ne fait rien. Les travaux pour corriger cette erreur impliqueraient de tout casser, de tout refaire, de longues semaines d'arrêt de la chaudière et donc, forcément, une fermeture temporaire de la pompe à « or gris ». Il est plus simple de faire l'autruche : plutôt que d'entendre un technicien faire remonter, chaque mois, un grave problème de conception, la direction choisit de ne plus payer l'entretien mensuel. Plus de rapport, plus de problème.

Je dors mal cette nuit-là. Mais ma décision est prise. Je démissionne le lendemain matin.

Première partie
MON EXPÉRIENCE

Je suis infirmier depuis 1998. Pourquoi j'ai choisi ce métier ? Avec le temps, les raisons sont devenues floues. En y réfléchissant deux secondes, je crois me souvenir avoir eu peur du chômage, je ne voulais pas risquer un jour de me retrouver à la rue. Très terre à terre, comme argument. Je voulais un boulot qui ne manque jamais de matériel brut, je voulais un boulot qu'on pouvait pratiquer dans toutes les régions de France et même peut-être à l'étranger également, puisque je parle bien anglais. Je voulais un boulot qui me valorise un peu, aussi, j'en avais besoin : j'étais un gamin avec un simple bac en poche, mes seules responsabilités tournaient autour de la garde d'enfants en centre aéré, ça ne me fascinait pas. La lecture de *Bel-Ami* m'a convaincu que j'étais fait pour une existence routinière, protocolaire, sans surprise. J'ai donc décidé de « faire fonctionnaire en blouse blanche », plein d'idées préconçues, et toutes plus naïves les unes que les autres, sur le métier. J'étais depuis longtemps attiré par le monde médical. Ça vient peut-être de ma peur panique des maladies, et je me disais qu'en soignant les autres je ne serais pas malade moi-même – connaissant un peu les cuisines et l'arrière-salle, je ne manquerai pas de recettes pour me faire du bien. Je voulais enfin faire un métier dans lequel j'allais pouvoir utiliser mes capacités relationnelles. Je sentais que cet humour, cette joie de vivre devait servir à quelque chose, à quelqu'un. Voilà peut-être enfin la seule bonne raison que j'avais de porter la blouse : j'aime parler, faire rire les gens, j'aime les rassurer. Tout ça me semblait coller avec le métier d'infirmier. Enfin, c'est ce que je croyais.

Mon premier stage a lieu dans un lycée. Côté relationnel je suis servi, c'est le défilé des bobos imaginaires ou pas. Le deuxième, en crèche ; rien à dire, je m'ennuie vaguement, je prépare des biberons, mais question maladies, on repassera. Le troisième se déroule en médecine physique, début 1996. Médecine physique, c'est de la rééducation pour les gens qui ont eu un accident, un traumatisme crânien, par exemple. Je comprends rapidement que l'on me demande avant tout d'être un technicien. Quant à parler avec les patients, les tranquilliser, les encourager, on m'explique qu'à l'hôpital on n'a pas de temps à perdre avec ça. Je me pince en voyant des infirmières parler sèchement à des patients, les rembarrer régulièrement ou fermer la porte pour ne pas les entendre protester. Mon premier contact avec mes futures collègues est violent. Leur détachement me choque. Moi qui pensais que la psychologie entrait pour une grande part dans la guérison, on me remet rapidement dans le droit chemin lors d'une réunion-bilan. Ma naïveté, mes questionnements sur le bien-être des patients découlant de notre temps passé avec eux agacent. Mes regards appuyés lorsque je vois une collègue déraper verbalement dérangent. On me fait comprendre que, pour mon bien, toujours pour mon bien, il vaut mieux que je rentre dans le rang. Il faut arrêter de poser des questions : l'hôpital est une locomotive à vapeur lancée à pleine vitesse, ce n'est pas l'individu qui va la faire dérailler, cela ne s'est jamais vu, cela ne se verra jamais. Si les choses doivent changer, cela viendra d'en haut, de la hiérarchie, des médecins. Pas des infirmiers. Je découvre à ce moment une des caractéristiques les plus marquantes de ma profession : nous sommes en majorité des femmes, nous sommes en majorité des mères de famille, nous sommes en majorité contentes de notre sort et nous sommes en majorité malheureuses du système mais pas malheureuses au point de le faire imploser. Ou alors une fois tous les vingt ans. Je prends dans la figure, ce jour-là, une deuxième leçon professionnelle, sur les grades et les méritants. Parce que, dans ma profession, il y a les méritants et il y a les autres. Il y a ceux qui travaillent pour l'honneur, pour la patrie, pour la santé, qui travaillent tout court, et puis il y a les autres, les faux infirmiers, les mauvais infirmiers, les feignants infirmiers. Je découvre les intouchables de la profession et les castes suprêmes. Les bras m'en tombent. D'après eux, pour gagner ses galons, un bon infirmier se doit de travailler en réa, ce que je traduis par « savoir appuyer sur les bons boutons », puisque c'est en ça que consiste leur tâche. Pour mes collègues, il y a un consensus indiscutable : le prestigieux infirmier travaille en réa, le valeureux infirmier assiste le médecin au bloc, le courageux infirmier pose des voies veineuses en urgence, dans un camion du SAMU bringuebalé sur une route chaotique. L'infirmier feignant choisit la psychiatrie, l'infirmier biaiseur fuit dans les entreprises, l'infirmier en fin de carrière part s'enterrer chez les vieux, l'infirmier près de ses sous (ou asocial, ou les deux) choisit le domicile. C'est une question de prestige : on l'acquiert en réanimation, point. Il n'y a rien à gagner à discuter avec un malade atteint du sida. À cette époque, passer un quart d'heure assis sur son lit, à tenir une main, n'est pas quantifiable, ne rentre dans aucune case. Un infirmier qui fait de l'humanitaire, à la rigueur, on comprend, mais c'est limite, tout ce bronzage en revenant. Et puis partir autant, aussi loin, ce doit être pour fuir le couple, non ?

Mme M. sonne. Elle a mal. Je suis censé connaître le calmant qui va l'apaiser, j'ai appris la pharmaco, j'ai une prescription en l'absence du médecin. Tout va bien. Elle sonne à nouveau une heure après, elle a toujours mal. Je suis censé savoir si je peux augmenter la dose, un peu, beaucoup... Je retranscris sa douleur dans le classeur : je mets des croix (elle a mal « plus plus plus », comme on dit) ou je lui demande d'évaluer sa douleur en donnant un chiffre entre 1 et 10. Chiffre que je compare à la posologie prescrite par le médecin. Dans le service, personne n'imagine qu'elle ait peur tout simplement, qu'elle ait besoin de trois mots de réconfort, rien de plus. Personne ne peut croire que sa douleur soit imaginaire, masquant une solitude et un besoin de parler. Gare à elle, d'ailleurs, si on se rend compte qu'elle se plaint sans avoir mal ! « Oh, nom de Dieu, une simulatrice ! Mais c'est très grave, ça, madame. Oser raconter qu'on souffre physiquement alors que c'est juste moral, mais comment osez-vous ? Vous savez qu'il y a des vrais patients souffrant de vraies maladies, dans les chambres d'à côté ? »

Nouvelle leçon de vie : il existe aussi une hiérarchie des souffrances, il y a des douleurs valables et d'autres qui le sont moins, il y a des résistances à la peine qui sont admirables et des chouineuses qui dérangent. On évoque alors – et, sans le savoir, de manière ouvertement raciste – le « syndrome méditerranéen ». Pratique. Si elle pleure, c'est qu'elle vient du Sud. Ça me dépasse, aucun médicament n'y peut rien, c'est donc psychologique. Et « psychologique », ça rime presque avec « imaginaire », dans un monde dirigé par des énarques. L'hôpital se cache derrière la technique en permanence. On déshumanise, on en oublie le malade pour devenir des manutentionnaires. Ça nous arrange : on y gagne un temps fou.

Dans le milieu médical, les rapports humains sont extrêmement durs. On passe notre temps à être bizuté ou à bizuter les autres. Cette première année, lors d'un stage en pédiatrie, je tombe sur un infirmier qui me demande si je sais poser une perfusion. Je réponds oui, évidemment, il me sourit sadiquement et m'envoie mettre en pratique mes maigres connaissances théoriques. Savoir piquer sur une belle orange sanguine, c'est une chose. Faire entrer une aiguille de six centimètres, à 30 degrés, sous la peau, c'est une autre paire de manches.

Chambre 105, lit de gauche. J'entre. Un nourrisson hurle dans les bras de sa mère. À l'époque, j'ignore encore l'une des grandes règles du métier – pour les gens consciencieux – qui est « si tu ne sais pas faire, surtout ne fais pas », alors j'y vais. Je pique. Sans trop hésiter. Le bébé est minuscule, les parents sont là et ils me regardent faire, ils n'en perdent pas une miette. Je joue au type expérimenté mais je suis totalement paniqué, à l'intérieur. J'appuie pour faire passer le produit, rien ne sort de la seringue. Le bébé hurle. J'insiste, j'insiste. Les parents me regardent, confiants. Je leur souris bêtement alors que le bébé crie de plus en plus fort. Alertée par les hurlements, une infirmière finit par arriver et me demande ce qui se passe. Je lui raconte. Elle a l'air perplexe. Elle me demande qui m'a donné cet ordre et je désigne le coupable. Abasourdie, elle m'emmène à côté, dans une chambre vide, et commence à m'expliquer comment on fait, pourquoi on ne fait pas quand on ne sait pas. Elle s'assoit et me montre comment injecter la perf, millimètre par millimètre. Elle m'explique qu'avec un nouveau-né il faut prendre son temps car les veines sont si fines que le produit n'entre que goutte à goutte. Ça paraît évident comme ça, mais sous le coup de la panique ça ne m'était pas venu à l'esprit. L'autre infirmier aurait pu me briefer, ça lui aurait pris deux secondes, mais non. Ridiculiser quelqu'un, c'est plus excitant, sûrement. Et qu'importe la douleur de l'enfant. Je ressors de ce stage un peu paniqué, totalement dépassé par le comportement de ce soignant. Je sens que je ne vais pas réussir à trouver ma place, que toutes ces humiliations vont se répéter. J'en parle à mes copains de promotion, certains vivent la même chose, ailleurs, sur des lieux de stage, alors que d'autres, sortant de la pédiatrie, en reviennent ravis : « Tu n'aurais pas dû te laisser faire, tu aurais dû être plus ferme, voyons. » Les yeux des parents, fixés sur mes mains, me reviennent en mémoire. J'ai du mal à dormir. Je ne comprends pas ce soignant qui m'envoie au casse-pipe.

Durant toutes ces années de formation, je me rends compte d'une généralité qui revient régulièrement, et je fais le parallèle avec le cinéma. J'avais entendu dire que plus grand est le talent, plus importante est la renommée et plus simple est la star. C'est simpliste, je sais. Mais à travailler au quotidien dans mes services, je réalise pourtant que plus lourde est la dépendance, plus importante est la pathologie et plus accessibles sont mes patients. Les polyhandicapés me fascinent : je ne comprends pas comment on peut encore sourire alors que seul le petit doigt, dans tout le corps, bouge. Le patient dépendant, souffrant au long cours, voilà une de mes premières lueurs d'espoir. La bobologie aiguë, le traumatologique guérissable à moyen terme ne m'intéressent plus. Les cours théoriques de sociologie débutent. Je suis fasciné. Persuadé d'avoir enfin trouvé ma voie, je demande un stage en psychiatrie, en pavillon fermé. Les patients sont sous clé. Ils n'ont pas le droit de sortir. La souffrance est surtout morale, affective, et j'en conclus que les soignants doivent être plus humains. Je débarque comme une fleur, vierge de toute connaissance. Mais là encore, la bêtise et le sadisme sont au rendez-vous. Le jour de mon arrivée, en psychiatrie, le surveillant m'accueille, jovial : « Alors, vous avez abordé la psychiatrie en cours, non ? » À l'époque, pour moi, la psychiatrie, c'est uniquement l'image de gens qui déambulent avec un entonnoir sur la tête, des patients qui ont besoin d'être entourés… Il insiste : « Mais tu ne sais pas ce que c'est qu'un sociopathe. » Moi, candide : « Non. » Je me disais que si j'étais honnête il allait m'expliquer, me former, mais non, le surveillant préfère me montrer sur le tas, « parce que c'est comme ça qu'on apprend le mieux », ajoute-t-il en ricanant. Il appelle un type qui faisait les cent pas dans le couloir et lui dit : « C'est un nouveau, Dominique, explique-lui donc ce que tu as. » Puis il nous enferme à double tour, tous les deux, dans le bureau. Je suis terrifié. Le fou a la carrure d'une armoire à glace. Il monte sur la table et se met à débiter des propos totalement incohérents à deux centimètres de mon oreille. Il m'explique qu'il me trouve gentil mais qu'il pourrait m'énucléer s'il voulait… Ça tombe bien pour moi, il ne veut pas. De l'autre côté de la porte, je vois toute l'équipe rigoler en buvant le café. Ils finiront par me libérer une demi-heure plus tard. Ils auraient pu me laisser croupir là la journée entière.

Pourtant, dans ce stage, je touche à un domaine qui me plaît, mais je le sens à peine, tant les bizutages et les humiliations – sur les patients autant que sur les stagiaires – m'incitent à fuir. Je suis effrayé, pour la première fois, par les problèmes d'effectifs que je rencontre partout. Stage après stage. Chaque initiation, dans un lieu médical différent, est une course contre la montre. On n'a le temps de rien, on est pris dans un processus infernal, il faut aller vite, toujours plus vite. Alors on bâcle. Encore une fois c'est le rationnel qui en pâtit. On bâcle jusqu'à la maltraitance. Je décide donc de partir dans le privé en me disant que l'argent doit y couler à flots. Que j'aurai le temps de bien faire mon métier. Toujours aussi candide. En revoyant ce parcours, je me rends compte que je cherchais à l'époque une place dans laquelle je n'aurais rien à remettre en question, un lieu de soin intégrant le soignant et le soigné, chacun dans ses attentes, ses besoins, ses possibilités. Un rêve ?

Je continue d'explorer les diverses possibilités que m'offre mon diplôme dans le corps médical. Je fais de la médecine, de l'urologie... Mais, dans chaque service, au bout de quelques jours je m'ennuie. Techniquement je suis au niveau, mais humainement je suis frustré. Je travaille en regardant la pendule. Chaque minute qui passe je me dis : « Tiens, j'ai gagné un franc. » À l'époque je suis payé 60 francs de l'heure. Je vois les pièces tomber dans un petit cochon. Il n'y a rien de plus désespérant que de travailler de cette façon. Un jour, une surveillante consciente de ma détresse me dit : « Vous n'avez pas le profil, vous ne vous adapterez jamais, il vous faut trouver des itinéraires bis. Je le vois à vos yeux : vous n'êtes pas avec nous, vous n'êtes pas présent. Les seules fois où vous souriez, c'est lorsque vous êtes assis sur un lit, à parler avec les gens. William, trouvez-vous un endroit où c'est possible, vous avez besoin de temps dans votre pratique professionnelle, vous avez besoin de vous glisser dans une organisation où les tâches ne sont pas planifiées. Sortez des sentiers battus. »

Après avoir tenté la médecine en entreprise puis le don du sang – services qui mériteraient d'ailleurs un livre –, une agence d'intérim plus convaincante que les autres me pousse à aller travailler chez les vieux pour la première fois. Je dis « vieux », oui, mais il ne faut rien y voir de méprisant. Je dis « vieux » comme je dirais « aveugle » et pas « malvoyant ». Je dis « vieux » avec affection, avec tendresse, avec respect, même. « Vieux », je trouve ça noble. Comme une vieille chapelle, comme un vieux meuble. C'est beau, c'est patiné, ça a une histoire. Une valeur.

C'est là que le déclic va avoir lieu. Début 2002, en Alsace, je suis embauché dans une drôle de maison de retraite baptisée la Sirène. C'est un matin comme on n'en fait qu'en Alsace. Froid, sec, avec un ciel bleu... Pas la moindre brume pour cacher cette façade grise et mal crépie vers laquelle j'avance à pas lents. Je me dis qu'à ce stade on ne parle plus d'une maison de retraite mais d'un hospice ; peut-être d'un mouroir. Je pousse la porte et là, le choc : tout est rose. Du sol au plafond.

La Sirène

C'est la sirène postée à l'entrée, sur la pelouse, qui me fait poser ma tasse à café, un matin. Je reste quelques secondes à l'observer et je réalise. Une sirène comme celle de ce port scandinave qui semble narguer tous les bateaux la dépassant. Une sirène. Un monstre qui t'entraîne vers la mort. Charmant symbole pour une maison de retraite. Je me penche vers la surveillante pour lui faire part de ma constatation. Elle arrondit les yeux, je vois qu'elle réalise, elle aussi. Nous sommes pratiquement arrivés le même jour, il y a plus de deux semaines.

La précédente directrice de l'établissement est partie un soir, encadrée par deux gendarmes, après avoir renvoyé quasiment tout le personnel diplômé dans une colère folle, en quelques jours. Il ne restait plus ni infirmière ni aide-soignante pour assurer les soins. La directrice piquait elle-même les vieux, distribuait les traitements, refaisait les pansements. Elle n'avait aucune compétence pour le faire.

Ça me prend quelques semaines pour compléter le puzzle, mais j'obtiens enfin une version cohérente de la soirée qui a tout déclenché. Apparemment, une infirmière de l'équipe avait haussé le ton, la directrice l'avait giflée puis poussée littéralement dehors, la traînant par la blouse sur la pelouse, avant de la bourrer de coups de pied dans le ventre et le visage. La deuxième infirmière avait couru dans les vestiaires, pris ses clés de voiture et s'était barrée sans un mot. Une aide-soignante assez âgée avait voulu faire une remarque, au retour de la directrice, et le vase d'imitation chinoise, assez imposant, posé sur une table basse de l'entrée avait giclé dans sa direction, explosant sur le mur en y laissant une trace sombre qui doit encore y être. Elle avait alors viré par les poings tous les témoins de la scène hors du hall, vers les vestiaires.

Une famille prenait le thé, au rez-de-chaussée, avec la grand-mère. La belle-fille, qui était sortie du salon, affolée par les hurlements de la directrice, avait demandé des explications. La directrice, sans un mot, s'était alors jetée sur le fauteuil roulant, avait poussé l'aïeule dans l'entrée et avait déclaré, livide : « Sortez ! Prenez votre mère et foutez-moi le camp ! Dehors, bande de connards ! »

C'étaient eux qui avaient prévenu les gendarmes. L'incident était peut-être le vingtième d'une longue série. La directrice était la maîtresse du président du conseil général, mais sa folie devenait ingérable et il ne put, cette fois-ci, la protéger. Mettre dehors une vieille et sa famille, début décembre, au mépris des contrats signés et de l'argent versé, frapper le personnel devant témoin externe à l'établissement, ça, le président du conseil général ne pouvait plus le couvrir. Elle appela à l'aide ce soir-là, mais les gendarmes durent bien faire le boulot. Elle ne revint jamais à la maison de retraite.

L'histoire est édifiante : la directrice voulait une maternité car elle ne pouvait avoir d'enfants. Elle usa de ses charmes pour obtenir l'établissement de ses rêves qui jaillit du sol en moins d'une année, à quelques kilomètres d'un hôpital. Mais ledit hôpital avait sa propre maternité. Elle s'employa à la faire fermer, s'imaginant qu'une simple coucherie avec un politique influent suffirait à contourner des plans santé établis en haut lieu, distribuant des places chèrement comptées ou des lits selon les besoins des régions et de leurs habitants. Le bâtiment fut inauguré, on lui donna un nom, la sirène fut posée, majestueuse, sur la pelouse, en proue du navire. Tout le mobilier, des rideaux aux carreaux des salles de bains, des tables à langer aux salles de repos, fut pensé par la directrice pour faire du lieu la plus belle maternité qu'on n'ait jamais pu voir dans la région. Elle explosa de rage et tempêta de longues semaines quand elle découvrit que l'autorisation préfectorale ne serait jamais signée. Il n'y avait pas besoin d'une maternité supplémentaire : l'argent public avait été dépensé pour un caprice, il devait désormais être rentabilisé. On ne savait pas trop comment ou qui, mais en haut lieu cette folie maternante avait agacé plus d'un décideur qui, pour couper court, décida d'imposer à la directrice une nouvelle attribution pour son joujou. Elle ouvrirait une maison de retraite sur le lieu ou elle n'ouvrirait rien.

Je ne sais pas combien de temps il lui fallut pour digérer la nouvelle ni comment elle arriva à prendre sur elle pour faire bonne figure lorsque la presse annonça l'ouverture imminente, en précisant que l'établissement créerait une cinquantaine d'emplois. L'article trônait encore dans un couloir menant à son ancien bureau : elle semblait radieuse sur la photo, comme si le changement d'affectation ne la regardait pas, ne la gênait pas. Tout au plus insista-t-elle pour qu'on ne débaptise pas le lieu, qui demeura nommé, sur le mur de l'entrée, en lettres noires épaisses de fer forgé, la Maison des petits.

Le personnel fut donc choisi pour son inexpérience ou pour sa docilité. Un bon bourreau n'est rien sans des victimes consentantes. La plupart des filles avec qui je travaillais l'avaient toutes connue et portaient les stigmates mentaux ou physiques des années de terreur. Elles ne s'exprimaient jamais sans regarder auparavant, furtivement, derrière leur épaule, pour savoir si quelqu'un écoutait.

Nora souriait, gênée, quand je lui faisais remarquer que plus jamais personne ne viendrait les terroriser :

« Oh, tu ne la connais pas. Elle est capable de revenir !

— Légalement, elle ne le peut pas. Elle a été virée, elle a un procès aux fesses, son amant n'a pas été réélu… Nora, sérieusement, tu n'as plus à t'en faire ! »

Nora, elle, se cramponnait à sa terreur, et je peux désormais, de longues années plus tard, la comprendre : certains dirigeants sont si tordus et puissants qu'ils terrorisent encore lorsqu'ils ne sont plus dans la pièce. L'évocation même de leur nom suffit à initier une nausée ou une douleur abdominale. Si j'ai toujours refusé de céder à la terreur ou à la force, j'ai depuis connu quelqu'un de si néfaste que je pouvais m'en gâcher le week-end rien que de penser que j'allais la retrouver le lundi en réunion. Pourquoi restions-nous ? Le salaire était énorme : elle nous tenait tous, et bien comme il faut, par ce biais.

Nora, l'auxiliaire de vie, n'avait aucun diplôme, aucun contrat de travail validé à mon arrivée et elle ne se détendit que six mois plus tard, lorsque la nouvelle direction fit enfin le nécessaire en régularisant les situations professionnelles des unes et des autres. Elles découvrirent qu'elles avaient le droit de tomber malade, de continuer à être payées pendant la maladie, et beaucoup ne s'en privèrent pas, déstabilisant un peu plus la maison. La directrice leur avait raconté qu'elles devaient appeler l'établissement en cas de maladie et qu'elle seule était apte à juger de leur condition réelle. Les filles devaient venir à la maison de retraite, accompagnées par leur mari qui les déposait à l'entrée. La directrice faisait passer un examen complet (sur quelles bases, je me le demande) et finissait par rendre son avis. Inapte pour une semaine ou bon pour le service. J'étais scié de rencontrer des salariées qui ne connaissaient ni leurs droits ni leur dû quelques mois après le passage à l'an 2000. J'avais sous-estimé le poids culturel de leurs origines et l'excellent recrutement tordu qui avait été effectué : elles étaient soumises et silencieuses car elles avaient été choisies pour ça.

Nora me racontait que la directrice n'avait pas voulu changer les tenues ou le mobilier en apprenant le changement d'affectation des lieux. Voilà pourquoi les équipes travaillaient en rose pastel pour les femmes ou en bleu ciel pour les cuisiniers. Les murs étaient ornés de fresques grotesques peintes par une amie de la directrice, représentant des animaux de la ferme ou de la forêt, coupées çà et là par des copies assez moches des principaux personnages de Disney ou des scènes pastorales censées éveiller la tendresse des visiteurs, voire l'amour naissant des mamans promenant leur enfant dans les longs couloirs. Les tables à langer n'avaient pas été enlevées des chambres des personnes âgées, même les mini douchettes étaient toujours en place sur les lavabos. Les tables de nuit en bois blanc, dont la poignée du tiroir était cernée d'un liseré rose, étaient elles aussi agrémentées de dessins sordides, représentant un bébé rieur ou boudeur, selon les chambres. Peints à la main par cette artiste, ils me semblaient si déplacés lors du décès d'un vieux que je retournais régulièrement la table de nuit face au mur pour ne pas que la famille la voie. Je me sentais mal à l'aise partout.

La directrice avait mille façons de punir les fautives, mais je ne me souviens que d'une faute et de deux punitions. Arriver à l'avance était obligatoire, afin de démarrer son service au minimum trente minutes avant le début normal, fixé à 7 heures. Toute fille non présente en tenue à 6 h 30 était alors punie.

Nora me détailla la première fois qu'elle dut nettoyer tous les tuyaux du sous-sol immense, qui n'avait pas été aménagé. Plus de quatre cents mètres carrés en terre battue, une jungle de conduits en plastique gris ou blanc au-dessus de sa tête. La fille en retard était enfermée pour la matinée dans la cave et devait ôter la poussière du dessus des tuyaux. Dans le noir. On entendait quelques rats, dans un coin de la cave, qui partaient en courant lorsque la fille s'approchait, pourtant plus terrorisée qu'eux. Il paraît que la retardataire ne l'était jamais plus.

J'avale ma gorgée de café et je fixe Nora :

« Mais tu te rends compte de ce que tu me racontes, Nora ? C'est hallucinant, jamais personne n'est puni parce qu'il est arrivé en retard, du moins pas comme ça ! On chope un avertissement, au pire. Mais pourquoi elle éteignait la lumière ?

— Pour nous faire encore plus peur, je crois, non ?

— Oui. Tu dois avoir raison. Et tu y restais combien de temps, dans cette cave, à astiquer les tuyaux ?

— Toute la matinée, jusqu'au repas du midi. Elle rallumait alors le disjoncteur, tu devais revenir vers la porte, lui demander pardon, et alors là seulement tu avais le droit de revenir servir en salle. Les collègues te serraient fort contre elles, car elles comprenaient ce que tu venais de vivre.

— C'est sidérant. Et l'autre punition dont tu te souviens ?

— Moi, je n'y ai jamais eu droit, mais Monique pourrait très bien te la raconter. Tu regarderas sa main, il lui manque une phalange à un doigt.

— Elle vous frappait ?

— Non, non, tu es fou, ça n'est arrivé qu'à la fin, le dernier jour, quand elle a pété les plombs.

Non, elle était gentille avec nous la plupart du temps, ne va pas te faire des idées sur elle…

— OK, d'accord, tu la défends ! De mieux en mieux… Syndrome de Stockholm ?

— (*Embêtée et ne comprenant visiblement pas mon allusion*) Non, ça n'a rien à voir ! Je ne la défends pas, mais il faut que tu comprennes qu'elle avait une maison à faire tourner, on avait plus de cent résidents. Certaines filles n'étaient pas très vaillantes, alors, parfois, tu sais, quand on veut que le travail soit fait correctement, il faut que ça file droit. On n'a pas le choix, c'est comme pour les gosses, ça se dresse à la dure…

— Voilà, c'est ça, tu la défends, je ne rêve pas.

— Non, je ne crois pas, non.

— Tu es encore sa victime, Nora, dans ta tête, tu n'as pas accepté ce qui s'était passé et tu ne t'es pas mentalement révoltée. Tu es soumise…

— Si tu le dis.

— Attention, je ne te juge pas, je dis juste que tu n'es pas encore passée de l'autre côté : cette bonne femme était une malade, point. On peut très bien faire tourner une grosse maison sans frapper les gens !

— Elle ne nous touchait pas !

— Mais tu m'as dit que ta collègue avait une phalange en moins !

— Oui, à cause de l'infection, pas de la directrice… Oh, tu fais des histoires sur tout… Je vais te dire exactement comment ça se passait, la plupart du temps : quand une fille se laissait un peu aller, qu'elle était fatiguée ou que la directrice partait en réunion en ville, le ménage pouvait être moins bien fait. Je te prie de croire qu'avec cent résidents nous ne chômions pas : une fois les toilettes finies, parfois à 13 heures, il fallait servir les repas, et pendant qu'ils étaient à la sieste, on mangeait en trente minutes. Tiens, je me souviens, elle nous offrait le repas, tu vois, elle n'était pas tout le temps méchante. Bref, on repartait dans les chambres faire le ménage jusqu'à 17 heures et parfois les filles s'endormaient. C'était très, très physique...

— Mais vous faisiez des journées de douze heures ?

— Oui. Mais je ne comptais pas... J'avais le dos qui tirait, je prenais tout le temps des médicaments pour tenir. Bref, parfois, le ménage n'était pas fait à fond et la directrice passait dans toutes les chambres pour vérifier la propreté. Une fois, elle tombe sur Monique en lui gueulant dessus, très, très méchamment, que les chiottes n'étaient pas bien faites et qu'elle allait lui apprendre comment on nettoyait correctement. C'est vrai que Monique n'était pas vaillante à ce moment-là, parce que sa petite faisait les dents, c'était nuit blanche sur nuit blanche. Monique essaie de lui expliquer mais la directrice ne veut rien savoir. Elle lui donne un tampon Jex, de l'Ajax et elle amène Monique au couloir du premier. Tu vois le couloir ? Trente chambres à gauche, trente chambres à droite. Là, elle lui dit : "Vous allez me récurer toutes les chiottes et vous ne partirez pas tant qu'elles ne seront pas impeccables ! Im-pec-cables !" Et Monique y a passé des heures, je peux te le dire, à frotter... mais la directrice ne lui avait pas donné de gants, alors au bout d'un moment elle saignait des doigts, dans les toilettes. Vers minuit, ça devait bien faire huit heures qu'elle récurait, la directrice a fait appeler la veilleuse pour dire que Monique pouvait rentrer chez elle, qu'elle avait complètement oublié de le lui dire avant mais qu'elle repasserait demain à la première heure pour voir si tout était dans un état impeccable. À frotter comme ça tout l'après-midi à main nue, Monique avait dû se faire une plaie, et avec tous ces microbes de dedans les toilettes, ça avait fini à l'hôpital. C'est pour ça qu'il lui manque le bout du troisième doigt. »

En faisant mon tour dans les couloirs, j'étais souvent frappé de constater qu'au milieu des personnages Disney, çà et là, la directrice avait posé des photos en noir et blanc, dans de grands cadres, de personnes disparues des dizaines d'années auparavant. En observant de plus près les hommes et les femmes sur les photos, je me rends compte avec effroi que les visages de l'époque ont été découpés pour être remplacés par des photos de nos vieux à nous. Les montages sont grossiers mais personne ne s'est aperçu de rien, le personnel a mieux à faire que de regarder de vieilles photos accrochées dans d'immenses cadres dorés et vieillots. Alors que je monte sur une chaise pour en décrocher un du mur, le voilà qui tombe à terre et se brise en deux : quelques photos de visage, mal collées, s'envolent, dévoilant désormais quelques corps sans tête. Au dos d'une des photos, puis d'une deuxième, puis de toutes, je vois le prénom du vieux et sa date de mort, écrits en rouge. Et au-dessous, les initiales de la directrice.

Cette résidence de la Sirène c'est aussi un chef de service extraordinaire qui me dit : « Si vous avez peur, si vous avez la nausée, dites-le, c'est normal, il faut en parler, surtout au début. » J'en reste bouche bée, c'est la première fois depuis le début de ma carrière que je tombe sur une personne qui me dit : « Vos failles sont normales, vos angoisses sont partagées, non, ce n'est pas "juste" un boulot avec des vieux. »

Et effectivement, quand je commence le lundi, il ne me faut pas une heure pour avoir des haut-le-cœur comme rarement j'en ai eu dans ma carrière. Odeurs dans les chambres, traces de merde sur les murs, dentiers qui traînent dans les lits, plein de nourriture de la veille ou de l'avant-veille ou plus vieilles encore. Des vieux qui bavent, les corps sont déformés, ça hurle de tous les côtés, rarement de douleur, plutôt de démence. Je n'arrive pas à manger en leur compagnie tant ils sont moches et qu'ils me font peur. Je suis pourtant censé manger à table avec eux, le repas m'est offert en contrepartie de ma présence (un « repas thérapeutique »), mais les plus diminués me sidèrent. Ils recrachent la nourriture puis la ravalent, ils jouent avec leurs excréments en mettant la main dans la couche alors que nous sommes à table. Je rentre le soir chez moi, j'en pleure, c'est atroce. Mais l'équipe m'aide et au bout d'une semaine je suis toujours là. Ça se passe de mieux en mieux. Je croise des vieux, dans des chambres, qui sont moins dépendants, avec qui je parle. Je m'attarde un peu plus chaque jour.

Pour la première fois de ma carrière, je tombe sur une équipe infirmière formidable, une équipe unie, respectueuse des gens soignés. À la fois professionnelle et humaine autant envers les résidents qu'envers le reste du personnel. J'apprends à connaître tous les vieux. Un à un. Je m'intéresse à leur histoire. Ils me la racontent par bribes lorsque j'ai le temps de m'arrêter cinq minutes à côté de leur lit. Des amours déçues d'une ancienne brodeuse aux souvenirs d'un vieux résistant torturé par la Gestapo. C'est un immense livre d'histoire qui défile, chaque jour, sous mes yeux. Les vieux parlent rarement de leurs maux, au contraire, ils ont plutôt envie de les oublier. Ça me va. On revient quarante, soixante ans en arrière. Les histoires sont souvent simples, si humaines, mais le témoignage, la sagesse ou parfois la tristesse rendent intéressant chaque moment de vie. Il faut dire que je sais relancer, je sais approfondir. Je me rends compte que je ne me lasse pas d'entendre les autres parler.

La belle entente entre nous, les infirmiers, cache mal la misère : les soignants sont en sous-effectif et certains vieux, les plus dépendants, sont dans un état lamentable. Les filles, surtout les AMP, aides médico-psychologiques, craquent régulièrement. Chacun essaie de s'entraider mais ça ne suffit pas. Et certaines familles ne viennent jamais. Même après le décès de leurs proches.

Je pars au bout de quelques mois et cherche du travail à Paris en maison de retraite. Malgré les difficultés structurelles, je sens que j'ai enfin trouvé ma voie.

La Résidence

Cette fois, je m'y prends autrement et je décide de choisir un endroit haut de gamme, que je repère en lisant une enquête d'un grand quotidien : la maison de retraite est classée dans le Top 5 des lieux d'accueil pour personnes âgées en Île-de-France. J'envoie un CV, à tout hasard, et, après un court entretien d'embauche, je suis pris. Le lieu est superbe : un hôtel particulier du XVIIIe siècle, en plein Paris. Chic, sobre, discret. L'an dernier, *Le Nouvel Observateur* l'a classée meilleure maison de retraite de Paris sur des critères un peu fantaisistes, mais soit, la nourriture y est bonne, les chambres, modernes, vastes, sont rénovées après chaque décès. La moquette rouge, entretenue avec amour, rend les pas des visiteurs feutrés, en les guidant dans les chambres. Les cuivres sont faits une fois par semaine : la rampe menant aux étages étincelle. Nos tenues, bleu marine, sont ajustées comme il se doit pour le personnel des bonnes maisons.

Cette excellence – apparente – à un coût : les résidents (comme nous les nommons) doivent compter entre 149 et 210 euros par jour, soit jusqu'à 6 500 euros par mois, incluant les repas, le lavage du linge… et pas grand-chose d'autre. Repas de chez Sodexo, il ne s'agit pas non plus d'exagérer, c'est de la production de masse, basée sur des impératifs financiers. Ils mégotent sur tout ce qui est humainement mégotable : les parts de gâteau deviennent des demi-parts, les bouteilles de vin sont comptabilisées, les croissants du dimanche sont réchauffés à l'unité près, et tant pis pour celui qui tombe par terre. Le tout est servi sous cloche, par une gouvernante en tenue.

Pour le décorum, rien à redire. Question fréquentation non plus, d'ailleurs. C'est à nous que deux illustres comédiens, mari et femme à la ville, offrent les canaris qu'ils utilisent chaque soir pour une pièce de théâtre. C'est chez nous que TF1 vient filmer quand la chaîne a besoin d'un sujet sur les bonnes maisons de retraite. Les stars du show-biz défilent : une scénariste de grands films hollywoodiens est venue nous amener sa mère, on a eu un ancien animateur télé, un académicien, un danseur étoile. L'un de nos résidents a connu Aragon et Jean-Paul Sartre, les photos souvenirs d'un monde qui n'est plus ornent sa chambre.

La plupart d'entre eux ont de l'argent, beaucoup, et leurs enfants aussi. Mais ils le font rarement ressentir. À part cette résidente, vivant avec son chat qu'elle gave de foie gras presque tous les jours. Il faut voir le minou lapant le champagne dans la coupe de cristal tenue avec difficulté par la nonagénaire tremblotante. Elle me fait régulièrement sentir que je suis un prolétaire, ça m'amuse beaucoup. Mais pour les autres, on dirait que la vieillesse et la maladie nivellent les différences sociales. Pas un mot, pas une parole déplacé : s'ils payent fort cher une prestation, ils ne s'en plaignent jamais.

En revanche, de l'autre côté, il y a les enfants. Ah, les enfants ! Les familles ! Des quinquas, des sexas, les baby-boomers au pouvoir qui sont rattrapés par la vie et qui, enfin, ne peuvent plus tout acheter par le fric. Ça les dérange. Un soir, l'un d'eux me dit :

« Je veux ce qu'il y a de mieux pour ma mère. On était convenu d'aller en Suisse pour l'euthanasier, je pense que c'est le moment, mais c'est compliqué... Comment pourrait-on s'arranger pour mettre fin à ses souffrances ?

— Je ne peux rien faire, elle mourra quand elle mourra, ça n'est pas de mon ressort. Désolé. »

Il insiste :

« Écoutez, on paye 6 000 euros par mois ici, vous pourriez quand même faire un effort.

— Vraiment, je ne peux rien, monsieur, ça n'est pas moi qui décide de l'heure de sa mort. »

La conversation tourne au cauchemar ; il commence à tâtons, en prenant un ton complice, regardant ses chaussures impeccablement cirées : « Bon, vous gagnez combien, vous ? » Je sens la proposition venir mais je me raisonne, en me disant que je regarde trop la télévision, il n'y a que dans les films que ça arrive. Et pourtant non, le type me propose quatre mois de salaire pour euthanasier sa mère ! Puis cinq, et puis six. Je dois lui rappeler que je risque la prison et qu'il est donc hors de question que je fasse quoi que ce soit. Sa proposition me sidère : je me demande si certains infirmiers auraient accepté de faire un petit geste pour « sauver sa mère ». Six mois de salaire.

Je suis donc tombé au bon endroit, de l'argent, il y en a. Je pense, sur le moment, que le matériel influe sur la qualité du soin, forcément. J'ai des images en tête, celles de l'Hopital Américain, à Neuilly, avec son room service disponible vingt-quatre heures sur vingt-quatre. Les résidents payent. Dans mon esprit, tout cet argent contribue à l'embauche d'un personnel d'exception : des nurses triées sur le volet et du matériel de pointe. D'ailleurs la directrice de l'époque n'a que ce mot à la bouche : « l'excellence à la française ».

Je découvre vite que le personnel est le même que dans la plupart des autres structures de soin en région parisienne. « L'excellence à la française » est prodiguée par des petites mains congolaises, camerounaises, haïtiennes non diplômées, mal payées et peu considérées. J'aurai l'occasion de revenir sur cette main-d'œuvre corvéable, disponible et souvent angoissée de perdre un emploi peu qualifié. Elles dorment par terre, sur des matelas, dans la cave de la Résidence les jours de grève, les transports en commun ne les amenant plus de leur lointaine banlieue ; elles dorment par terre, passant la nuit dans leur tenue bleu marine pour être prêtes à travailler le lendemain. Elles dorment par terre et on ne leur paye ni le repas du soir, ni le petit déjeuner du lendemain matin, ni, bien sûr, ces heures supplémentaires imposées, non refusables. Les vieux n'en savent rien. Je suis scandalisé. Ces employées ne mouftent pas.

Ici comme ailleurs, naïf que je suis, on ne tient pas compte de la dignité des gens. Chez nous aussi, dans l'opulence, on peut mourir d'une intoxication au monoxyde de carbone. Ici comme ailleurs, on déshumanise. Parce que les vieux, ça ne sert à rien, parce qu'on peut faire ce qu'on veut avec eux, parce que les vieux, ça ne se plaint pas. Personne ne les croit. Et quand la famille les croit, souvent elle se range de notre côté, je le vois à leurs yeux. Le discours est atroce : « Mais enfin, Maman, tu vas devenir raisonnable ? Tu vois bien que tu rends tout le monde chèvre avec tes exigences ! On t'a dit d'arrêter de sonner et de faire dans la couche. Tu as une couche, tu le sais, c'est fait pour ça, fais dedans et arrête tes caprices d'enfant gâtée ! »

La mère manque s'étrangler et la fille nous remercierait presque de laisser sa mère dans la pisse. Il faut dire que si elle prenait le parti de sa mère, la cascade de conséquences l'obligerait à trouver une place ailleurs. Mais où ? Quand ? Dans quelles conditions ? Quand on a la chance de trouver une chambre pour ses parents, on s'y accroche, c'est une dernière location, qui n'a pas de prix...

Une journée ordinaire

Un matin comme tous les matins. Un peu plus froid, un peu moins gris, peut-être, qu'hier. Je sors de chez moi à 6 h 15, l'heure des travailleurs de la France d'en bas. Métro, ligne 2, changement à Nation. J'émerge en haut des marches dans un quartier chic de Paris. J'ai de la chance, je ne travaille qu'en journée. La nuit, dans la Résidence, il n'y a pas d'infirmiers. Ce qui ne va pas sans poser de gros problèmes, parfois. Je suis le seul, légalement, à pouvoir distribuer les médicaments, à avoir le droit de passer des perfusions… Donc la nuit, officiellement, pas de médicaments. Dans les faits, pas de perfusions non plus. On assure seulement des gardes, parfois, jusqu'à 22 heures, c'est-à-dire qu'on nous téléphone s'il y a une urgence. Mais, après avoir écouté, je renvoie toujours vers le SAMU. Je ne suis pas médecin. Et je ne suis pas voyant non plus, je ne consulte pas au téléphone.

Je travaille tous les jours, sauf le mercredi et le jeudi quand je suis en week-end. Je gagne 26 euros brut par dimanche travaillé, on est loin du salaire doublé promis par le Président.

J'arrive vers 7 h 30. À l'hôpital, j'avais l'habitude d'avoir des transmissions, c'est-à-dire une trace écrite de ce qui s'était passé depuis mon départ. L'équipe qui s'en va laisse un historique de la nuit dans le classeur de soins nominatif, un par patient. Cela permet de retracer les selles, les chutes, les hyperthermies en cas de problème : le soignant n'a pas besoin d'être physiquement présent s'il a correctement rempli ses cahiers. Cahiers qui ont une valeur légale si un légiste s'en mêle, comme cela arrive de plus en plus souvent.

Rien de tout cela dans la Résidence : je converse vaguement avec la fille de permanence que je croise dans le couloir, elle me raconte les événements de la nuit et s'en va, pressée d'aller se coucher. Je n'ai pas le temps de me mettre en blouse, il y a déjà quelqu'un qui me hèle dans le couloir : « Monsieur William, monsieur William ! » C'est Mme Demazière qui n'a pas réussi à dormir cette nuit. Comme toutes les nuits. J'essaie de lui échapper pour me rendre rapidement à mon infirmerie et je réfléchis à ce que la fille vient de me dire afin de ne rien oublier.

Là, en revanche, m'attend un rapport écrit de mon collègue travaillant la veille (alors que j'étais de repos). Le grand marathon commence. En principe je dois suivre pas à pas la fille de service qui distribue les petits déjeuners. Mon boulot, c'est aussi de veiller à ce que tout le monde porte bien son appareil dentaire. Impossible de mâcher du pain sans les dents. Je fais attention à ce que chaque vieux soit assis bien droit pour qu'il ne s'étouffe pas. Enfin je dois leur donner leurs médicaments. Ce qui n'est pas exactement une partie de plaisir. Les uns les avalent sans broncher, machinalement, pour les autres il faut soit les nicher de force au fond de leur gorge (ce que je me refuse à faire, mais mon collègue ne semble pas gêné par ce gavage), soit les piler et les mélanger à de la confiture. Je préfère donc la deuxième solution, il y a moins de risque de se faire cracher à la figure ou de se faire mordre, mais ça pose un petit problème médical. Si on conditionne certains médicaments en gélule plutôt qu'en poudre, c'est pour qu'ils aient un effet différé et non pas instantané. Mais voilà, que dois-je faire de Mme Genduin qui me jure qu'elle n'a pas la gorge assez large pour avaler « un si gros bonbon » ? Soit je ne lui donne pas, soit je le pile, ce cachet, au mépris de son action savamment dosée par le laboratoire. Ma journée va ainsi être une longue suite de questionnements cornéliens.

Après avoir fini ma distribution, je prends les températures, les tensions. Je pique les diabétiques, je vide les poches reliées aux sondes urinaires. Je dois avoir terminé tout ça avant 9 heures, autant dire que c'est du très vite fait. Pas le temps de commenter William Leymergie à la télévision.

J'essaie cependant d'avoir toujours un mot aimable pour les uns et pour les autres. Je complimente la tenue de ces dames, leur coiffure, leur teint – c'est important de faire remarquer à un autre être humain qu'il existe en dehors du soin. Le relationnel est aussi un soin, d'ailleurs. Les jours de grande forme je tente une plaisanterie : « Infirmier du matin, chagrin. Infirmier du soir, espoir. » Quand j'ai le temps, je m'arrête au kiosque avant d'arriver à la Résidence, j'achète *L'Humanité* et je le glisse à la place du *Figaro* dans une chambre. Glapissements d'horreur garantis cinq minutes plus tard. Ou alors je fais croire aux patients qu'ils ont perdu la tête pendant la nuit. J'entre dans la chambre de Mme Volonge :

« Bonjour, madame Charpentier.

— Mais je ne suis pas madame Charpentier !

— Mais si, vous êtes madame Charpentier, madame Charpentier, vous perdez la tête ! Vous êtes qui, alors, si vous n'êtes pas madame Charpentier ? Madame Volonge ? Bon d'accord, on va dire que vous êtes madame Volonge ! »

Et là, je glisse un mot à ma collègue : « Elle perd totalement la boule ! » Mme Volonge adore cette vieille blague, qui la rassure pas mal sur son état mental. Elle perd pourtant discrètement la boule. Un autre matin, je vais voir Mme Hardaux pour lui dire qu'on la transfère… avec un autre monsieur qui se sent tout seul. Un monsieur énorme, bavard, un brin fêlé, qui l'aime beaucoup et qui a très envie de partager sa chambre avec elle. Elle ne me croit pas mais ça la fait rire. Elle tient à m'embrasser sur les deux joues. Je me laisse faire, chose impensable pour moi il y a quelques années, un contact physique avec le patient, une intimité avec le patient, faire la bise au patient, non mais vous n'y pensez pas ? Ce n'est pas professionnel. Je ne sais si ce sont mes maigres protections psychologiques de mise à distance qui ont sauté en premier ou mon désir de donner encore un peu d'affection à des gens qui n'en reçoivent plus depuis longtemps. Des veufs. Des veuves. Parfois des célibataires, sans enfants, sans cousins, sans amis. Seuls au monde. Ça mérite une bise, moi je dis.

La parenthèse humour ne dure que quelques secondes par chambre. Il y a trente-cinq patients à piquer, « gaver », panser en urgence. J'ai compté, je dispose de deux minutes cinquante-sept secondes par patient, un timing qui sonne très SNCF. En fond musical (et légèrement stressant) le téléphone dans ma poche sonne toutes les cinq minutes puisque je suis aussi responsable du standard, jusqu'à l'arrivée de la personne de l'accueil à 10 heures. « Oui, madame, votre maman va bien ! Je vous promets, elle est en face de moi, elle se porte comme un charme. Non, je ne peux pas vous la passer, on lui fait la toilette. » « Allô ! Vous voulez déposer un CV ? Non, on ne prend pas beaucoup de stagiaires. Vous souhaitez l'envoyer quand même ? Très bien. » « Pour la livraison de la photocopieuse, 10 heures ? C'est parfait. »

Certains jours, une main dans la merde, l'autre tenant une couche, le téléphone coincé sous le menton, je me plais à penser que je pourrais toujours me reconvertir en standardiste pour fuir : j'ai le « allô » souriant et qui sonne juste. Un vrai pro dans toutes les situations.

À 9 heures, c'est la réunion d'équipe, on y parle des résidents, on échange les dernières nouvelles médicales, les pronostics sur le prochain qui va y passer. Une demi-heure pas plus. La surveillante prend discrètement le pouls social de la Résidence. Autant dire qu'on ne traîne pas à papoter des candidats du *Loft*, chaque vieux doit être (même superficiellement) évoqué. 9 h 30, c'est reparti. Certains patients doivent être pansés après la toilette, on m'appelle, je viens. 11 h 30, les filles commencent à rassembler les personnes âgées pour les descendre au réfectoire. Uniquement ceux qui peuvent se déplacer, même avec difficulté. Les autres mangeront dans leur chambre. C'est en principe là, au pire moment, que le médecin débarque pour faire un point. Je l'entretiens des cas qui nous posent problème. Il peut me faire confiance ou décider d'examiner lui-même le patient. J'en ai connu qui décidaient d'ausculter, pas vraiment par souci de bien faire mais parce qu'une consultation, c'était aussi de l'argent vite gagné. J'ai de la chance avec celui de la Résidence : il est bon, il est juste, il est respectueux. À midi, tout le monde est à table. Je descends dare-dare des étages car je suis « le garant de la sécurité alimentaire des patients ». En fait, ça signifie que je dois vérifier que chaque plat est adapté au patient, du haché pour ceux qui ne peuvent mâcher, du « sans sucre » pour les diabétiques, du « sans sel » pour les cardiaques et des dentiers pour tout le monde. Je dois vérifier que les vieux mangent correctement et ne se laissent pas dépérir. Ou qu'ils ne se font pas voler leur nourriture par une démente, assise juste à côté. Certains, bien touchés par leur Alzheimer, ne se plaignent jamais. Ils perdent quatre kilos en trois semaines, nous nous perdons en conjectures... avant de prendre sur le fait la voisine, gloutonne, qui vole dans toutes les assiettes.

Après le déjeuner, j'ai une pause d'une heure, quand je la prends, pour avaler vite fait un sandwich. Puis, les jours où tout se passe bien, je retourne dans les chambres pour prendre des nouvelles de chacun. Je m'attarde dans certaines pour discuter, c'est à ce moment-là que je peux déceler un malaise, une douleur, une angoisse qu'il va falloir gérer. Mais ces instants sont rares. Il y a toujours en ce début d'après-midi une ambulance à commander pour envoyer une personne à l'hôpital, une famille qui vient en visite et qui veut avoir des nouvelles, un résident qui se sent mal. Il faut aussi voir le kiné, l'ergothérapeute, le stagiaire. Discuter avec la directrice qui a toujours un problème d'imprimante, de fax, de planning. Sans compter l'ascenseur en panne, la chaudière qui pète... J'ai une bonne heure pour gérer tous ces problèmes et préparer ma distribution de médicaments. À 16 h 30, les filles portent le goûter dans les chambres. Comme le matin, je les suis pour donner les médicaments du soir, faire les piqûres, les pansements. Et ce jusqu'à 18 heures. Je vérifie que les traitements de nuit sont à jour, bien rangés, pour la veilleuse, à qui je fais un compte-rendu écrit qu'elle trouvera à son arrivée, vers 20 heures. Et enfin, je rentre chez moi. Métro, changement à Nation, ligne 2... Ça fait un peu plus de onze heures que je suis parti.

Malgré ce rythme d'enfer, j'ai fait de belles rencontres à la Résidence.

J'aime les vieux

Avant tous les autres, il y a les Rebillon bien sûr. M. et Mme. Ils ne vont pas l'un sans l'autre. Souvent, quand je rentre dans leur chambre, il est assis à son bureau, un livre à la main, dans l'autre un stylo. Elle est au lit. Fatiguée, mais le regard pétillant de malice. On dirait un petit écureuil. M. et Mme Rebillon s'aiment. Il parle, elle écoute. Quand elle n'est pas d'accord, elle le signifie par un non de la tête qu'elle accompagne toujours d'un sourire complice. Il la taquine, elle le rabroue. Ils pourraient vivre encore cent ans sans se lasser l'un de l'autre. Pourtant Mme Rebillon veut mourir. Elle est terrifiée à l'idée de le quitter mais elle veut s'en aller. Son corps est épuisé. Surtout, leurs économies fondent à vue d'œil. L'an prochain, ils n'auront plus rien. L'autre jour, ils discutaient de tout ça devant moi, lui qui essayait de la rassurer, en vain, touchant. Il lui disait : « De quoi tu t'inquiètes ? On en a encore pour quinze mois d'argent sur le compte ! » Elle, secouant la tête : « Et après, hein ? Qu'est-ce qu'on va faire si on est toujours vivant ? On va se retrouver à la rue, comme des chiens, tu verras ! » Elle voudrait mourir vite pour qu'il puisse aller dans une maison de retraite non médicalisée. Moins chère. C'est à cause d'elle qu'ils sont là, de sa dégradation physique à elle. Elle est épuisée, il ne l'est pas.

Pour moi, ce couple, c'est la France d'avant. Ils ont quatre-vingt-seize ans, ils ont connu les colonies et René Coty. Lui a fait la guerre, quatre ans prisonnier en Allemagne. Mariage à son retour. Après la Libération, ils sont partis tous les deux parcourir la France en Vélosolex. Le Vélosolex ! Le mot m'évoque un âge d'or révolu, une époque à jamais disparue que je leur suis reconnaissant de faire défiler devant mes yeux. Grâce à eux, je retourne cinquante ans en arrière. Ils m'ont appris que les nazis n'étaient pas des personnages en noir et blanc. Que Léon Blum avait vraiment existé avant d'être dans mes livres d'histoire. Ce sont des petits témoins de la grande Histoire de l'humanité. Souvent, M. Rebillon me raconte qu'il a vu monter l'individualisme, la présence grandissante du fric dans la société…

Bien sûr, tous mes vieux ne sont pas comme ça, il y a aussi des cons, parfois, comme partout, mais même eux, même les plus acariâtres ont quelque chose à m'apprendre. Des choses à raconter que je ne vivrai jamais. J'aime aller au travail pour assister à cette transmission orale, ce passage de témoin. Le problème de la société, c'est que l'on n'écoute plus les vieux. Ils n'existent plus. À la télé, on parle des papy-boomers, on en fait des tonnes, mais les vieux, les vrais vieux, ceux qui ne sont plus suffisamment en forme pour consommer, exit des écrans. Ça n'est pas vendeur, ça n'est pas sexy, ça n'est pas glamour. Les types du marketing disent que « c'est anxiogène ». Trop ridés, trop racornis. On ne veut pas voir les dentiers qui tombent, les couches souillées, les problèmes d'audition... Nous sommes dans une société où les filles sont jeunes et anorexiques, les gars ont des pectoraux sublimes avec des cheveux soyeux, lisses et ondulés qui bougent tout seuls magiquement quand on secoue la tête. À soixante ans, on doit encore être beau et bronzé. Faire du sport et manger équilibré. Les vrais vieux, derrière, vingt ans de plus, dans tout ça, ils font désordre. C'est la tache de graisse sur la page du magazine *Notre Temps*. Pas de photo disponible dans nos banques d'images en ligne. Une angoisse supplémentaire sur les foules sentimentales qui n'ont pas besoin de ça... Et le passé, c'est le passé, c'est *so yesterday*, coco. La nostalgie des sixties, oui, mais pas les momies, pas les dinosaures.

L'Histoire n'est plus à la mode. Ces temps bénis où la société de consommation n'existait pas, où l'on parlait à ses voisins n'intéressent personne. Pour être une référence, à notre époque, il faut tout dézinguer. Tout le temps. Frédéric Beigbeder est plus important que M. Rebillon. Le type qui vomit sur tout vaut plus que l'abruti qui tente de construire. Les valeurs humaines de générosité, de solidarité, de respect, on s'assoit dessus. Elles ne sont pas monnayables. Elles ne rapportent rien. Le jour où les valeurs humaines rapporteront de l'argent, là, peut-être, les vieux auront leur place. Vous me trouvez réac, sûrement.

Pour moi, une société qui n'écoute pas ses vieux, c'est une société qui dégénère, c'est une société qui s'effrite. En Afrique, le vieux, c'est le sage. Le pilier de la société. C'est lui qui guide les plus jeunes. Qui les conseille, les éclaire, qui trace la voie. Son expérience est une richesse inestimable. On le respecte, on le craint. Il a une place à part. Quand j'ai une décision à prendre, un cap difficile à passer, je suis heureux de pouvoir demander à M. Andrieux ce qu'il en pense. Au fond, il a une plus grande expérience que moi de l'amour, de l'amitié, de la trahison... De tous ces comportements humains qui finalement restent les mêmes d'un siècle à l'autre.

Et puis, grâce à eux, je vois la vie, ma vie, différemment. Il y a quelques semaines, je suis allé en Asie. Avant de partir, Mme Rebillon m'a dit : « Oh, c'est formidable, profitez-en, surtout profitez-en ! » Quelques jours plus tard, lorsque je me suis retrouvé au bas des quatre cents marches du monastère des 10 000 Bouddhas à Hong Kong, j'ai repensé à son enthousiasme. L'air était moite, mes vêtements me collaient à la peau, et ces quatre cents marches me paraissaient infranchissables sous une température infernale. Au bout de dix minutes, j'avais envie de faire demi-tour, mais j'ai entendu cette petite voix dans ma tête qui disait : « Profitez-en ! » Et je me suis dit : « Bon sang, j'ai trente-cinq ans, j'ai de l'argent pour voyager, je suis valide, je me dois de profiter, de jouir de ce moment-là, par rapport à eux, pour eux qui ne peuvent plus le faire et parce qu'un jour moi non plus, je ne pourrai plus. »

Être avec des vieux ou des personnes handicapées m'aide à vivre le moment présent. À relativiser les soucis. On devrait se rapprocher d'eux plutôt que de les enfermer : les vieux, ça vous permet de plus savourer vos jeunes années. Vos moments de liberté, de validité, de libre arbitre. Mais on les cache, on les réduit à néant. On les efface avant qu'ils ne partent. Pour s'occuper d'eux, on choisit le personnel soignant le moins bien payé, le moins formé. On les abrutit de médicaments. La société regarde ailleurs. Un enfant sur deux né en 2009 vivra jusqu'à cent ans. Comme pour le dérèglement climatique, voilà une donnée qu'il est plus sage d'enterrer sous la pile des dossiers en souffrance. Jusqu'à l'an dernier, en France, il n'existait même aucun centre de recherche dédié entièrement à la gérontologie.

Mes meilleurs souvenirs

À quelques jours de mon départ définitif, ce sont les meilleurs souvenirs dont j'ai envie de parler. Des petites choses, des détails qui ont justifié pendant quatorze ans que je continue ce travail. Des moments fugaces qui me sont restés en mémoire, comme ce jour où Mme Marin, qui n'avait jusque-là prononcé que des mots sans suite et sans logique, m'a regardé très sérieusement, m'a mis la main sur l'épaule et m'a dit : « Mon pauvre vieux, vous avez l'air fatigué aujourd'hui. » Une seconde plus tard elle recommençait son babillage incohérent. Mais, pour moi, elle venait de prononcer une phrase adaptée au contexte, rien que pour moi. Je suis ressorti de sa chambre différent, grandi, transporté par ce qui venait de se produire.

Je me souviens aussi de Mme Loubin, un matin, à qui je me plains d'être moche. Elle me regarde avec une grande tendresse dans les yeux et me dit d'une voix douce, maternelle : « Si vous faisiez plus attention à la vie, à ce qu'elle vous apporte chaque jour, vous ne vous arrêteriez pas sur ce genre de détail. » Et elle ajoute : « De toute manière vous savez bien qu'on n'aime pas quelqu'un parce qu'il est beau mais parce qu'on a quelque chose à partager avec lui. » Je suis ressorti rapidement de la chambre, sans dire merci. Les yeux me piquaient un peu. Un peu trop.

Il me restera aussi en tête des fous rires. L'autre jour, avant d'entrer dans la chambre de Mme Hédiart, je crie : « Police, ouvrez ! » J'ouvre et là je trouve Mme Hédiart assise face à moi, une drôle d'expression sur le visage. Elle me dit d'un ton grave : « La dernière fois que j'ai entendu ça, c'est quand on est venu me chercher pour aller à Auschwitz. » Je la regarde, glacé, et elle, elle éclate de rire : « Vous devriez voir votre tête, mon petit vieux ! »

Je me souviendrai aussi de ce jour de février 2007. Une lettre m'attendait dans ma boîte. Sur l'enveloppe, le cachet d'un notaire. Un peu inquiet, je tourne et retourne l'objet avant de me décider à ouvrir. À l'intérieur, une convocation. Lorsque j'arrive au travail, je m'aperçois que cinq de mes collègues ont reçu la même. Le jour dit, nous nous rendons tous ensemble à l'étude de Me Koubial. Ce dernier nous lit le testament de Mme Vallier, une patiente que nous avions gardée quelque temps à la Résidence. Le moment est solennel. On est tous un peu ému. On aimait bien Mme Vallier. Le notaire doit le sentir, il y met les formes : « Bien ! Maintenant je vais vous lire son testament. Vous êtes prêts ? » Le voilà qui commence d'un ton monocorde : « Je soussignée, madame Vallier, lègue à… [suivent nos cinq noms] une voiture de ma collection Majorette. » La voix du notaire se met à trembler et se fait écraser complètement par un fou rire général, qui monte de plus en plus haut. Chapeau, Mme Vallier !

Mon petit camion de pompiers Majorette, je l'ai toujours. Il me rappelle que pour tous ces gens qui sont partis j'ai été important. On a tous été importants. Nous fûmes les derniers auprès d'eux, jusqu'au bout.

Souvent, les enfants sont absents, le conjoint a disparu, mais nous, nous sommes là. Les derniers des vivants avant le néant. C'est pour ces moments-là que j'ai aimé mon métier, ces moments qui m'ont changé, qui m'ont aidé à grandir, à devenir l'adulte posé que je suis désormais. Ce métier m'a donné le sentiment de servir à quelque chose, d'apporter un réconfort essentiel, de ne pas être là pour rien, d'avoir pu trouver ma place dans la société.

Si je garde en tête les bons souvenirs, c'est pour éviter de me rappeler les mauvais. Bien pires, bien plus nombreux. Insoutenables. Ceux-là mêmes qui font qu'aujourd'hui je pars pour ailleurs. Un ailleurs où je ne porte plus la blouse. Je suis usé, mais je pars alors que je peux encore me regarder dans une glace – oh, moins fièrement qu'à mes débuts. Moi aussi, parfois, à mon grand désespoir, j'ai fait comme tout le monde, j'ai fait comme les autres. J'ai fermé les yeux pour pouvoir continuer à avancer. J'ai détourné le regard, mis des œillères. Je ne me suis pas battu tout le temps comme j'aurais dû. C'est un constat un peu triste pour moi, je pensais être plus fort que l'institution, que l'inertie, que la bêtise ou le manque de formation. Non. Comme les autres. Les années professionnelles s'entassent et, désormais, je porte le poids de mes renoncements sur les épaules, chaque matin. Pour continuer à avancer, je dois le déposer dans les pages à venir.

Depuis plus de dix ans, tous ces événements se sont superposés dans ma mémoire. La fille qui refuse de tenir la main à un mourant, l'autre qui gifle un résident. Celle qui parle tout bas pour que le vieux n'entende pas, qui pose son plateau loin de lui pour qu'il ne mange pas. Les brancardiers qui déguisent un patient pour se moquer de lui. Ces images sont restées longtemps cachées dans un coin de ma tête. Aujourd'hui, depuis l'épisode du monoxyde, elles reviennent par vagues, des vagues immenses, portées par la lassitude, la colère. Je me rends compte en lisant sur Internet d'autres témoignages, en regardant des reportages que la maltraitance est partout. Et qu'elle revêt des formes parfois inattendues.

Pourquoi dans toutes les maisons de retraite fait-on le même constat ? Pourquoi les personnels deviennent-ils si facilement maltraitants ? Est-ce par pur sadisme ? Ne serait-ce pas plutôt parce qu'on prend, avec les vieux, plus de libertés qu'avec d'autres ? Parce qu'ils sont dépendants ? Parce qu'ils restent sur le bas-côté de la société ? Parce qu'ils ne sont plus des consommateurs ? Parce que dans l'esprit de tous, une fois passée la porte de la Résidence, une fois la valise posée dans la dernière demeure, ils sont déjà morts ?

Que cachent ces manques d'effectifs ? de moyens ? de formations ?

C'est pour comprendre que j'ai décidé d'écrire ce livre. Que se passe-t-il en France avec nos aînés ? Comment a-t-on pu en arriver là ?

Deuxième partie
LA MALTRAITANCE

Octobre 2008, cinq aides-soignantes d'une maison de retraite de Carcassonne dénoncent, après des années de silence, les maltraitances dont elles ont été les témoins. Des couches qui ne sont changées qu'une fois par jour, des résidents qui passent leurs journées assis dans un fauteuil. Elles accusent clairement les sous-effectifs et les cadences infernales.

Quelques mois plus tôt, c'est la directrice d'une maison de retraite de Bordeaux qui est jugée pour « violences volontaires sur personnes vulnérables ». Elle aurait, notamment, menacé des résidents qui refusaient de s'alimenter de leur poser une sonde nasogastrique (allant du nez à l'estomac, dans laquelle on injecte par une seringue de la nourriture liquide). Elle les aurait forcés à avaler leurs régurgitations. Elle est aussi accusée d'avoir fait des injections, des pansements et des touchers rectaux sans avoir de diplôme infirmier.

En cherchant sur Internet, je trouve encore des cas de maltraitances à Marseille, à Massy. Cette fois, c'est Patrick Champvert, président de l'Association des directeurs au service des personnes âgées (AD-PA), une association de directeurs de maisons de retraite, qui dénonce « le manque de personnel ». Mais combien de lieux indignes fonctionnent encore car le personnel et les familles se taisent ?

Récemment, une amie acupunctrice me racontait cette scène : devant intervenir en remplacement dans une maison de retraite, elle trouve les personnes âgées attachées par la jambe au pied de leur lit, ne pouvant s'éloigner de plus d'un mètre. De temps en temps, une secrétaire médicale est embauchée au SMIC pour assurer tous les soins (toilette incluse) et injecte, sans la moindre formation, insuline ou anticoagulants. La pauvre fille, à qui on avait uniquement parlé d'un boulot de standardiste, démissionne, remplacée par une autre. Choquée, mon amie n'a pas pu faire grand-chose et m'en parle après beaucoup d'hésitations. Et moi, combien en ai-je vu, de ces maltraitances quotidiennes que personne ne dénonce ?

Qu'est-ce que la maltraitance ?

On pense tout de suite à des choses terribles, à des actes graves aux conséquences dramatiques. Comme cette dame de quatre-vingt-quatorze ans morte ébouillantée, en 2006, dans une maison de retraite des Vosges. En me penchant sur la question, je me suis d'ailleurs aperçu que le bain bouillant tuait plus sûrement que l'arsenic. En mars 2001, à Metz, c'est un handicapé mental qui trouve ainsi la mort. Le Québec est champion du monde : trois patients sont décédés, blanchis tout vifs par un soignant négligent, entre 1995 et 2000.

Mais la maltraitance concerne le plus souvent des actes infiniment plus bénins. Des gestes presque anodins. La définition est récente ; pour les adultes, elle date de 1987. Le Conseil de l'Europe définit la maltraitance comme une violence se caractérisant par « tout acte ou omission commis par une personne s'il porte atteinte à la vie, à l'intégrité corporelle ou psychique ou à la liberté d'une autre personne, ou compromet gravement le développement de sa personnalité et/ou nuit à sa sécurité financière ». En 1992, le Conseil de l'Europe complète cette définition par une typologie des actes de maltraitance.

– Violences physiques : coups, brûlures, ligotages, soins brusques sans information ou préparation, non-satisfaction des demandes pour des besoins physiologiques, violences sexuelles, meurtres (dont l'euthanasie)…

– Violences psychiques ou morales : langage irrespectueux ou dévalorisant, absence de considération, chantages, abus d'autorité, comportements d'infantilisation, non-respect de l'intimité, injonctions paradoxales…

– Violences matérielles et financières : vols, exigence de pourboires, escroqueries diverses, locaux inadaptés…

– Violences médicales ou médicamenteuses : manque de soins de base, non-information sur les traitements ou les soins, abus de traitements sédatifs ou neuroleptiques, défaut de soins de rééducation, non-prise en compte de la douleur…

– Négligences actives : toutes formes de sévices, abus, abandons, manquements pratiqués avec la conscience de nuire.

– Négligences passives : négligences relevant de l'ignorance, de l'inattention de l'entourage.

– Privation ou violation de droits : limitation de la liberté de la personne, privation de l'exercice des droits civiques, d'une pratique religieuse…

Chaque jour, absolument chaque jour si je m'en tiens à cette liste, je suis témoin de maltraitance.

Des « soins brusques sans préparation » aux « négligences relevant de l'ignorance », je crois que j'ai vu tous les cas de figure au cours de ma courte carrière.

L'Alma, le réseau Allô maltraitance des personnes âgées et/ou des personnes handicapées, recense quatre grands types de maltraitances en institution : les négligences, qui sont les plus nombreuses (34 %), puis viennent les maltraitances psychologiques (19 %), les maltraitances financières (14 %), et enfin les maltraitances physiques (11 %). D'après cette même étude menée en 2007, 44 % des maltraitances auraient lieu dans les institutions privées, contre 36 % dans le public. Dans 42 % des cas, les auteurs de maltraitances en institution font partie du personnel médical, dans 25 % des cas, du personnel non médical, et dans 13 % des cas les maltraitances émanent des familles. Enfin, toujours selon l'Alma, dans 25 % des cas le manque de communication favoriserait la maltraitance ; viennent juste après le manque de personnel et le turnover...

La lecture de ces statistiques ne fait que confirmer ce que j'ai constaté sur le terrain. Rien ne m'étonne, rien ne me surprend. La froideur des chiffres me prouve simplement que je n'ai pas rêvé, pas affabulé pendant toutes ces années. Oui, dans nos maisons de retraite, on maltraite à tout va. Quitte à tuer nos vieux un peu plus vite que de raison. Le plus souvent, c'est un long travail de sape qui passe par de petites choses, de menues négligences.

Comment tuer un vieux en 10 leçons

Bien entendu on pourrait parler des sévices graves, des violences physiques, mais heureusement les délits, les vrais, restent rares. En revanche, la liste est longue des petites choses qui peuvent tuer un vieux aussi sûrement qu'un coup dans le visage. Si longue que je ne citerai que celles dont j'ai été directement témoin.

Un matin, de mauvais poil, une fille commence les toilettes en retard. Elle ouvre le mitigeur, l'eau chaude ne vient pas. Pas assez vite. Pas le temps d'attendre plus, trente-cinq patients à faire avant l'heure du déjeuner, pas d'autre solution : elle douche le vieux à l'eau froide. Il râle bien un peu, mais la fille le culpabilise aussitôt : « Mais non, mais non, c'est pas froid, ce que vous pouvez êtes frileux, vous, alors ! » Et elle passe au suivant. Voilà une maltraitance à classer dans la catégorie « manquements pratiqués avec la conscience de nuire ». Là, il suffit que la fille ait oublié les serviettes propres dans le couloir, sur son chariot. Elle laisse le vieux nu et mouillé et, alors qu'elle s'apprête à rentrer dans la chambre, voit passer sa collègue : « Hé bé, y fait froid ce matin, toi aussi le métro était en panne... » Trois minutes de discussion. Un vieux grelotte, nu, trempé, frigorifié, rhume assuré. Et un rhume chez un vieux, ça peut être fatal.

On peut aussi achever quelqu'un en lui donnant à manger certains aliments. Du camembert, par exemple. Le vieux ne peut pas le couper car il ne peut plus tenir son couteau, avec ses « vieux doigts crochus » (couteau de cantine qui ne découpe pas grand-chose, de toute façon). Il ne peut pas non plus le mâcher. Il met la portion entière dans sa bouche et s'étouffe. Le poireau aussi, ça marche assez bien. Et la viande également, bien sûr. Non hachée, entière, servie en entrecôte. Il ne peut pas tenir son couteau, il ne peut pas mâcher non plus, donc il ne mange pas et se laisse dépérir. Il vous semblerait impensable de servir à la maison un bon steak à découper avec de fins couteaux de cantine, mais ça ne choque personne dans la maison de retraite – il doit y avoir trois vrais couteaux à viande pour quarante bouches sans dent.

Le repas en chambre ? Ah, madame, que vous avez de la chance, c'est service à la carte, pour vous. Oui, mais on peut alors – involontairement parce qu'on est pris par le temps, la course quotidienne – poser le plateau trop loin du vieux, hors de sa portée, et ressortir rapidement de la chambre pour aller en servir une autre à côté, tout aussi vite. La personne va tenter de l'attraper, une fois, deux fois, sans succès, puis va abandonner. La fille reprendra le plateau une demi-heure plus tard en grondant la patiente : « Encore rien mangé aujourd'hui, vraiment c'est pas bien, il faut manger, madame, il faut se forcer un peu. » Ça, c'est un des grands classiques de l'hôpital, poser un plateau trop loin ou composé de nourriture inadaptée. On peut aussi laisser la belle cloche en fer sur le plateau. Comme elle est lourde, le vieux est certain de tout faire tomber en la soulevant. Ou encore, comme j'ai vu Stéphanie le faire l'autre matin, on peut ne pas ouvrir les petites barquettes de confiture et de beurre. Stéphanie, c'est une nouvelle AMP qu'on a recrutée la semaine dernière. Elle travaille à toute vitesse, la directrice est « très contente d'elle », elle entre dans les chambres comme une dingue, jette littéralement les plateaux sur la table à roulettes et s'en va. Quand je suis arrivé, un quart d'heure après son passage, Mme Farrez avait écrasé le beurre entre ses doigts à force d'essayer d'ouvrir ces emballages minuscules. Je ne serais pas venu, elle ne mangeait rien. Elle était là, les bras immobiles au-dessus du plateau pour ne pas se salir. Elle n'osait plus rien toucher. Je l'ai dit à Stéphanie. Elle a hoché la tête, à peine gênée. Elle ne semblait pas comprendre que les emballages représentent un obstacle infranchissable pour des mains abîmées par l'arthrose. La fois d'après elle a fait attention, puis elle a oublié à nouveau. J'ai dû repasser et ouvrir moi-même les confitures. Tout ça, c'est un mélange de différents sentiments : « je n'ai pas le temps, vite, vite ! » et « je m'en fiche, de toute manière ce ne sont que des vieux ».

Fréquemment aussi, on oublie d'aider les vieux à mettre leur appareil dentaire : sans, ils ne peuvent ni manger ni parler correctement. Il arrive aussi qu'on le leur casse par inadvertance, au moment des changes, car l'appareil peut traîner dans les draps et tomber au sol. Le problème, c'est que les vieux n'ont souvent ni les moyens financiers de le faire refaire ni surtout la force physique de passer trois heures chez le dentiste. Ça se recolle, un dentier, je l'ai appris : il existe un service vingt-quatre heures chrono qui répare tout dentier abîmé, sur Paris. Ils arrivent dans l'heure et le renvoient par coursier[1].

Autre prothèse souvent négligée par le soignant : l'appareil auditif. On tarde ou on oublie définitivement d'acheter des piles neuves. Du coup, non seulement le vieux ne nous entend plus quand on lui parle, mais on le prive de la seule « activité » (oserais-je parler de distraction ?) qu'il a dans la journée : la télévision.

On peut travailler sans jamais adresser la parole aux vieux. Ils passent leurs journées seuls, face au poste de télévision. Chez nous, il est rare

1. Denture réparation, 107, rue de la Réunion – 75020 Paris

que les plus valides sortent de leur chambre en dehors des repas, car ils répugnent à croiser des personnes atteintes de démence qui vont les importuner. Conséquence : dès qu'un membre du personnel entre dans une chambre, ils essayent de lui parler. Du temps, de la nourriture du midi. De choses plus personnelles. Beaucoup de filles répondent par un « hum hum » vite expédié et partent. Toujours la course. Petit à petit les vieux perdent l'habitude de converser, se replient sur eux-mêmes et commencent la lente glissade vers la mort.

On peut aussi faire semblant d'écouter. Il y a quelque temps, j'entends de loin une dame que j'aime bien dire à une des filles : « J'ai envie de mourir ! » Et l'autre de lui répondre : « Mais non, mais non. Vous n'avez pas envie de mourir. Il faut s'accrocher, c'est important de vivre, vous n'allez pas nous faire ça maintenant. Vous n'avez pas honte de dire des choses comme ça ? » Ça, c'est de la maltraitance, c'est nier la parole de l'autre et, cerise sur le gâteau, le culpabiliser puis repartir vite fait donner un autre soin, en le laissant seul dans son déni de parole. Il ne peut même plus exprimer son ressenti face aux derniers humains qui passent. À qui se confier ? Au téléviseur ?

Un de nos rôles, dans le soin, est de toujours répondre en reformulant. Je ne prétends pas le faire systématiquement, parce que toutes les demandes ne le nécessitent pas, mais je fais extrêmement attention à mes propos dans les situations de souffrance. Quand, par exemple, j'entends : « J'ai envie de mourir », je réponds :

« Vous me dites que vous avez envie de mourir ? » Ça montre d'abord que j'ai entendu ce que le patient vient de dire, ça lui permet aussi de réentendre ses propos afin soit qu'il les réaffirme, soit qu'il les infirme. « Vous me dites que vous avez envie de mourir, monsieur ? » Réponse la plupart du temps : « Non, pas vraiment mais… » Voilà. Souvent, la personne avoue un autre problème : un enfant qui n'a pas téléphoné depuis longtemps, une insomnie récurrente, une douleur… J'ai permis à la vraie demande de s'exprimer et je n'ai pas jugé. Alors que dans « mais non ! Vous dites n'importe quoi, vous n'avez pas envie de mourir », il y a uniquement du jugement et pas grand-chose d'autre.

Nier la parole d'un patient, et surtout ce genre de parole, ça peut amener à de la colère ou à de la frustration qui peut dégénérer en déprime puis en dépression. À quoi bon se plaindre si le soignant passe son temps à dédramatiser pour gagner un peu de temps ? La vraie plainte reste enfouie, recouverte peu à peu par la tristesse. La personne n'était pas en train de dire qu'elle voulait des pommes, non, elle verbalisait : « J'ai envie de mourir. » C'est du très lourd. C'est une phrase qu'on ne se dit pas, entre adultes, dans la vraie vie, dans le monde professionnel. Et si nous l'entendions au bureau, à l'école ou ailleurs, elle alerterait tout de suite notre conscience, nous passerions en mode « attentif » immédiatement.

Le boulot du soignant, c'est aussi de constamment écouter la parole, de la décortiquer pour passer le relais à un psychologue, le cas échéant. Mais souvent on nie pour ne pas affronter le problème, parce qu'on n'a pas le courage, parce qu'on ne sait pas comment faire, parce qu'on n'a pas le temps, parce qu'on n'a pas envie. On élude.

Ça m'arrive aussi, bien sûr. Ma technique à moi, c'est la fuite par l'humour :

« Bonjour, madame Goulier, vous avez bien dormi ?

— Non, je n'ai pas bien dormi.

— Ha...

— Et puis, j'ai mal au dos !

— Vous voulez déjeuner ?

— Non, je n'ai pas faim !

— Vous voulez que je vous allume la télé ?

— Non, la télé, ça m'agace le matin. »

Si je suis un bon soignant et un soignant qui a le temps, je vais m'arrêter deux secondes pour essayer de comprendre ce qui ne va pas. Mais comme ce jour-là je n'ai pas envie, moi non plus, ou pas le temps, je donne dans le sarcasme facile : « Hé bé ! dites donc ici mais c'est la joie de vivre, la forme olympique, il ne manquerait plus qu'il pleuve et ce serait le pompon. Voyons ? Ah ! et ben en plus il pleut. Vous n'avez plus qu'à prier, je ne vois que ça, c'est tout ce qu'il vous reste, je vais vous chercher un chapelet, ça passera le temps, d'égrener les Notre Père. » Remarque, le chapelet, c'est une activité, ça occupe.

Une autre manière de ne pas être à l'écoute, c'est de régler tous les problèmes en proposant une solution médicale.

Problème : « J'ai mal. » Réponse : « Pas de problème : voici un antidouleur. »

Problème : « J'ai envie de mourir. » Réponse : « Pas de soucis : voici un anxiolytique. »

Problème : « J'ai mal dormi ! » Réponse : « Vous faites bien de me le dire, j'ai justement reçu des somnifères. »

On n'écoute pas, on expédie. Un problème ? Une solution dans l'armoire. Et le vieux reste avec le vrai problème derrière la demande qui va s'amplifier. Il est nié, ramené au rang d'objet. Une exception cependant, certains vieux ne veulent pas parler et préfèrent avaler un cachet, ils ne s'en remettent qu'aux vertus magiques du sacro-saint médicament : dans ces cas-là un placebo fait l'affaire. Un placebo, c'est une gélule blanche et rouge fournie par la pharmacie qui contient du sucre. En se faisant un peu prier avant de le proposer (« Non, n'insistez pas, je ne peux pas vous donner ce médicament, c'est bien trop fort pour vos insomnies, n'insistez pas »), on accroît le pouvoir du médicament. Je me souviens de cette vieille dame qui ne dormait plus depuis des nuits, ayant toujours refusé de prendre quoi que ce soit, par peur de devenir accro : épuisée, elle accepte un placebo, je fais mine d'hésiter tant il est puissant (cent pour cent sucre) puis je lui tends. Elle dort jusqu'au lendemain midi et s'en plaint au médecin : « L'infirmier a voulu me tuer, c'était une dose de cheval. » Oui, le placebo marche, avec deux doigts de manipulation derrière.

Pour tuer un vieux, on peut aussi le forcer à bouger, lui imposer de la kiné. Pour son bien. Toujours. Ce sont souvent les familles qui nous le demandent, d'ailleurs. Elles pensent que pour prolonger leur parent il faut le stimuler. Alors on le fait marcher, on appelle ça du *get up and go*. C'est-à-dire que le kiné soulève le patient, lui fait faire cinq mètres dans le couloir en dix minutes, puis le remet dans son lit. Ça fait du fric pour le kiné, les familles sont contentes, mais le vieux est épuisé. Il y a quelques mois, une vieille dame était très encombrée. Le médecin a prescrit du clapping (on lui donne des claques dans le dos pour faire remonter les glaires). Une jeune kiné, une remplaçante, est arrivée et lui a administré une bonne grosse séance prétendument « pour décoller tout ça ». Ça a marché, la vieille a craché ses poumons, toute la soirée, puis la nuit. Le lendemain, elle était morte.

Les soignants peuvent, également, volontairement ignorer la douleur. On nous a créé des grilles d'observation, nous avons été formés à les remplir, mais généralement nous ne le faisons pas. Elles traînent dans le placard, prennent la poussière. C'est souvent un autre soignant, un type bien ou qui ne travaille qu'avec des jeunes, qui nous pose la question : « Vous avez évalué sa douleur ? Elle a combien ? »

Les soignants avec qui je travaille ne sont pas des sadiques, non, s'ils ignorent la souffrance, c'est parce qu'ils jugent que c'est un mal nécessaire. La douleur est salvatrice, même, un vrai concept judéo-chrétien. Le Christ est mort en souffrant pour expier je ne sais plus quoi, donc la douleur, c'est tout bon pour celui qui souffre, ça permet de faire suinter les toxines. Je n'invente rien, je connais des soignants qui ne lèvent pas un sourcil en voyant un vieux pleurer tellement il souffre. Certains peuvent même dire : « c'est bien, c'est bien, c'est les os qui repoussent » ou « si vous avez mal, c'est que la peau se reconstruit, je ne vais pas vous donner un calmant pour ça, tout de même ». Déjà qu'on perd du temps à soulager, si en plus il faut penser à filer un cachet contre la douleur trente minutes avant le pansement, mais où va le monde ?

Il y a donc ceux qui n'ont pas le temps de gérer ça. Et puis il y a tout simplement ceux qui s'en fichent, ceux qui pensent que c'est exagéré ou carrément feint et qu'il y a bien pire dans la vie. Je me souviens d'une vieille dame qui se tordait de douleur, victime d'une crise de colite néphrétique : l'infirmière lui interdisait de sonner entre les heures d'injection car elle « ne pouvait rien faire pour elle, à part perdre du temps ». Les soignants ont souvent du mal à croire qu'on puisse avoir encore mal malgré le traitement. Ça les dépasse. Ils fuient. Je ne vous conseille pas de souffrir d'une douleur chronique que personne n'arrive à diagnostiquer, autant vous faire passer pour fou, vous trouverez plus facilement un auditoire. Pourtant, si j'ai rencontré une infime minorité de simulateurs, l'expérience prouve que presque personne n'exagère sa douleur, fort rarement tout du moins. Chaque douleur, comme chaque personne, est unique. La douleur non traitée d'un vieux, s'ajoutant à la solitude affective et à la détresse spirituelle, m'est insupportable.

Comment maltraiter grâce à la redevance ? On peut ne pas mettre la télé sur la bonne chaîne en quittant la chambre ou faire regarder au patient des dessins animés toute la journée parce qu'on lui a retiré la télécommande (le vieux montait trop le son, sa chambre était proche de l'office, on ne s'entendait plus boire le café). Souvent, j'entre dans des chambres et j'y trouve le robinet à clips allumé devant une vieille endormie. Rihanna ou n'importe quelle autre star du R'n'B brame en se trémoussant lascivement depuis le passage de la femme de ménage, tôt ce matin, qui aime nettoyer en écoutant un peu de musique. Elle n'a pas remis la messe à son départ. Los Angeles gicle sur la face de Paris Paname, deux mondes séparés par soixante-dix années se confrontent et l'un s'endort, vaincu.

La télé, pourtant, c'est vital : ça remplace l'oreille attentive, le parent absent, l'ami qui ne vient plus. Pour les soignants, c'est de la déculpabilisation à pas cher : ça nous évite de les laisser seuls face à un mur. La directrice cherche quelque chose pour égayer l'accueil. On évoque un aquarium, un chat, des plantes vertes... Trop de boulot. Darty nous livre un écran plat, allumé sur LCI. Nous voilà égayés, merci ! Qu'est-ce qu'on est mal quand on a un vieux qui ne veut pas la télé ou pire, quand il est aveugle ! La culpabilité de le laisser seul entre ses quatre murs, c'est terrible, six à huit heures par jour, c'est terrible. Je me souviens de cette dame que j'ai laissée à son sort. Elle avait perdu la vue d'un coup et se raccrochait encore à sa radio, qu'elle mettait à fond. La radio a pris l'eau, peut-être en tombant dans la douche, je ne sais comment. C'était un dimanche et le temps de le signaler, d'appeler le tuteur, qui s'est décidé au bout de trois jours à répondre « allez-y », que quelqu'un se déplace pour en acheter un autre pendant un jour de repos et qu'elle ait enfin son poste, une semaine s'était écoulée. Elle était déjà à moitié morte de désespoir. Presque irrécupérable. J'étais rentré de vacances, je ne la reconnaissais plus : une « semaine de merde » pour un adulte qui travaille, qui a des amis, un amour, des collègues, ça se rattrape, ça se compense, ça s'évacue. Une « semaine de merde » pour une vieille, c'est un toboggan vers la fin. Les petits détails ne pardonnent pas à ces âges.

On peut lentement tuer un vieux en l'habillant tous les matins avec les mêmes vêtements. C'est une perte de temps pour les filles de changer les vêtements. Imaginez, il faut choisir dans l'armoire, soulever les pulls, les robes, tout un tas de vêtements achetés vingt ou trente ans plus tôt, pour un corps jeune et mobile : il y en a qui sont moins faciles à enfiler que d'autres. Donc, une fois qu'elles ont trouvé la bonne tenue, celle qui se met en moins d'une minute, elles la remettent indéfiniment. Jusqu'au jour où quelqu'un s'en aperçoit et demande à ce que le vieux soit changé. On peut aussi ignorer la parole de la personne qui souhaite porter quelque chose en particulier : « Mais non, vous n'allez pas mettre ce pull, il est trop moche. Oh, comme c'est ringard, ce truc… (*La fille glousse*) William, William, viens voir, c'est soirée disco ici ! »

C'est extrêmement dépersonnalisant de se sentir dépossédé ainsi de son apparence, de l'image que l'on va renvoyer aux autres. Mais les filles ne comprennent pas ou ne veulent pas comprendre. Parfois elles prennent les vêtements d'une morte bien enrobée, dans son placard, au lieu de les jeter, et les font enfiler à une dame plus mince, pour plus de commodité. Comme si les vieux ne reconnaissaient pas les fringues des autres. J'adorerais l'idée de porter des vêtements d'un type mort. Un type en face de qui j'ai mangé pendant des mois, que je ne connaissais pas, qui n'était pas de ma famille, mais dont j'ai hérité les vêtements parce que ça me fera du stock. Après tout, qu'ils soient moches, je m'en moque, à qui suis-je censé plaire, voyons ?

En fait, le moyen idéal pour tuer un vieux, la façon la plus sûre, c'est de supprimer petit à petit tous ses plaisirs. Comme ce monsieur diabétique à qui on interdisait le sucre. Tous les jours, on le piquait pour savoir combien il avait de diabète. C'est vrai que c'est très dangereux, le diabète, ça peut détruire les yeux, ça peut dégénérer dans les pieds… Mais à quatre-vingt-dix-sept ans, il ne risquait plus grand-chose ! Malgré tout, on lui interdisait le moindre gramme de sucre. À la cantine, il voyait les autres se goinfrer de mille-feuille et de chocolat et lui, il n'avait droit qu'à des pommes et des yaourts sans sucre. Quatre-vingt-dix-sept ans. C'est un âge auquel on retourne à l'oralité : plus de sexualité, plus de sociabilité, audition et vision en baisse, continence relative, l'intellect peut flancher, et manger fait partie des derniers plaisirs. Manger. Se faire plaisir. C'est aussi un moyen d'occuper le temps. On se remplit pour s'apaiser. Mais lui était diabétique, il n'avait droit à rien : il en devenait dingue. Quand on entrait dans sa chambre, il nous hurlait dessus ; je l'ai même vu, plusieurs fois, se jeter par terre de désespoir, s'ouvrant l'arcade sourcilière dans sa chute. Il devenait violent avec les autres vieux qui, eux, avaient droit au sucre. Il perdait la raison et en pleurait de rage. Les privations lui faisant plus de mal que son diabète, j'ai donc décidé, de temps en temps, de lui donner un mille-feuille, histoire qu'il reprenne goût à la vie. Et là, l'aspect médical, je n'en avais rien à faire. Je suis infirmier, je connais le diabète, ses conséquences, je suis formé pour ça. J'estime qu'au-delà d'un certain seuil de souffrance, l'humain est plus important que sa pathologie. Quatre-vingt-dix-sept ans, diabétique, seul, en larmes pour une pâtisserie refusée ? Une sucrerie, une par semaine, même pas. Oui, je la lui donnais, en dérogeant totalement aux règles du parfait petit infirmier. La famille aurait pu m'attaquer en justice, le médecin aussi, j'étais un fou dangereux, presque. Avec le recul, je crois que parfois la maltraitance, c'est aussi de suivre les règles à la lettre. Mon collègue en faisait une affaire d'honneur : jamais ! ô grand jamais ! lui, un infirmier diplômé, ne céderait face à un caprice de gosse. Il en avait maté d'autres. Les larmes de crocodile ne devaient pas détourner le vrai soignant de son rôle propre : ne pas déséquilibrer la glycémie de notre patient.

Maltraiter sans tuer

La manière de parler

Beaucoup d'infirmières ont tendance à employer un vocabulaire extrêmement infantilisant : on met un « bavoir » à la place d'une « serviette jetable » et une « couche » au lieu d'une « protection ». On n'appelle pas les patients par leur nom mais on leur donne du « papy » ou du « mamie », voir du « mon chéri » : « Alors, mon chéri d'amour, on a bien dormi, aujourd'hui ? »

On les tutoie, on leur fait la bise sans leur accord. On emploie le « on » comme je suis en train de le faire dans cette phrase, mais ma phrase n'a pas d'incidence sur votre autonomie ; le « on » dans le soin en a. Comparez…

« Allez, mamie, on va se lever, on va manger. Allez, ma chérie, on fait un effort. »

… avec

« Allez, madame, vous allez vous lever pour manger. Oui, oui, vous pouvez y arriver seule, je ne vais pas vous porter. Vous devez faire un effort pour ne pas retomber malade. »

Le ton n'est pas le même et une oreille étrangère percevrait plus de froideur dans la deuxième phrase : il n'en est rien. L'hypocrite proximité du premier exemple cache une infantilisation de la personne, qu'on assiste au lieu de soigner. Quand « on » se lève, c'est le soignant qui travaille autant que la personne, car l'effort est effectué à deux, bientôt il sera même effectué seul, par le soignant. Le « vous » remet l'individu à sa place, à ce qu'il veut (ou ne veut pas) pour lui, à son libre arbitre, à ses choix, à des décisions d'adulte.

Ce ton m'agace encore plus au stade supérieur : l'appropriation du patient, ultime dépouillement de la dernière parcelle d'individualité. « Alors, madame Soulet, vous me faites un petit piç thermique, là ? Mhuuumm ? Vous me feriez pas une petite grippe, vous aussi ? Qu'est-ce qu'ils ont tous, à me tomber malade les uns après les autres, aujourd'hui ? » Je pourrais tuer une collègue qui parle comme ça. Et quand je le fais remarquer, neuf fois sur dix la fille ne comprend même pas pourquoi je lui rentre dedans. Elle me regarde avec des yeux ronds. Qu'elle parle comme ça de son enfant, passe, je trouve ça stupide, mais c'est son choix.

De la même manière, comme je l'explique souvent aux filles, je ne supporterais pas qu'on appelle mes parents par leur prénom (sauf s'ils le demandent expressément, mais je n'ai jamais entendu un seul vieux le demander en treize années de carrière, bien souvent d'ailleurs nous ne connaissons même pas leur prénom !), comme je ne supporterais pas d'entendre une jeune soignante appeler ma mère « mamie ». Mes collègues comprennent l'exemple et font attention au vocabulaire choisi, du moins en ma présence.

Moi, j'appelle ça de la maltraitance affective, ces « mon chéri », ces « papy » : extrêmement déstabilisant pour les personnes âgées, ça les rabaisse, ça les fait retomber en enfance alors qu'elles supportent déjà très mal leur perte d'autonomie, qu'elles la vivent comme une humiliation. Au contraire, il faut imposer une certaine distance (le « vous », le « madame ») afin que chacun se sente respecté même s'il n'est plus en possession de tous ses moyens. Surtout s'il n'est plus en possession de tous ses moyens. Vouvoyer les gens, rester dans mon rôle de soignant qui pousse, qui cadre, qui remet du sens ne m'a jamais empêché de donner de l'affection ni d'en recevoir. Bien au contraire.

Rendre quelqu'un incontinent

C'est une des pratiques les plus courantes en maison de retraite. Une tradition, presque. Rendre les vieux incontinents, c'est surtout une conséquence directe des sous-effectifs : pas le temps d'accompagner les patients chaque fois qu'ils ont besoin d'aller aux toilettes. Pas tous les patients, en tout cas. Bien souvent ils sonnent, une fois, deux fois, trois fois, avant que l'on puisse aller dans leur chambre. Cette attente peut durer une heure et, du coup, ils se font dessus. L'équipe qui arrive enfin dans la chambre constate les dégâts, emmène la personne à la salle de bains, nettoie la merde, sèche la personne, la rhabille et, afin de prévenir le prochain accident, propose une couche. Une protection, c'est pratique, tout de même, la nuit, ça permet de ne pas avoir à changer les draps chaque matin.

Seulement la personne n'est pas incontinente, son vrai problème n'est pas dans sa vessie mais dans ses mollets : elle ne peut pas se déplacer seule, point. Alors la vieille s'oppose, elle refuse la couche. Le ton monte mais la vieille tient bon : chez elle, elle allait seule aux toilettes, dans sa vie depuis soixante-dix ans, elle va seule aux toilettes. Quand on a envie de pisser, on va seul aux toilettes, c'est un des fondements de sa vie de femme adulte, un basique, une évidence. Il n'y a pas à discuter, elle ne veut pas de protection. L'équipe insiste, lui met et s'en va. Deux heures plus tard, elle a envie d'uriner. Elle arrache sa protection, la jette par terre et sonne à nouveau pour qu'on l'accompagne aux toilettes. Mais, cette fois-là encore, l'équipe n'a pas le temps, l'infirmier fait le pansement de quelqu'un d'autre, les filles ont du pain sur la planche à droite, à gauche. La vieille a eu beau sonner, personne n'est venu dans les temps : elle se refait dessus.

Quelques jours à ce rythme et elle finit par accepter de porter une couche. Au lieu de sonner, elle se fait dessus, c'est plus simple pour tout le monde. Au bout de deux semaines, elle ne saura plus contrôler ses urines, elle est incontinente, ça y est... C'est de la maltraitance ? Peut-être, mais c'est surtout un gain de temps énorme pour nous. Souvent les filles le font volontairement aux nouveaux arrivants dans la Résidence, elles mettent des couches puis elles interdisent aux patients de sonner pour être tranquilles. Ça se fait surtout la nuit. En plus, les couches modernes, c'est le miracle de la technologie, il paraît que le premier pipi est absorbé totalement et que la couche absorbe même une deuxième miction ! Plus de change à chaque pipi, seulement une fois sur deux. Ah, on n'arrête pas le progrès !

D'autres fois, l'équipe craque parce que la personne sonne trop souvent. Ça m'est arrivé en Alsace. Mme Litzer avait déjà sonné cinq fois dans la matinée pour qu'on l'accompagne aux toilettes, à la sixième j'avais craqué. Je vais dans sa chambre et je me mets en colère : « Ça suffit maintenant, je ne peux plus venir, vous allez devoir faire pipi dans votre couche ! Je ne peux pas techniquement vous conduire aux toilettes six fois en moins de deux heures, j'ai dix personnes qui attendent un pansement. Ça suffit ! Je vous mets une protection, vous ferez dedans ! » Elle, qui ne veut pas, qui proteste, qui éructe. J'insiste. De colère je finis par lui arracher la sonnette et je m'en vais avec. Elle braille autant qu'elle peut, crie « au secours », hurle qu'on lui a enlevé sa sonnette, mais j'explique à mes collègues qu'elle m'a déjà dérangé cinq fois dans la matinée. Personne ne répondra à ses cris.

Je sais que je viens de toucher à quelque chose de vital pour elle. Ça fait quatre-vingt-dix ans qu'on lui dit que c'est mal de se faire dessus, que seuls les bébés ont des accidents. C'est une phrase que je m'étais juré de ne jamais prononcer : « Vous avez la couche, faites dedans. » Ce soir-là, j'ai honte de moi.

Droguer quelqu'un

« Ras le bol de celui-là, on va le calmer. Docteur, pouvez-vous lui prescrire quelque chose, qu'il se tienne enfin un peu tranquille ? » Combien de fois est-ce que j'ai entendu cette phrase au cours de ma carrière ? Certaines filles rêveraient que tous les vieux soient sous tranquillisants ou sous somnifères. Et pourquoi pas, après tout ? On les réveille pour leur faire la toilette et le reste du temps ils dorment. On les nourrit par perfusion… On crée un patient parfait, qui ne se plaint jamais !

De nombreux soignants ont du mal à concevoir que cela pose un vrai problème moral. En annihilant la volonté du patient, en le coupant ainsi de toute forme de socialisation, on est dans de la maltraitance. On le réduit, une fois encore, au rang d'objet. Sans compter les problèmes physiques qui en découlent. Un patient qui reste trop longtemps allongé (en position de décubitus) risque de développer des escarres. Il y a aussi un risque de constipation qui peut rapidement aller jusqu'au bouchon (le fécalome), car les neuroleptiques diminuent le transit et la position couchée accentue la stagnation. Sans parler du risque respiratoire et du risque cardiaque, énorme (on appelle ça une décompensation respiratoire).

Parfois le personnel est tellement à bout de nerfs que les calmants sont la seule solution : il faut assommer chimiquement. Le vieux ronfle, la tête penchée, un filet de bave de la lèvre à l'épaule, tout un corps gravé dans le marbre, sur son fauteuil. L'équipe est partagée entre le soulagement, l'hilarité et la mauvaise conscience. Attacher un patient dissipé, oui, c'est efficace, mais ça n'empêchera pas les cris. Or, s'il est interdit de bâillonner (tout se perd, ma pauvre dame !), il faut une prescription médicale pour attacher un patient à son lit, c'est obligatoire. Sans « prescription de contention » il y a techniquement maltraitance officielle, la famille peut porter plainte contre le service. Au pire, si les cris ne cessent pas, on le place en hôpital psychiatrique (HP). Vu la situation catastrophique sur place, signer un arrêt de mort ou une HDT (hospitalisation à la demande d'un tiers) revient parfois au même.

Placer quelqu'un en HP

Je n'exagère pas, l'hôpital psychiatrique est aussi un bon moyen de se débarrasser des vieux un peu trop encombrants, pour quelques semaines, histoire de souffler, mais c'est risqué. L'an passé, une de nos résidentes, Mme Gouflech, est arrivée avec un épais dossier. Jeune (soixante-treize ans), lourd passif psychiatrique, cependant totalement autonome dans ses déplacements. Au bout de quelques semaines chez nous, elle commence à se jeter contre les murs, à se mutiler, elle menace de se trancher la gorge et fait le geste, lentement, avec son doigt. Réunion d'équipe, il est décidé de la placer en HP vu le manque de moyens dans la Résidence. Elle arrive là-bas dans la matinée, emportée de force par deux ambulanciers. Les urgences psychiatriques la gavent de médicaments. Elle dort jusqu'à l'heure du dîner. À 18 h 30, ils viennent la chercher pour l'amener au réfectoire. Elle commence à faire la queue avec son plateau, puis comme elle n'a pas l'habitude d'attendre (sa pathologie ne supporte pas la contrainte) et qu'elle a faim, elle commence à doubler tout le monde. Un patient prend la mouche et lui casse la figure, très violemment. Cinq jours plus tard, ils nous la renvoient, la figure encore œdémaciée.

Nous savons que nous prenons un risque pour le patient en choisissant l'option HP. Les hôpitaux psychiatriques sont devenus des endroits très violents depuis qu'ils n'accueillent plus que les cas les plus lourds... Lorsqu'on y envoie des vieux, ceux-ci se retrouvent avec de « vrais fous » (ils le sont tous, mais les malades mentaux, lorsque les effectifs le permettaient, dans le temps, étaient dispatchés selon la gravité de leurs troubles, les plus dangereux avec les plus dangereux). Comme les sous-effectifs en psychiatrie sont encore plus graves que chez nous, nos vieux y sont traités à grands coups de neuroleptiques. Là, on ne parle plus de somnifères ou d'anxiolytiques, c'est une autre classe de médicaments. Les effets secondaires sont terribles : fécalome, problèmes respiratoires, problèmes cardiaques... La maltraitance en HP, on la pratique quotidiennement, on n'a pas le choix. On est clairement dans ce que le Conseil de l'Europe qualifie de « violences médicales ou médicamenteuses ».

L'acharnement thérapeutique

Mais que dire de l'acharnement thérapeutique ? Parfois, ne vaut-il pas mieux laisser mourir que maintenir en vie coûte que coûte ?

Je vois, dans la liste du Conseil de l'Europe, que l'euthanasie est considérée comme une maltraitance. Je suis catholique, pas vraiment une grenouille de bénitier mais j'ai toujours, au boulot, un chapelet dans ma poche (offert par un ami, après que je lui ai confié ma souffrance spirituelle devant certains cas). Souvent je prie pour les vieux, quand je sens qu'ils en ont besoin, quand la souffrance morale ou physique me dépasse. Mes croyances personnelles, ça ne m'empêche pas de penser qu'il faut savoir mettre fin à la vie de quelqu'un qui souffre. Pour moi, la maltraitance, c'est l'acharnement thérapeutique, pas l'euthanasie.

Je me souviens d'un patient de quatre-vingt-sept ans, à l'hôpital. Tous les jours, on lui « passait du sang », comme on dit chez nous en parlant des transfusions sanguines. Il était clairement sur le point de mourir. Mais son fils était chef de service, quelqu'un d'important. À chaque nouvelle perfusion, le patient vomissait car il ne supportait pas ce sang qui n'était pas le sien, mais on insistait. Il le fallait, pour tenir au courant le fils que le maximum était fait. Pourquoi ? Pour prolonger sa vie de quelques jours. Le diagnostic, pourtant, avait été posé à son arrivée : il n'allait pas passer le mois.

Un autre cas, Mme Louis, dont toute l'équipe attendait le décès d'heure en heure tant elle semblait être arrivée à son dernier souffle. Le médecin nous a demandé de refaire les pansements sur ses escarres deux fois par jour, tant ils suintaient et puaient. C'était terriblement douloureux, on devait curer le trou, parfois l'os était apparent, dans le fond, je le touchais souvent sans faire exprès, avec ma curette en inox. Les refaire tous les deux ou trois jours aurait largement suffi.

Il y a aussi des médecins qui demandent des batteries d'examens alors qu'ils savent que tout est fini. Je pense que c'est surtout une manière de se couvrir face aux familles, mais, finalement, c'est le vieux qui souffre. Ma propre grand-mère, en fin de vie (cancer, métastases), était piquée chaque jour, du lundi au dimanche, y compris le matin de son décès alors qu'elle avait glissé dans le coma. On surveillait les globules rouges, les globules blancs : on ne sait jamais, avec un peu de chance, les chiffres obtenus allaient peut-être donner la combinaison gagnante du loto. Je revois encore le cadavre avec les multiples bleus, des poignets jusqu'aux coudes.

Il y a quelques semaines, alors que Mme de Martier glissait lentement (et sereinement) vers la mort, le médecin décide de la faire hospitaliser. Sursaut de conscience professionnelle ? Espoir d'un miracle de dernière minute à quatre-vingt-quatorze ans ? Non, la famille sous-entend devant les femmes de ménage que les procès, ça n'arrive pas qu'aux autres. Message reçu. Nous sommes en plein hiver, il neige, les ambulanciers arrivent, abandonnent leur brancard en pestant, la soulèvent péniblement puis la laissent tomber dans un fauteuil (elle fait cent dix kilos), car chez nous les brancards ne rentrent pas dans l'ascenseur. Elle passe de 30 degrés sous ses couvertures à 20, puis à 19 dans l'entrée. Là, ils sortent dans la rue où il fait à peine 8 ou 9 degrés. L'installation dans l'ambulance prend quelques minutes. Les voilà partis pour l'hôpital. Le véhicule fonce à toute allure sur les pavés. Ils arrivent au bout d'une demi-heure, ressortent le brancard, toujours dans le froid, et là, bien sûr, on fait attendre la dame, quatre heures. Quatre heures dans le couloir des urgences. On sait que les vieux sont très loin d'être prioritaires, surtout elle, dont le dossier médical, une fin de vie, ne justifie en aucun cas un passage par les urgences. Conséquence : Mme de Martier décède quelques jours plus tard d'une bonne vieille grippe, affublée de symptômes typiques, grippe attrapée dans un lieu où circulent bien plus de microbes que chez nous ! Comme cette dame en janvier dernier morte aux urgences de Metz.

Beaucoup de mes collègues disent que nous sommes là pour soigner et non pour laisser mourir. Mais il faut l'admettre : à un moment, soigner ne sert plus à rien. Il faut aussi savoir respecter la tranquillité de quelqu'un qui va bientôt partir. Enfin, je crois. Le plus difficile, c'est pour les familles. Certaines veulent garder espoir jusqu'au bout et préfèrent faire souffrir leur parent plutôt que d'affronter le deuil. Comment me comporterai-je, moi, le jour où je serai à leur place ? Saurai-je laisser partir mon père, ma mère ? Trouverai-je la force de laisser de côté ma propre angoisse de la mort en privilégiant les intérêts et l'humanité des personnes qui m'ont élevé ?

L'excès de sollicitude

On peut aussi être maltraitant par excès de sollicitude. Je me souviens quand je travaillais avec des handicapés mentaux – mais on trouve ça aussi chez les personnes âgées, à un autre degré –, on avait des patients qui ne pouvaient s'exprimer autrement que par des battements de paupières. L'une de mes collègues, un jour en réunion, nous révèle que deux d'entre eux sont amoureux l'un de l'autre et elle prétend qu'ils ont exprimé le souhait de dormir dans la même chambre avant de se marier. Étonnement général autour de la table. Quelqu'un lui demande comment elle en est arrivée à cette conclusion, elle nous répond qu'elle l'a vu dans leurs yeux. La psychologue est appelée en renfort et un vrai débat s'instaure pour savoir ce qui a pu être exprimé avec les yeux, ce qu'on peut en comprendre. Heureusement, personne n'en a tenu compte. Ça a été terrible pour ma collègue, qui a très mal vécu notre refus de les mettre ensemble. Pour elle, on faisait souffrir ces deux patients volontairement. Elle nous a traités de tous les noms. Sauf que les deux patients en question n'ont jamais émis le souhait auprès de quelqu'un d'autre dans l'équipe de partager une chambre et encore moins de se marier.

Dans ce cas, on est face à un soignant trop investi et qui, par manque de formation, interprète mal. Elle n'avait pas un positionnement de soignant qui tient compte d'éléments concrets. Elle était extrêmement malheureuse car elle avait le sentiment que tout le monde se liguait contre elle en permanence, mais elle s'investissait tellement dans le travail auprès des patients qu'elle n'admettait aucune remise en question. Comment peut-on faire du mal aux gens quand on est trop près d'eux ? La réponse est dans la question.

Maltraitance par fainéantise

Il est 11 heures, nous buvons le café entre infirmiers. Une des AMP déboule et interpelle ma collègue : « Je viens de voir madame Kruger, elle a très mal au ventre. Elle me dit qu'elle n'arrive pas à uriner. J'ai touché son abdomen, c'est très, très dur. » Ma collègue répond sur un ton légèrement agacé : « OK, c'est noté, je passerai. » Je suis un peu étonné qu'elle ne se lève pas immédiatement, mais c'est mon jour de repos, j'étais juste passé récupérer mon chargeur de téléphone, je m'en vais sans m'en mêler. J'apprends le lendemain que ma collègue n'a pas vu la dame de la journée. À 16 heures, lorsque les filles sont passées pour porter les collations, elles se sont aperçues que Mme Kruger perdait quelques gouttes d'urine, par trop-plein. Elles en parlent au médecin coordinateur, par chance, il est présent. Il monte ausculter la dame et détecte un bloc vésical avec risque d'éclatement de la vessie. Il décide de la faire sonder immédiatement et laisse, pour ça, une prescription à l'infirmière. Celle-ci n'est aucunement réprimandée pour son comportement, on lui avait signalé dès le matin le problème, elle n'avait rien fait mais s'en tire à bon compte. Vers 19 heures, lorsque la directrice passe dire au revoir dans les chambres, elle trouve la patiente à quatre pattes, tordue de douleur. Elle comprend instantanément que la dame n'a toujours pas été sondée. Elle appelle le médecin qui accourt, pose la sonde et soulage la dame de près de trois litres d'urine. Tout ce qu'elle avait pu stocker depuis soixante-douze heures.

Lorsque les filles me racontent ça le lendemain, je suis sidéré et vraiment en colère qu'on ait pu laisser souffrir quelqu'un toute une journée. J'en parle à la directrice, il faut sanctionner, ce n'est pas la première fois que ma collègue n'intervient pas sur un problème, préférant jouer au solitaire sur l'ordinateur. Je suis stoppé net : la directrice, pourtant témoin de toute l'histoire, prend la défense de ma collègue et ne souhaite nullement la sanctionner. C'est toujours pareil, une très mauvaise infirmière, c'est toujours mieux que pas d'infirmière du tout.

Des activités inadéquates

Souvent, les résidents s'ennuient. Ils se parlent peu car il n'y a pas d'espace commun prévu à cet effet, à part l'entrée. Ils ne lisent pas beaucoup non plus car ils ont presque tous des problèmes de vue. Ils passent donc la journée dans leur chambre à enchaîner *Les Feux de l'amour* et la saison 24 d'*Inspecteur Derrick*. Ils végètent devant le petit écran.

Pour les distraire, car il faut bien de temps en temps justifier le prix des chambres, la directrice déploie parfois des trésors d'imagination. L'autre jour, elle avait organisé un grand après-midi vidéo. Branle-bas de combat, après le goûter, les vieux sont rassemblés et on les descend un à un à la cantine. Une des filles est chargée d'installer la télé au centre de la pièce. Quand tout le monde est assis, la directrice fait un petit discours et lance le film *Tanguy* ! Et pourquoi pas *Le Seigneur des anneaux* tant qu'on y est ? On fait voir à des vieux de quatre-vingt-dix ans un film parisiano-parisien sur un jeune bobo qui ne veut pas quitter ses parents. Qu'est-ce qu'ils vont y comprendre ? La moitié des vieux se sont endormis dans les cinq premières minutes. Il faut dire que la télévision crachait des crépitements stridents, personne ne comprenait les dialogues. Une vieille dame réclame qu'on mette les sous-titres, car « on ne comprend rien quand ils parlent, dans ces films français », mais les sous-titres, il n'y en a pas.

La directrice, extatique, nous parle d'une console de jeux incroyable qu'elle a vue à la télévision : les vieux vont adorer ! On doit acheter la Wii, on doit même en prendre trois, qu'il n'y ait pas d'attente, que tout le monde puisse jouer. Alors que nous râlons depuis des mois pour avoir un peu de budget pour du mobilier neuf, alors que nous devons nous payer les stylos, les clés, voilà que trois écrans à plasma et trois consoles Wii sont installés dans le petit salon du deuxième. Ah, on peut jouer au golf, on peut faire du hula hoop, on pourra même faire du tennis : ça va faire du bien aux articulations, tout ça. Dans un monde meilleur, peut-être. Personne ne touche à l'installation flambant neuve : les filles ne savent pas trop allumer les consoles, je ne suis pas vraiment convaincu du bien-fondé de l'achat et pour tout dire, passablement remonté contre une dépense de plus alors que j'ai des besoins non satisfaits depuis des mois. Et surtout, les vieux venus tester une première fois le jeu ne veulent plus revenir. Ils n'y prennent aucun plaisir.

Le mois dernier, la directrice a eu l'idée d'une soirée vietnamienne, tout un repas thématique autour des saveurs de Hanoi. À midi, stupeur, les vieux voient arriver des nems qu'il faut tremper dans une sauce nuoc-mâm qui leur coule sur les doigts jusqu'au coude, ils sont ravis. C'est élastique, impossible de mordre là-dedans, le dentier reste accroché. On leur colle des baguettes alors qu'ils ont déjà du mal à tenir leur fourchette. Pendant qu'ils bataillent avec leur nourriture, on les mitraille avec l'appareil photo parce que Sodexo veut des souvenirs pour coller sur une plaquette de pub. Regardez comme tout le monde était content à la soirée thématique qu'on facture une fortune ! Ah, ça nous change de la purée, pour une fois ! Oui. Mais quand il y a de la purée, les assiettes repartent vides en cuisine.

Lorsqu'une animatrice vient de l'extérieur, après avoir envoyé un CV, la technique est toujours la même : on lui demande de planifier quatre séances sur un mois, en payant elle-même le matériel utilisé, et, si elle fait l'affaire, on la garde. Résultat, régulièrement, les vieux font du papier mâché qu'ils collent sur des tableaux. Je suis consterné et j'appelle ça de la maltraitance. C'est infantilisant, humiliant. Abêtissant. Le résultat est souvent moche. Et, bien sûr, au bout de quatre séances la pauvre fille est renvoyée chez elle sans un sou. Elle ne fait pas l'affaire. Elle ne fait jamais l'affaire. Mais nos vieux ont été occupés quatre mercredis de suite, à l'œil, ça a rempli une case du planning.

La directrice généreuse, surtout avec elle-même

Quand je dis que j'ai tout vu ou presque durant ces quelques années en maison de retraite, ça inclut aussi les vols. C'était l'an dernier, à la Résidence, mais depuis la coupable a été limogée. C'était la directrice. Elle aimait bien le couple Field, mais surtout madame. Souvent, la directice montait dans sa chambre, l'habillait et elles partaient toutes les deux pour faire les magasins, dans le quartier il y a de très belles boutiques, à deux pas. Mme Field était ravie, elle n'aurait pu y aller seule. L'équipe trouvait que c'était vraiment très gentil de la part de la directrice de prendre de son temps pour s'occuper de Mme Field, une vieille femme… millionnaire. « Il n'y a que des gens bien, ici, rabâchait la directrice, ce n'est pas une question d'argent, c'est une question de grandeur d'âme. » « Monsieur et madame Field sont des gens bien, il est normal que je sois présente : songez, quatre-vingts ans d'amour, toujours ensemble, toujours vivants. »

Un jour, la directrice nous convoque, furieuse, dans son bureau : « Une saharienne Gérard Darel a disparu dans l'armoire de madame Field ! C'est inadmissible, non mais vous vous rendez compte ! Une saharienne toute neuve, mesdames ! » Elle nous annonce qu'elle va retirer 400 euros de la cagnotte pour en racheter une. Cette cagnotte récolte l'argent que les familles nous donnent après le décès de leur parent. En principe, avec cet argent, la directrice achète des choses pour la collectivité et, chaque fin d'année, elle redistribue aux salariés ce qui reste. Elle nous prive donc de

400 euros, comme si l'un d'entre nous était coupable. Tout le monde est très choqué car on sait que ça ne peut pas être un employé. Il n'y a pas de vol dans la Résidence. Des pertes d'objets (qu'on retrouve, le plus souvent), de la casse (assumée la plupart du temps, le maladroit se dénonce), mais du vol, non. Le temps passe, on oublie, avec amertume. L'équipe a été blessée par ce soupçon.

Quelques mois plus tard, une des filles vient me voir pour me dire que de l'argent a disparu dans les enveloppes des résidents. Régulièrement, on demande à chaque famille une petite somme en liquide que l'on garde au cas où, pour les petites choses du quotidien, le dentifrice, un livre, un journal… C'est presque toujours la même fille qui s'en occupe, donc elle sait exactement ce qu'il y a dans les enveloppes gardées dans un tiroir fermé à clé, dans le bureau de la comptable. La fille me demande si quelqu'un est allé faire les courses à sa place. Je lui réponds que non. Incompréhension. On commence à soupçonner quelqu'un de la maison, mais qui ? Avec l'histoire de la saharienne, cela commence à faire beaucoup, pour un établissement sans histoire. Pour ma part, je me suis déjà fait une petite idée sur le coupable, mais c'est tellement énorme que je n'en fais part à personne.

Mme Field décède. La directrice, qui avait l'habitude de porter des croissants au couple deux ou trois fois par semaine, n'entre plus jamais dans la chambre. M. Field est toujours vivant mais elle ne vient plus prendre de nouvelles. Pas un bonjour, rien. Elle ne pose plus aucune question sur lui aux réunions. Je ne dis rien mais je trouve ça étrange, je suis de plus en plus dubitatif, jusqu'au jour où la comptable découvre le pot aux roses.

Ce matin-là, la comptable est agacée car la famille Douceux n'a pas envoyé le chèque de règlement pour la chambre de leur père, ils ont presque un mois de retard. La comptable décide de leur passer un coup de fil pour savoir ce qui se passe. M. et Mme Douceux sont étonnés, ils expliquent que le chèque est parti depuis trois semaines et a même été débité. Étonnement des deux côtés, questions, vérifications. Un peu sonnée, la famille appelle sa banque et se rend compte que le chèque a été encaissé au nom de la directrice ! L'équipe recolle un à un les morceaux : la disparition de l'argent dans les enveloppes, celle de la saharienne… tout converge vers la directrice. Une dame qui ne cessait de nous parler de « l'excellence à la française » !

En rentrant dans les détails, nous nous rendons compte que les virées shopping à deux étaient une excellente affaire pour la boutique, chaque vêtement (« choisi » par Mme Field, gentiment aiguillée par son accompagnatrice) étant acheté en double, un pour Mme Field, un pour la directrice. La directrice est poussée vers la sortie, mais aucune plainte n'a été déposée contre elle, il ne faut pas faire de vagues. Personne n'a tenu à informer officiellement la famille Field. Sauf moi.

Oui, moi. Je décide de le faire le jour des obsèques de M. Field. Je raconte à sa fille les croissants, les vêtements, l'argent manquant dans les enveloppes... Elle est sidérée. Elle ne dit pas un mot durant tout mon récit et reste bouche bée. Je m'excuse, je lui explique pourquoi je ne lui ai rien dit plus tôt. Elle s'en va sans un mot, en me remerciant tout de même (elle le refera encore, quelques semaines plus tard). Je reste comme un idiot, dans l'église, à me demander ce qui m'a retenu de ne pas tout balancer bien plus tôt à la famille. Je n'en dors pas pendant quelque temps.

Maltraiter un cadavre

On est toujours dans la maltraitance. Il n'y a pas de doute. Que l'on soit croyant ou pas, le manque de respect fait à un corps mort est un abus insoutenable.

Il y a quelques mois décède chez nous une dame. C'était une personne très pâle de visage, qui avait depuis longtemps perdu tous ses cheveux. Ça lui donnait un air un peu éthéré, pas tout à fait réel. Comme certains personnages de dessins animés. Une vieille fée gentille. Le jour de son décès, une fille est réquisitionnée pour la préparer, avant que la famille ne passe, pour que le corps soit plus présentable. Elle fouille dans la chambre et trouve une vieille perruque qu'elle lui met sur la tête. Elle utilise son propre maquillage pour lui donner des couleurs. Elle la pomponne longuement comme si elle jouait à la poupée. Mais lorsque le mari entre dans la chambre, c'est le choc. Il ne reconnaît pas sa femme : le rouge à lèvres écarlate, le vernis à ongles carmin, le fard à paupières violet, la perruque que la personne ne mettait plus depuis des années.

J'ai trouvé ça très irrespectueux. Le cadavre m'a choqué, moi qui ne la connaissais même pas. J'imagine le mari trouvant le corps de sa femme fardée comme pour un mariage. C'est vrai que c'est extrêmement difficile de savoir si on fait bien ou mal, mais avant de prendre une initiative pareille, on consulte les autres, on échange. La fille a cru bien faire, j'en suis certain. On maltraite souvent par trop d'assurance.

Une autre histoire me revient en mémoire. Une patiente de la Résidence, quatre-vingt-huit ans, très belle femme, extrêmement coquette, toujours abonnée à *Vogue*, une dame du monde comme en témoignent les photos sur les murs. Elle nous confie son chéquier et, un peu gênée, nous demande de lui acheter un « blue-jeans ». Elle en avait toujours rêvé mais n'avait jamais osé en porter, à croire que la lecture de son magazine, ce mois-ci, lui donne des idées. Une fille file dans un magasin du quartier, très chic, et lui en achète un. Durant les jours qui suivent elle ne le quitte plus. Elle en est fière : tous les jours elle se maquille et met son jeans pour aller au réfectoire. Elle vient de s'offrir un nouveau look, et à son âge ce n'est pas rien, c'est comme une nouvelle personnalité. Ça lui va très bien d'ailleurs, si bien qu'elle nous demande de lui trouver un belle veste en « blue-jeans », chez Marithé et François Girbaud. Hélas, lorsque sa fille s'en aperçoit, un jour, en passant à la Résidence, elle nous traite de tous les noms. Elle nous dit que sa mère n'est pas un clown, qu'elle a toujours porté des tailleurs de marque, des robes de soirée, et qu'il n'est pas question qu'elle se promène en jeans. Pour elle, ce jeans est « une mascarade ».

La mère nous demande de ne pas en tenir compte et nous dit : « On sait toujours quel jour elle vient, ce jour-là je mettrai mes tailleurs Chanel, mais le reste du temps je garderai mon blue-jeans. » Allant encore plus loin, elle accepte de faire cette concession à sa fille à condition... d'être enterrée avec son blue-jeans. Elle nous fait promettre, jurer, cracher que l'on respectera sa volonté.

Elle décède quelques mois plus tard. Ce jour-là, elle porte un de ses jeans, comme presque tous les jours de la semaine. Mais quand sa fille arrive, c'est le scandale. On a beau lui expliquer que sa mère souhaitait être enterrée avec, elle ne veut rien entendre et nous demande de lui mettre un de ses tailleurs de marque. Pour nous, ça a été la trahison ultime. Je me suis surpris à penser : « Nous, on a été quotidiennement à ses côtés pendant deux ans. On était là pour partager son bonheur quand elle mettait son blue-jeans... Elle, elle ne connaît même plus sa mère, elle ne sait pas ce qui lui ferait vraiment plaisir, une dernière fois. Quand on aime ses proches, on se soucie plus de leur bien-être que du qu'en-dira-t-on. »

Pas très pro, je sais. Je ne suis pas payé pour juger, c'est vrai. Mais j'ai vécu ça comme une maltraitance, cette fois de la part de la famille.

Le personnel soignant n'est pas le seul à être maltraitant. Comme le rappelle l'étude de l'Alma, 13 % des cas de maltraitance en institution sont dus aux familles.

Il y a quelques mois, on nous amène une vieille dame très mignonne. Son fils l'accompagne, il habite Aix-en-Provence, il est monté pour l'occasion. Charmant. Il nous décrit une situation familiale compliquée, une sœur omniprésente qui harcèle sa mère. La famille qui tente de l'éloigner sans succès. Cette fois, le fils espère que sa sœur ne trouvera pas l'adresse de la maison de retraite. Mais, un matin, je passe devant la chambre de la dame et j'entends du bruit. J'entre, je vois une femme, brune, la cinquantaine bourgeoise, tenter d'enfourner du cake dans la bouche de la vieille dame. Elle est nerveuse, fébrile, visiblement à bout de nerfs. Quand elle me voit, elle se déchaîne, elle me traite d'incapable, m'accuse de laisser sa mère mourir de faim. Je comprends vite que c'est la fille de la dame et qu'elle est folle à lier. Le lendemain, elle est de retour, elle a apporté du saumon fumé. Mais comme sa mère n'en veut pas, elle le laisse sur le bord de la fenêtre, pour le lendemain, elle reviendra elle-même lui en donner. Elle m'ordonne de ne surtout pas y toucher, de laisser exactement le saumon là où il est. On est en plein été ! Je sens qu'il n'y a rien à faire, rien à dire, je sens que j'aurais tort de toute manière.

La fille revient ainsi tous les jours, elle badigeonne sa mère d'huiles essentielles à longueur de temps. Elle la gave de nourriture, ça devient dangereux, elle pousse avec les doigts les morceaux de cake dans la bouche de sa mère, lui pinçant le nez pour qu'elle avale. Il y a danger pour sa santé.

Je préviens le fils, qui ne peut pas venir avant quelques jours. Pour que je puisse intervenir, il me faudrait un constat de police. Mais comment leur expliquer que c'est aussi une maltraitance de donner à manger à sa mère ? On reste là, les bras ballants. La dame meurt un dimanche matin, étouffée, dix jours après son admission. Tout le monde s'est renvoyé la balle, la directrice comme les autres.

Parfois la maltraitance est plus insidieuse.

Mme Klein est persuadée que je ne lui donne pas ses médicaments car je les « revends au marché noir », pour me faire un peu d'argent. Un jour, en cherchant quelque chose dans le tiroir de sa table de chevet, je découvre des tablettes entières de Di-Antalvic, un puissant antalgique. Je soupçonne sa propre fille de les acheter en cachette pour remplacer ceux que je ne lui donne soi-disant pas pour me « faire de l'argent de poche ». Faisons le calcul : entre les six que je donne quotidiennement malgré ce qu'elles croient et les six (au moins) avalés par la dame toute seule, généreusement apportés par sa fille, la dame est en surdosage.

Un jour elle se met à décompenser (sa situation respiratoire, cardiaque se dégrade, elle s'étouffe) et je me sens dans l'obligation d'en parler à la directrice car la décompensation est due, dans mon esprit, à un surdosage de Di-Antalvic. C'est une possibilité. Après un appel au médecin pour étayer mon propos, la directrice propose de faire signer à la fille un papier qui l'engage à ne plus donner de médicaments à sa mère, stipulant qu'elle doit faire confiance à l'équipe médicale. On lui dit que si elle ne respecte pas ce contrat on demandera à sa mère de quitter la Résidence.

Trois mois plus tard, ça recommence. La dame, en plein délire, m'accuse de ne pas lui donner les médicaments. Je sens qu'on court de nouveau au drame, donc je décide de prendre une photo, avec mon portable, chaque fois que je lui dépose les médicaments dans la chambre. La directrice est ravie de mon idée : c'est une sécurité au cas où la fille porterait plainte contre nous. Tous les jours, matin et soir, je me transforme donc en Doisneau des maisons de retraite. Comme la fois précédente, la fille nous accuse à nouveau et recommence à donner elle-même des médicaments. Les plaquettes sont cachées dans la chambre, un peu partout. Les photos n'ont pas suffi, la culpabilité (ou la bêtise) de la fille de laisser sa mère en maison est si forte qu'elle choisit de croire sa mère. Que faire ? Continuer à donner les médicaments en risquant le surdosage, ne plus les donner (et prouver à la fille qu'elle a raison) ? Un matin, alors que je ne travaille pas, la dame fait un OAP (œdème aigu du poumon) massif et décède à l'hôpital le lendemain. Fin de l'histoire.

Je pense aussi aux enfants de Mme Ricaud, tellement radins qu'ils ont décidé de ne pas lui acheter de vêtements « pour le si peu de temps qu'il lui reste à vivre ». C'est dit devant elle, qui entend la phrase. Mme Ricaud a des culottes trouées, des collants filés et des pulls élimés. Quand il y a un décès dans la maison, on lui donne les vêtements dont les familles des décédés ne veulent pas. Mme Ricaud pleure régulièrement et souffre de solitude.

Et puis, il y a aussi ces enfants qui font payer quelque chose à leur parent. Comme ce fils qui me forçait à donner des médicaments à sa mère, qui refusait de les prendre. La mère était une ancienne psychanalyste qui jouait avec moi, me faisant croire qu'elle allait les prendre et ne les prenant pas, ou les avalant immédiatement et les recrachant dans mon dos. Le fils exigeait que je fasse mon travail, mais il ne reprochait rien à sa mère directement : il réglait de vieux comptes par derrière. Nous passions nos journées à débattre des quantités avalées, des effets produits, nous élaborions des stratégies pour qu'elle les avale, alors que son état ne justifiait en rien cet acharnement. Son fils ne lâchait pas un pouce de terrain : il payait pour la chambre, il payait aussi pour que « le traitement soit avalé, à n'importe quel prix ».

En l'absence de famille, c'est l'entourage qui peut devenir maltraitant. Comme ce vieux monsieur venu chez nous quelque temps. Un homme richissime. Sa vie est un roman. Espion pendant la guerre, espion double, espion triple (je le découvre en lisant un article du *New York Times*, après avoir tapé son nom dans Google). À l'armistice, il a fui en Argentine où il est devenu un proche des Perón. C'était un très bel homme, un homme à femmes, la grande classe, une vie un peu sulfureuse. Puis il est revenu à New York. Quand il a eu quatre-vingts ans, il a commencé à perdre la tête. Il s'est marié avec une femme qu'il aimait peu mais qui l'a littéralement kidnappé et l'a amené à Paris pour profiter de son argent. Pendant ce temps-là, aux États-Unis, les avocats des proches se sont battus pour prouver que la femme l'avait abusé. Ça a pris du temps, mais la justice américaine a fini par prouver qu'il n'était pas en pleine possession de ses moyens au moment du mariage ; la procédure de divorce est entamée quand le type arrive chez nous.

Il a cent deux ans, à l'époque, et il est totalement gâteux. Il débarque avec un troupeau de nurses, des Ukrainiennes, des Croates, toutes coachées par Mlle Rachelski. Mlle Rachelski a aussi eu une vie passionnante. Après avoir fui le régime communiste, elle se retrouve dans les années 1950 aux États-Unis, gardienne d'immeuble du monsieur. Peu à peu, flairant sans doute l'argent facile, elle devient sa femme à tout faire et ne le quitte plus d'une semelle. Les années passent, elle le suit, jusqu'à la vieillesse, jusqu'au crépuscule.

Tout ce petit monde investit donc la Résidence et se relaye vingt-quatre heures sur vingt-quatre au chevet du monsieur. Ils lui mettent des compresses de thé vert sur les yeux, l'appellent « *baby* »… On lui fait faire de la kiné intensive toutes les deux heures, dans la chambre. Chaque sourire, chaque cri, chaque seconde de cette vie prolongée à tout prix est notée dans un grand cahier. Notre équipe, au milieu de tout ça, essaie de faire son métier, mais personne ne nous écoute. Les bilans de santé du résident sont envoyés aux États-Unis toutes les six heures, par e-mail : « À 16 h 34, il a remué l'orteil droit comme s'il avait une crise d'épilepsie. » Mlle Rachelski vient alors me voir et demande l'intervention d'un neurologue sur un patient qui n'a jamais donné signe auparavant de la moindre crise. L'équipe devient folle, la situation est intenable : qui doit faire quoi, qui est responsable de quoi, qui commande en cas de problème ? Une équipe dans l'équipe, ça fait beaucoup pour un seul homme. Tout ce petit monde s'est déjà fait virer d'une maison de retraite car il n'en faisait qu'à sa tête. Je tente d'expliquer aux uns et aux autres que cette omniprésence fatigue le patient, qu'il a cent deux ans, qu'il faut le laisser tranquille. Rien à faire. Le truc, c'est que tant qu'il vit, Mlle Rachelski et les autres profitent de son argent, donc ils redoublent tous d'efforts pour le stimuler. Le pool slave tout entier vit à l'hôtel, mange au restaurant, ne dépense quasiment rien en dehors du travail. La poule aux œufs d'or mérite une attention de chaque instant.

Seulement un jour, le monsieur décompense. Pas de fièvre. Pas de tension anormale, ni haute ni basse. Pas de pouls filant. Aucun symptôme sinon une grande fatigue. Un syndrome de glissement classique. Je me dis simplement qu'il est en train de mourir. On est tous d'accord. En principe, à ce stade-là on arrête tout, on hydrate et on nourrit par perfusion, point. Mais Mlle Rachelski ne veut rien entendre, elle redouble d'énergie et nous demande de faire venir un cardiologue, qui débarque en urgence. Il ausculte le vieux et me dit : « Je ne vois rien de spécial... Mettez-le sous antibiotiques. » Nous sommes tous là, autour du lit, dans la chambre, les Français, les Ukrainiens, les Russes, et je me dis : « Des antibiotiques, et pourquoi pas des vitamines ? » Je fais sortir toute la troupe et je demande au cardiologue à quoi il joue : « Des antibiotiques pour lutter contre quoi ? Contre la mort ? » Il me répond froidement : « Il faut donner le change, on ne peut pas leur dire que c'est fini. » Soit. Mais sans moi ! Il est hors de question que je fasse des heures supplémentaires pour passer une perfusion que le médecin trouve inutile. Ce que je pense au fond de moi, c'est que ce vieux a bien le droit qu'on lui foute la paix, point. Le cardiologue ne se démonte pas et me dit, devant ma détermination : « OK, on le transfère à l'Hôpital américain, alors, on va lui faire des radios... » Des radios. Nous sommes le 15 août, il fait 40 degrés dehors, je sais qu'il n'y survivra pas. Je décide de m'en laver les mains en lui tendant la liste des ambulanciers. Je regarde désormais la scène d'un peu loin, n'en perdant pas une miette mais refusant d'intervenir. L'ambulance débarque. D'une position allongée, on fait asseoir le monsieur dans son lit, il devient violet tellement il a mal, puis il est soulevé et posé dans le fauteuil roulant (je rappelle que les brancards ne passent pas dans notre petit ascenseur). De violet, son visage devient carrément noir de douleur... et il décède peu de temps après, entre l'ambulance et la salle de radiologie.

Le lendemain, j'entends des hurlements dans la chambre, on se bagarre violemment. J'entre et je trouve toute l'équipe de Mlle Rachelski s'arrachant les tableaux accrochés au mur et se disputant les vieux polos Lacoste… Fin de l'histoire de M. Henrickson.

Plus banalement, les familles peuvent jouent les « gardes-chiourmes » en interdisant à leur parent le petit gâteau qu'on leur a fait porter (trop de sucre, trop de cholestérol, trop de je ne sais quoi…). Ou alors la visite se transforme en flicage brutal de l'équipe médicale : « Est-ce que les glycémies sont relevées ? Et que dit le cahier de températures ? » Ils ignorent totalement leur parent en tant qu'être humain, ne passent pas cinq minutes à discuter avec lui. Sur une heure de présence, plus de quarante minutes sont passées avec nous, dans le bureau médical, à pointer nos prétendues insuffisances de soins.

Je pense que dans de nombreux cas c'est pour cacher un malaise. Beaucoup ne savent pas comment parler à leur parent car les vieux ne vivent plus dans le présent, ils n'ont rien à raconter et ils se contrefichent, pour beaucoup, de ce qui se passe à l'extérieur. C'est trop loin de leur monde. Ça fait tellement longtemps qu'ils ne sont pas sortis. Les enfants n'ont pas grand-chose à raconter, il faut bien justifier le temps de présence : il n'y a qu'à taper sur l'équipe médicale.

Enfin, il y a ceux qui s'en foutent totalement. On leur signale un appareil dentaire ou auditif cassé : « Bof. Écoutez, euh… C'est cher, est-ce bien nécessaire à l'âge qu'elle a de dépenser autant ? » Des lunettes brisées : « Bof. Écoutez, elle ne lit plus depuis longtemps. » Moi : « Si, si, *France-Soir* tous les matins. » Le fils : « Pfuiiii, non, elle ne retient rien, hein, Maman, que tu ne retiens rien, à quoi ça sert de lire si c'est pour tout oublier ? On va arrêter l'abonnement, tu as déjà les infos à la télé, ça suffit largement et tu n'as pas besoin de lunettes pour suivre la télé, avec le grand écran qu'on t'a acheté et qui coûte cher. » Jusqu'à ce fils à qui je téléphone pour annoncer le décès de sa mère et qui me demande de le rappeler le lendemain car il a beaucoup de réunions dans la journée, il ne va pas pouvoir s'occuper des formalités administratives.

L'infantilisation des patients par les enfants

Il y a les enfants qui culpabilisent leur parent et qui prennent notre parti : « Non mais elle est terrible, hein ! » ; « maman, tu es insupportable ! » ; « elle vous en fait voir, hein, c'est une Tatie Danielle, n'hésitez pas à sévir, hein, ne lui donnez pas de dessert, tiens, voilà ! Tu as entendu, Maman, ce soir tu n'auras pas ta Danette ! »

J'exagère à peine. C'est extrêmement blessant, car c'est évidemment humiliant pour quelqu'un qui a été le parent de se retrouver infantilisé par son propre enfant. De plus, c'est vécu comme une trahison : « Au lieu de me défendre, ma fille prend le parti de l'ennemi, l'équipe médicale ! » Certains vieux en écument de rage (et je les comprends fort bien, même si dans le fond ça m'arrange, qu'on prenne mon parti).

Mais la plus fréquente des maltraitances de la part des familles, c'est la fuite. Quand ils arrivent pour placer leur parent, les premiers jours, certains enfants font beaucoup de cinéma. Beaucoup de bruit, beaucoup d'allers-retours, de questions, de consignes, d'inquiétude, et puis plus rien. Des coups de téléphone épars. Les vieux attendent des nouvelles à longueur de journée, ils s'illuminent au premier coup de fil. Mais les enfants appellent de moins en moins. En Alsace, dans la maison de retraite, une journée entière pouvait se passer sans que je voie le moindre visiteur. À la Résidence, ils viennent parfois, mais toutes les familles ne se déplacent pas. Certaines habitent dans le même arrondissement. Le jour de Noël, il faut voir les yeux de la vieille qui guette la porte d'entrée. Et qui repart, le soir, au lit, se coucher sans avoir eu la moindre visite. Il y a dix mille excellentes raisons à ça, la culpabilité, la difficulté de voir son parent diminué, une vie professionnelle épuisante, la peur de vieillir, la peur de mourir. J'essaie de ne pas juger les familles, de me mettre à leur place.

La maltraitance comme exutoire ?

Il existe une forme de maltraitance que je qualifierais presque d'inévitable. Pour les familles par exemple, la situation est parfois tellement difficile à vivre que la maltraitance devient un exutoire. Comme dans tout milieu professionnel, chez les blouses blanches il y a aussi des pervers. Ils sont rares, même s'ils sont sans doute plus nombreux autour des personnes dépendantes (qui ne se plaignent jamais). Enfin, l'irascibilité des patients qui vivent des situations extrêmement douloureuses peut amener le personnel à dépasser les bornes, sans qu'on n'y puisse rien.

Les familles

Les familles peuvent devenir maltraitantes par culpabilité. Elles veulent qu'on perfuse, qu'on gave, qu'on masse... alors que les vieux ne rêvent que de mourir. Elles veulent qu'on agisse pour se donner le sentiment de ne pas abandonner leur parent. La société leur fait ressentir qu'ils sont de mauvais enfants car un bon enfant « doit » s'occuper de son parent. Ils savent que c'est impossible dans le monde d'aujourd'hui. Un monde où on habite loin de nos proches, dans de petits appartements. Ils savent aussi que c'est destructeur pour les uns et pour les autres et que depuis bien longtemps on a compris qu'il valait mieux se ménager un « chacun chez soi ». Mais la culpabilité reste et ils luttent contre comme ils peuvent.

Il y a beaucoup d'enfants qui ont aussi le sentiment que les soignants prennent leur place. Ils nous en veulent. La plupart du temps ils le disent avec humour : « Maman est très gentille avec vous, c'est pas le cas avec tout le monde. » C'est dur pour eux, on fait ce qu'ils n'ont pas voulu faire, s'occuper de leur parent, et ils sont en pleine ambiguïté, pris en tenaille entre le choix de ne pas les accueillir chez eux pour préserver leur propre vie familiale et le sentiment que leur mère leur échappe.

Certains, enfin, ont une difficulté énorme à voir leur proche diminué. C'est encore plus vrai à la Résidence car beaucoup de nos patients ont eu des vies un peu exceptionnelles, un passé prestigieux, littéraire ou artistique, par exemple. Telle personne a été la secrétaire d'Aragon mais perd totalement la boule, peu à peu. Au début, elle avait énormément de visites, et puis ça s'est espacé. L'un de ses proches m'a dit un jour : « C'est trop dur pour moi, je ne viendrai plus. Si vous saviez qui elle était… » Cette personne avait visiblement de la peine.

Mais le plus dur pour les enfants, c'est que le placement en maison de retraite les oblige à un travail de prédeuil. Ce sera la dernière maison de leur maman ou de leur papa. On les met là parce qu'ils ne sont plus autonomes, chacun sait qu'ils n'en ressortiront pas. Que la prochaine étape sera la mort. Ces enjeux sont propres aux familles. Or, la maltraitance en institution vient essentiellement du personnel soignant qui, lui, est confronté à de tout autres réalités.

Les pervers

Comme dans tous les métiers mais peut-être encore plus dans le nôtre, il y a des pervers bien entendu. Ils ne sont pas très nombreux mais ils existent. Comme Paul, mon collègue principal, infirmier comme moi. Il a depuis été poussé à la démission et a quitté la Résidence.

Mme Denis nous signale qu'elle a très mal au ventre. Elle n'est pas allée à la selle depuis cinq jours. On a beau la mettre sur la chaise percée, la laisser là pendant de longues minutes, rien ne vient. Un matin, ma collègue Jeanne me dit qu'il faudrait peut-être lui faire une extraction de selles. Je la regarde, un peu étonné : une extraction de selles ? C'est un acte extrêmement intrusif et douloureux pratiqué en dernière intention, lorsqu'on a tout essayé, et la plupart du temps sur des gens hémiplégiques ou tétraplégiques, uniquement sur prescription du médecin. Il s'agit d'aller chercher, avec la main, les selles dans le rectum du patient.

Je décide donc de tenter une autre méthode. Je mets ma main sur son nombril et je fais des cercles dans le sens des aiguilles d'une montre, une dizaine de fois. Je sens les abdominaux de la dame commencer à se contracter. J'arrête et je recommence, son ventre travaille. Au bout de cinq minutes, j'entends une première selle tomber dans la bassine. Puis une deuxième. Ses intestins se sont remis en marche. Ma collègue n'en revient pas. Elle me dit : « Paul fait des extractions de selles toutes les vingt-quatre heures ou soixante-douze heures, systématiquement. Il n'a jamais essayé ce que tu viens de faire ! Il n'a même jamais essayé de lui donner des laxatifs, il dit que c'est irritant pour le côlon. » Je n'en reviens pas. Sur le coup je ne sais pas exactement quoi penser. Ma collègue décide d'en parler à Paul.

Quatre jours plus tard, elle revient me voir pour me dire que la discussion n'a rien donné. Il continue à faire comme avant. Je commence à comprendre qu'il est dingue. Quelqu'un de normal s'interroge, au minimum. Lui continue sans se poser de questions.

Ça n'est pas la première fois que je le vois s'entêter comme ça. Un jour, le médecin nous réunit pour nous expliquer qu'il ne faut plus masser les escarres comme avant car ça irrite plus que ça ne prévient l'escarre. Il nous conseille d'effleurer à peine la peau du patient. En sortant de la réunion, j'entends mon collègue pester : « C'est du grand n'importe quoi ! » Le lendemain, il se remet à frotter les plaies, furieusement, sans écouter les filles qui lui disent de ne pas faire comme ça. Aucune remise en question, rien.

Mais avec l'histoire de Mme Denis, on touche carrément au sadisme. Il y a quelque chose de sexuel dans sa démarche. Il faut être pervers pour préférer extraire des selles de quelqu'un plutôt que de lui donner un sachet dans un grand verre d'eau. Je n'en ai jamais parlé à la directrice car je n'ai aucune preuve. Ma collègue ne souhaite pas témoigner, elle a peur. Et Mme Denis ne s'est jamais plainte. Pourtant, elle a assisté à la discussion que j'ai eue avec Jeanne. Je me dis qu'elle trouve peut-être là ses derniers émois sexuels.

Ce genre de type, on les retrouve partout où il y a des gens dépendants. Sans doute parce qu'ils sentent, inconsciemment, qu'ils pourront agir en toute impunité. Et c'est le cas, la plupart du temps.

Quand les patients sont odieux

Sans être un pervers, on peut aussi devenir maltraitant parce que les patients sont odieux. On craque, on peut même donner un coup. Je ne suis jamais allé jusque-là, mais je peux comprendre le cheminement qui amène à un tel geste. L'important, c'est d'en parler, d'y réfléchir, de se remettre en question immédiatement. Bref, de tout faire pour que ça ne se reproduise pas.

Un jour, dans le Sud-Ouest, j'ai vu une aide-soignante se pencher pour faire le lacet d'un patient et se prendre un coup de pied dans la figure. Réflexe immédiat : elle a collé une gifle au patient. C'est anormal, mais au fond c'est humain. Le jour où je me suis fait pincer violemment par une vieille qui ne voulait pas que je lui fasse son pansement, je le lui ai rendu sans même réfléchir, sidéré qu'elle veuille me faire du mal. Je me suis excusé immédiatement, mais le réflexe avait précédé la réflexion. On n'est pas des surhommes, on ne peut pas résister à tout.

Le pire exemple auquel j'ai assisté concernait un type dans une maison de retraite près de Toulouse, un patient parfaitement conscient, qui lisait le journal tous les jours, commentait les infos, pas sénile pour deux sous. Lorsqu'il estimait qu'une fille ne faisait pas correctement sa toilette, il lui envoyait les bassines à la figure. Il pouvait aussi leur donner des coups de poing dans les seins. Un jour, j'étais dans la chambre quand la fille s'est fait frapper et j'ai décidé qu'on ne lui ferait plus sa toilette. Ça peut passer pour de la maltraitance, mais qu'est-ce qu'on pouvait faire d'autre ? La seule avec qui il était aimable, c'était la femme de ménage, avec elle il avait des conversations sensées. C'est ça qui nous rendait dingues, c'est que le type n'était pas fou. Loin de là.

Mais ce genre de patient est rare. Le plus souvent, le patient « odieux », c'est celui qui nous appelle dix fois dans la matinée pour aller aux toilettes parce qu'il veut voir quelqu'un, parce qu'il ne veut pas être seul à ce moment-là. Mais faute de temps, on craque alors qu'il ne demande qu'un peu d'attention.

Il y en a une qui me posait toujours les mêmes questions. Elle avait toute sa tête. Tous les matins elle me demandait : « Le cachet blanc, c'est pour quoi ? Et le vert ? » Et je répondais : « Comme hier, madame Dougnac : un pour le cœur, un pour le diabète. Comme hier ! » Un jour, le centième à entendre tout le temps la même question, je craque : « Oh, ça suffit maintenant, de me poser tous les jours la même question, vous n'êtes ni sourde ni stupide et je ne suis pas un perroquet ni une horloge parlante ! » Je lui ai expliqué que je voulais bien lui parler de musique, du beau temps, du mauvais, de son enfance… « Mais je refuse de vous parler encore de vos médicaments que vous connaissez par cœur, et moi aussi ! » Je sais bien qu'elle ne se contrôle pas, que ces questions répétitives sont liées à l'angoisse. Je sais que mon attitude n'est pas professionnelle, mais ça m'a fait du bien de m'énerver, de recadrer les choses, un petit peu. Après ma mise au point cela allait mieux entre nous, car j'en étais arrivé à la fuir, à ne plus vouloir entrer dans sa chambre. J'étais en train de devenir plus ou moins maltraitant, je ne restais plus pour l'aider à manger, j'en étais presque à demander aux femmes de ménage de lui porter ses médicaments pour ne pas l'entendre me poser encore et toujours la même question…

Ce genre de patients, on en a beaucoup. Pour les personnes âgées, le retour à la vie en collectivité est une étape très difficile à vivre. Certaines ne s'y font jamais.

Qu'est-ce qui rend les patients difficiles à vivre ?

On les dépossède

Le fils de Mme Roulaud, psychiatre à New York, vient passer quelques jours avec sa mère à Paris, dans son bel appartement de l'île Saint-Louis. Un matin, il lui explique au petit déjeuner qu'il a pris rendez-vous avec une entreprise pour faire installer chez elle un monte-escalier. La dame occupe un appartement sur deux étages. Les travaux vont être longs, trois semaines minimum selon l'entrepreneur. Le fils propose à sa mère de lui payer l'hôtel jusqu'à ce qu'elle puisse réinvestir son appartement.

Lorsqu'elle arrive chez nous, Mme Roulaud croit donc s'installer à l'hôtel temporairement. Et nous, nous croyons accueillir définitivement une personne atteinte d'Alzheimer, car c'est ainsi que son fils nous l'a décrite lorsqu'il est venu réserver la chambre. Le drame est inévitable.

Mme Roulaud met quelques secondes à comprendre. Elle regarde autour d'elle, au début interrogative, puis lorsqu'elle croise une dame déambulant dans le couloir en chemise de nuit, elle se met à hurler : « Mais où je suis, où est-ce que tu m'amènes ? » Elle regarde son fils, terrifiée. Lui baisse les yeux. On essaie d'attirer l'attention de la dame, de lui souhaiter la bienvenue, elle regarde nos blouses blanches, les montre à son fils. Il aurait du mal à faire passer la Résidence pour un hôtel à touristes. Il lui explique que ce sera mieux pour elle, qu'elle sera mieux entourée. Mais elle ne veut pas, elle doit se sentir trahie, au début elle refuse de dépasser l'accueil. On finit par la convaincre de visiter au moins la chambre qui lui a été réservée. Le fils promet que si ça ne lui convient pas il la ramènera chez elle. Elle monte. Pendant tout ce temps, on continue à croire que la dame est atteinte d'Alzheimer, on pense que son fils l'a informée qu'il l'installait en maison de retraite mais qu'elle a oublié.

La chambre ne lui plaît pas. Elle veut rentrer chez elle. Son fils lui rappelle que ça n'est que pour trois semaines, elle n'y croit plus. Elle hurle maintenant, le fils se met en colère et descend chercher ses bagages en lui disant qu'elle n'a pas le choix. Qu'il a décidé. Que ce sera comme ça. Qu'elle n'a pas son mot à dire (bravo le sens de la psychologie pour un psychiatre...). Il jette littéralement les valises de sa mère dans la chambre, s'empare de son sac à main et lui dérobe les clés de l'appartement, ses papiers et sa carte Vitale.

Mme Roulaud est furieuse. Le lendemain matin, quand on arrive avec le petit déjeuner, elle nous met dehors : « Sortez, je ne veux voir personne, je ne veux pas manger ! » À 9 heures, les filles arrivent pour la toilette, elle devient folle : « Comment ça, vous allez me faire ma toilette ? Vous ne respectez pas ma pudeur ! J'ai honte, je veux être seule, sortez ! » De toute évidence, elle n'est pas du tout préparée à cette nouvelle vie et elle la refuse. Le midi, même chose au moment du repas. On ne peut jamais entrer dans la chambre. Quand son fils revient le soir, il s'en prend à nouveau à elle, lui dit qu'elle doit être raisonnable, qu'elle ne fait aucun effort. Qu'elle joue à l'enfant gâtée.

Les jours passent, elle finit par se calmer, épuisée. Son fils ne vient plus. Six jours, sept jours... Petit à petit, elle est prise de crises d'angoisse de plus en plus violentes, elle n'arrive plus à rester seule dans la chambre, elle nous bipe en permanence, dit qu'elle veut nous parler, mais, alors que nous nous asseyons, submergée par l'angoisse elle ne sait pas quoi dire...

Le huitième jour, je la trouve dans la rue, devant la porte d'entrée. Elle m'explique qu'elle attend un taxi pour rentrer chez elle. Je tente de la convaincre de rester mais elle me hurle dessus : « Vous n'avez pas à m'interdire, je fais ce que je veux ! » Je lui rappelle qu'elle n'a plus les clés, elle m'explique que sa voisine en possède un jeu. « Et si la voisine n'est pas là ? » Elle attendra dans l'escalier : « La voisine ne part jamais longtemps. » Je ne sais plus quoi faire. On tente de joindre le fils qui est rentré depuis à New York, personne.

Je la regarde de loin, elle ne bouge pas. Elle reste là, plantée sur le trottoir, dans cette rue où presque aucune voiture ne passe. Elle attend. Ça fait une demi-heure. Je sais que si elle ne bouge pas, elle a peu de chance de trouver un taxi. Je décide donc de jouer le tout pour le tout et d'aller lui dire qu'elle peut rentrer chez elle, après tout, elle a raison, je la laisse partir, je ne la surveille plus. Elle me regarde un peu désemparée et me dit :

« Ça veut dire que je suis libre de faire ce que je veux ?

— Oui.

— Je peux aller faire les magasins ?

— Oui.

— Bien, d'accord, j'y vais... »

Je la vois partir à petits pas, avec son déambulateur. Je tremble de trouille, je me demande si j'ai fait le bon choix.

Une heure après elle est de retour. Elle a dû faire le tour du pâté de maisons. Je suis content, je me dis que sa petite escapade lui a fait du bien. Mais rien du tout. Le lendemain, pour aller au réfectoire, c'est à nouveau la comédie : « Je ne suis pas une enfant, je ne vais pas manger avec tous ces débiles... » Elle éructe. Elle veut se coucher à l'heure qu'elle veut, regarder la télé toute la nuit. Trop fort évidemment, car comme tous les vieux elle est un peu sourde. Je rappelle son fils qui s'en fout, il nous donne pour consigne de faire au mieux. Super.

Un matin, j'entre dans sa chambre, ses bagages sont faits. Elle a compté les jours, elle sait que trois semaines se sont écoulées et que les travaux chez elle doivent être terminés. Voyant ça, la directrice rappelle le fils et lui, très zen, nous informe qu'il a vendu l'appartement et nous demande d'accompagner sa mère là-bas, pour l'aider à trier ses affaires. Tout ce qui doit être jeté, tout ce qui doit être gardé. Puis il raccroche. Nous sommes consternés. On ne sait pas comment l'annoncer à Mme Roulaud. C'est la directrice qui s'y colle. On s'attendait à des hurlements, la dame reste muette, tétanisée. Figée.

Le lendemain, la directrice l'emmène faire le tri de ses affaires, elle ne parle toujours pas. Elle regarde les photos, les met dans un carton, puis les robes. Elle n'arrive pas à choisir. Les objets, les souvenirs... À midi, la directrice me téléphone pour donner des nouvelles, elle va tenter de revenir pour 16 heures. La dame a toujours la tête dans ses armoires. Vers 17 heures, la directrice commence à dire à Mme Roulaud qu'il va falloir y aller. Celle-ci refuse, elle n'a pas encore ouvert tous les placards. À 20 heures, nouvelle tentative, nouvel échec. À 23 heures, la dame tombe d'épuisement, la directrice finit par la convaincre de rentrer. Le lendemain, ce ne sont pas moins de vingt cartons que l'on entasse dans sa petite chambre.

Mais très vite, elle commence à changer. Elle ne râle plus quand on lui amène le petit déjeuner, elle ne dit plus rien. On l'amène sans discussion jusqu'au réfectoire. Un jour, on lui porte du café alors qu'elle déteste ça, elle l'avale sans un mot.

Elle nous fait enlever la télé, la radio, elle n'a plus d'intérêt à rien : elle attend la mort. Elle vit au milieu de ses cartons que personne n'ouvrira jamais… L'institution a gagné, Mme Roulaud a cédé.

À l'instar de Mme Roulaud, toutes les personnes qui entrent en maison de retraite ont du mal à s'adapter. Elles se retrouvent du jour au lendemain dans un endroit anonyme, dans lequel elles n'ont aucun souvenir, presque aucun effet personnel. Tous sont partis en laissant derrière eux leurs habits, leurs meubles, leur maison, leurs photos… leur vie. Ils arrivent avec le sentiment qu'ils viennent chez nous pour attendre la mort. Ils s'y préparent. Nous sommes l'antichambre avant le grand saut, ils s'arc-boutent sur leur fonctionnement d'adultes, leurs heures de lever, de repas, leurs façons de faire.

Et comme Mme Roulaud, quelques mois après leur arrivée, on les retrouve changés. L'institution les met au pas. Il faut se conformer aux horaires, réapprendre à vivre en collectivité. Ils ont baissé les bras : nous gagnons à chaque coup.

Le regard des autres

C'est une des choses les plus difficiles à supporter en maison de retraite médicalisée car on mélange des patients qui n'ont que des problèmes physiques à des gens atteints de graves démences. Les uns et les autres s'observent et parfois se font peur. Les résidents conscients sont à la fois dégoûtés par ceux qui font tomber leur dentier dans leur soupe et terrifiés de devenir comme eux.

Le jeudi, c'est « le goûter de la directrice ». Elle réunit tout le monde autour de l'actualité de la Résidence. Il y a ceux qui prennent la parole, ceux qui se bavent dessus, d'autres qui s'endorment. C'est la vraie confrontation de la semaine. Et on entend les commentaires : « Tiens, monsieur Garos parle de moins en moins, ça sent la fin » ; « tu as vu madame Victor ? Elle tremble de plus en plus… »

Ils ne se ratent pas entre eux, les vieux, ils trouvent toujours l'autre très diminué alors qu'eux-mêmes sont parfois pas mal atteints. Ils instaurent entre eux de véritables rapports de force : les rescapés des camps exhibent leur tatouage comme si c'était une marque de supériorité. Comme s'ils voulaient signifier qu'ils ont eu une histoire.

Les hommes sont mis à l'honneur car ils sont rares. Ils sont chouchoutés, choyés… 80 à 90 % de nos résidents sont des femmes. Lorsqu'un veuf arrive, il est regardé avec convoitise, il fait l'objet de toutes les sollicitations. Elles se pomponnent aussi pour le personnel masculin, le coiffeur, le kiné… l'infirmier ! C'est bien, ça les raccroche à la vie. Dès qu'on leur fait un compliment, elles rayonnent. Ce monde fait de femmes est un monde de jalousies, de rivalités. Lorsqu'elles se laissent aller, lorsqu'elles arrêtent de se faire jolies, c'est mauvais signe.

Chez nous les valides sont aussi plus valorisés que les non-valides… Ceux qui ont moins de médicaments ont une nette supériorité sur les autres, ils se croient en meilleure santé. Chaque jour, ils comptent les gélules du voisin. Parfois, ils me rappellent à l'ordre quand ils croient que j'ai oublié les médicaments de quelqu'un. En fait, ils cherchent à savoir si c'est volontaire ou pas, si la personne va mieux.

Entre résidents ils se frappent aussi. Il y en a deux qui se battent régulièrement à coups de canne. Mme Étienne, elle, a un syndrome frontal. Elle ne supporte pas que les gens avec qui elle a l'habitude de déjeuner ne soient pas avec elle à table quand elle s'assoit. Elle va alors les chercher. Une fois, elle est allée sortir Mme Biddart de son lit. Mais, Mme Biddart étant invalide, il lui a fallu tirer sur le bras, la faire basculer du lit, sur la moquette… Quand je suis arrivé dans la chambre, Mme Biddart était en train de ramper par terre et l'autre la regardait, bouche ouverte, tétanisée par ce qu'elle venait de faire, comme un gosse. La première chose qu'elle me dit à mon entrée, d'ailleurs, c'est : « J'ai rien fait, je le jure ! » Je la gronde, je la menace d'une punition mais ça ne sert à rien, bien entendu, c'est neurologique. Une semaine plus tard, je la prends sur le fait dans la chambre de Mme Houguin, au rez-de-chaussée, en train de la lever de son fauteuil. Immédiatement, je lui ordonne de la lâcher, elle s'exécute. Mais dix minutes plus tard, je vois sortir en trombe Mme Étienne d'une chambre (« J'ai rien fait, j'ai rien fait ! ») et je retrouve Mme Houguin par terre la jambe en sang, hurlant ; il lui a fallu cinq points de suture sur la jambe.

Très vite les personnes valides se protègent des autres. Elles s'isolent. Mme Obédis, par exemple, ne sort plus de sa chambre en dehors des repas. Pareil pour M. et Mme Glomier. Dans la résidence de services dans laquelle ils vivaient avant de venir ici, c'étaient pourtant de grands organisateurs de tournois de belote. Depuis qu'ils sont arrivés, plus rien. Ils parlent très peu aux autres résidents. Et ils ne sortent jamais de leurs dix-sept mètres carrés.

La vie à huis clos

La vie de la Résidence est une vie à huis clos. Quand ils arrivent, les patients vont de temps en temps se promener dans le quartier, puis de moins en moins, puis plus du tout. L'autre jour, j'ai aidé Mme Glomier à descendre jusqu'au bureau de la directrice car elle n'avait pas quitté son étage depuis un an et demi. Du coup, les résidents perdent très vite la notion du temps, il ne savent plus quand sont les week-ends, les vacances. Ils ne voient plus passer les mois. Les seuls repères temporels qu'ils ont, c'est la télé qui les leur donne. Leurs journées sont toutes identiques. En hiver, en été, qu'il pleuve ou qu'il vente, ils mangent à la même heure, se couchent à la même heure. Qu'il fasse jour ou qu'il fasse nuit. Seul le monde extérieur leur apporte un peu de bouleversement. Mais le monde extérieur n'est pas toujours très présent.

Beaucoup de résidents, lorsqu'on les installe chez nous, ressentent un terrible sentiment d'abandon de la part de leurs proches. Ils se sentent mis à l'écart du monde. Mis à l'écart de la vie. Comme cette femme au rez-de-chaussée qui est totalement folle mais redevient cohérente quand son amie vient la voir. Elle lui reproche de l'avoir abandonnée, il y a une telle agressivité dans ses propos, une telle violence dans son regard, c'est insoutenable.

Mme Mercadier, elle, a été placée chez nous par sa fille qui n'y arrivait plus. En plus de sa mère, elle doit gérer la fin de vie de son mari atteint d'un cancer et s'occuper de sa fille handicapée. C'est Zola, non, dit comme ça c'est bien pire à vivre qu'à écrire. Je touche du doigt des situations humaines atroces que je suis ravi de ne pas vivre, « confortablement » payé pour assurer trente-cinq heures de travail et pas une minute de plus. Cette femme qui jongle entre sa mère chez nous, sa fille handicapée et son mari malade vient régulièrement, mais chaque fois sa mère la traite de tous les noms car elle estime être négligée, que ça fait trop longtemps qu'elle ne l'a pas vue. Sa fille a beau lui expliquer qu'elle vient d'emmener son mari à la chimio, qu'elle a traversé tout Paris pour venir, la vieille n'en a que faire. Elle lui en veut de l'avoir placée là et elle se venge. L'autre jour c'était tellement odieux que je suis intervenu. Je ne sais pas si c'est déontologique ou pas mais tant pis, je lui ai dit que c'était une égoïste, qu'elle n'avait pas à parler à sa fille sur ce ton, qu'elle n'était pas la seule à avoir besoin d'elle, que son gendre était malade... Ce à quoi elle répond : « Moi aussi, je suis malade. » Moi, excédé : « Non, vous n'êtes pas malade, vous êtes vieille, ce n'est pas la même chose ! » Elle : « Eh bien ! je vais être malade puisque c'est comme ça. On s'intéressera peut-être à moi ! » C'était atroce et en même temps je la comprends.

Ils se retrouvent chez nous, seuls, dépendants de la bonne volonté des autres. Ils ne peuvent pas sortir, ils sont obligés d'attendre que l'on daigne les visiter. Leur conjoint est mort le plus souvent, leurs amis aussi. Le cercle se rétrécit autour d'eux. Ils sont seuls, de plus en plus seuls. Et un jour, ils ne seront plus.

Alors ils lâchent prise. Physiquement ils sont encore en forme mais ils n'ont plus envie de vivre. L'autre jour, Mme Ferrand m'a dit qu'elle voulait mourir, car elle n'a plus d'amis, plus d'amour. J'ai eu la naïveté de lui répondre : « Comme ça vous irez retrouver votre fille et votre mari au ciel. » Elle a éclaté de rire : « Vous croyez encore à ça, mon pauvre petit ? Ce que vous pouvez être candide ! » Elle n'espère rien, elle ne voit juste plus l'intérêt de rester là, elle n'a plus de raison de vivre au sens propre du terme. Elle a fait changer son pacemaker récemment. Avant de partir pour l'hôpital, elle m'a dit avec un petit sourire gourmand : « C'est une anesthésie générale, peut-être que je ne me réveillerai pas, avec un peu de chance ! » À son retour elle était déçue, presque en colère. Je suis monté la voir une seconde, elle soufflait : « Pff, ils m'ont changé la pile et il ne s'est rien passé, rien de rien… » Elle me fait souvent rire, c'est une femme très drôle. Elle râlait un jour : « Ah, mon mari s'est fait avoir. Il a pris un concession dans un cimetière à côté duquel on fait des chasses à courre. Tous les week-ends ils traversent le cimetière sur leurs chevaux. Je ne veux pas être enterrée là-bas. Les chevaux, les chasseurs, les tirs… c'est trop bruyant ! » J'adore l'idée qu'on puisse râler parce que l'endroit où on sera enterré n'est pas calme.

Mme Ferrand est une résidente modèle, elle ne se plaint jamais, ne nous harcèle jamais. Mais la plupart des patients reportent sur nous cette angoisse qui les gagne. Ils sont en demande de présence, d'échange. Ils nous en veulent de ne pas pouvoir leur donner plus de cinq minutes par jour. Ils deviennent agressifs, sonnent dix fois dans la matinée. Ils nous maltraitent en somme. Et c'est très dur de trouver tous les jours les ressources pour leur faire face. Pour moi, là où commence la maltraitance, c'est quand on ne se remet pas en question. Personne ou presque ne choisit d'être maltraitant. Le personnel l'est tout à fait inconsciemment ou malgré lui et le vit très mal. Certains compensent en mangeant, d'autres en buvant. À moins de faire partie de la catégorie des pervers, on ne le vit jamais bien, comme Olivia.

Le cas d'Olivia

Olivia raccroche au nez des patients quand ils appellent le standard. Olivia les agresse verbalement. Elle leur claque la porte au nez, leur tourne le dos, les fuit. Olivia répond aux familles en pestant. Ou ne répond pas. Olivia est excédée. Olivia fait tous les jours des heures sup, parce qu'elle ne trouve pas le temps de faire tout ce qu'elle a à faire en une journée. Olivia s'engueule tous les jours avec les soignants parce qu'elle estime qu'ils ne font pas leur boulot. Olivia souffre et devient maltraitante.

Olivia, c'est une ancienne secrétaire de direction qui a été embauchée chez nous il y a quelques années pour s'occuper de l'accueil. Elle est payée pour répondre au téléphone, dispatcher le courrier dans les chambres et accueillir les visites. Jusque-là rien d'anormal. Sauf qu'elle fait beaucoup plus que ça.

Vu la configuration des lieux, l'accueil est un des seuls endroits où les gens déambulants peuvent aller se promener. C'est aussi un lieu d'animation pour ceux qui s'ennuient : il y a des gens qui entrent et qui sortent, certains patients peuvent passer des heures assis en face d'Olivia à la regarder répondre au téléphone. C'est aussi un lieu stratégique pour ceux qui veulent fuir l'enfermement, car il y a la porte d'entrée à deux pas. Il faut donc imaginer Olivia assise dans ce lieu de passage, ce lieu bruyant. Dans ce lieu de déambulation. Obligée de répondre au téléphone, d'accueillir les visiteurs, de gérer les arrivées de nourriture, de coursiers, de courrier, de pharmacie, de colis... Elle jongle en permanence entre son travail, les hurlements et les interpellations des patients et nos sollicitations à nous.

Petit à petit, elle se met à dérailler. Contrairement à l'autre secrétaire, elle devient de plus en plus agressive. Elle ne supporte plus les cris, les hurlements, les questions répétitives des patients qui lui demandent cent fois la même chose en une heure : « À quelle heure on mange ? Hein, à quelle heure on mange ? » Ça peut commencer à 11 heures du matin et se poursuivre jusqu'à l'heure du déjeuner. Face à ces questions issues d'une pathologie neurologique, il n'y a pas de bonne attitude à avoir. Si elle répond à la question, de toute manière la personne va oublier la réponse au bout de deux secondes, et si elle n'y répond pas, le patient va se sentir abandonné, rejeté et cela va générer de l'angoisse supplémentaire. Elle, de son côté, va ressentir de la culpabilité de ne pas répondre et se sentira mal. Donc, elle répond... ou pas.

Olivia est aussi sollicitée par les patients qui téléphonent depuis leur chambre. Certains pour de vraies raisons, d'autres parce qu'ils ont perdu la boule. Quand elle cesse de décrocher, ils utilisent le téléphone de la chambre voisine. Et tous les jours, l'attitude d'Olivia est sensiblement la même : elle est charmante en début de journée, puis elle devient sèche et enfin elle se met à hurler pour un oui ou pour un non. Elle peut même devenir insultante. Parfois, nous observons ça un peu goguenards parce que nous rêverions de faire pareil. On peut être choqués. Mais nous sommes compréhensifs, car nous savons que nous, nous pouvons fuir. Ou changer d'étage. Ou s'enfermer dans les toilettes pour souffler. Elle, elle doit rester là à subir.

Je ne pense pas qu'elle se considère comme maltraitante, mais elle sait qu'elle est limite et elle en est très malheureuse. Chaque fois que le psychiatre vient, j'essaie de le coincer devant elle pour qu'elle ait l'opportunité de lui poser des questions, sur la méthode, sur les façons de gérer ces démences. Parce qu'Olivia, qui ne fait pas partie du personnel soignant, n'est pas intégrée à nos groupes de parole. Quand elle a un problème avec un patient, elle n'a personne à qui en parler.

Le problème, c'est que l'on mélange de la gérontologie avec de la géronto-psychiatrie. Olivia saurait gérer la situation si elle avait affaire à des vieux « normaux », mentalement « normaux ». Mais elle n'a pas une formation de personnel soignant. Elle est dépassée.

Troisième partie

LES FAILLES DU SYSTÈME

Olivia n'est pas perverse, pas méchante pour deux sous. Olivia est une victime du système. Comme celles qui travaillent avec moi. Comme moi. Nous sommes victimes de politiques budgétaires qui nous obligent à être maltraitants malgré nous. Car la maltraitance, aujourd'hui, à la Résidence comme ailleurs, est avant tout liée au système. Rares sont les pervers, comme Paul, ou les patients odieux. En revanche, tous les jours, nous subissons les sous-effectifs, le manque de formation du personnel, la vétusté des locaux... Selon les chiffres de l'Alma, 35 % des maltraitances seraient dues à un manque de moyens en personnel ou financiers et 25 %, à un manque de communication souvent lié au manque de personnel.

Tous les jours, nous sommes les victimes d'une société qui a choisi d'abandonner ses aînés. De ne leur accorder ni un regard ni un centime.

État des lieux

Le nombre de personnes âgées est en constante augmentation

Les plus de 85 ans vont passer de 1 à 2 millions dans les dix ans à venir, selon le secrétariat chargé de la Solidarité. En 2050, l'espérance de vie devrait être de 90 ans pour les femmes, alors qu'elle n'était que de 83 ans en 2004. Celle des hommes se situerait à 85 ans, contre 76 ans en 2004. On pourrait ainsi compter 150 000 centenaires en 2050 contre 9 000 en 2003. « Le défi du vieillissement devient un défi majeur pour notre société », reconnaissait Brice Hortefeux, tout juste nommé ministre du Travail, lors d'un déplacement à Liancourt le 18 janvier 2009.

Aujourd'hui, environ 20 % des plus de 85 ans vivent dans des pensions médicalisées. Mais près de 100 000 sont en attente d'une place. En France, 860 000 personnes sont touchées par la maladie d'Alzheimer. 1,3 million de Français, soit une personne de plus de 65 ans sur quatre, pourraient être atteints en 2020[1].

Cette litanie de chiffres pour dire qu'il y a urgence. La population française vieillit et vieillit mal. Certes, de fringants septuagénaires font exploser les bénéfices des agences de voyages, mais pendant ce temps les plus de 85 ans allongent les listes d'attente des maisons de retraite sans que les budgets prévus par les gouvernements successifs ne soient réévalués à la hausse.

---

1. Source : Insee.

Le nombre de soignants et les formations ne sont pas adaptés

En 2006, la Cour des comptes soulignait que les besoins des personnes âgées à domicile n'étaient couverts qu'à moitié ; quant aux personnes placées en institution, leur situation n'est pas plus enviable. Le nombre de personnels en France est de 4 pour 10 résidents. Ce chiffre tombe souvent, selon un rapport de 2005 du Commissariat général du Plan, à 3, alors même que ces établissements voient arriver, souvent en situation de crise, des personnes dont les pertes d'indépendance sont croissantes, note le rapporteur. À titre comparatif, l'Allemagne, l'Autriche ou les Pays-Bas comptent en moyenne 8 personnes pour 10 patients. On monte à 10 ou 12 pour 10 résidents en Suisse, en Suède et au Danemark. Un gouffre.

Et si les effectifs sont loin, en France, d'être satisfaisants, les formations ne le sont pas non plus. Pour faire des économies, on recrute de plus en plus de personnel non qualifié. « Le manque de qualification du personnel est [...] l'une des difficultés majeures affectant directement la qualité de l'aide et de soins proposés. Il est estimé que la structure actuelle du personnel de la plupart des maisons de retraite n'apparaît pas propice à l'accomplissement d'un suivi satisfaisant, a fortiori la nuit. Le personnel très peu qualifié doit accompagner des personnes souvent affectées par de multiples pathologies », note le même rapporteur.

De plus, on serait en droit d'attendre que le personnel travaillant auprès des personnes âgées bénéficie d'une formation adaptée, ce qui n'est jamais le cas en France. Or, parfois, vouloir soigner à tout prix, ce qui est le réflexe de tout personnel soignant, est une véritable maltraitance. « Faut-il envoyer une personne passer un examen invasif[1], inconfortable, voire douloureux, la faire se déplacer en ambulance ? Quel est le gain espéré de cet examen : va-t-il aider à mieux prendre soin de la personne ? » se demande le rapporteur. Ce sont effectivement des questions que l'on se pose tous les jours, mais lors de notre formation d'infirmier on ne nous a jamais incités à y penser. On ne nous a jamais donné aucune piste de réflexion. « Faut-il mettre en place une kinésithérapie très active ou choisir de ne pas intervenir sachant que cela aggravera l'état de la personne qui décédera à terme ? » se demande encore, à titre d'exemple, le rapporteur. Sur le terrain, on ne se pose pas la question, on fait de la kiné !

Nous manquons aussi cruellement de personnels soignants non infirmiers. Pourtant, « les personnes âgées comme les personnes atteintes de maladies chroniques nécessitent des interventions pluridisciplinaires, évolutives et complexes, centrées sur la qualité de vie de la personne, sa participation aux décisions et sa réadaptation. Il ne s'agit pas d'éradiquer une maladie, de "faire contre", mais de permettre à la personne de vivre au mieux, c'est-à-dire de savoir "faire face" et

1. Un examen invasif est un examen médical requérant une effraction de la peau plus importante qu'une simple ponction.

“faire avec”. La place des soignants non médecins aux côtés des médecins est alors essentielle : les professionnels de la rééducation pour éviter l’installation d’une dépendance durable, les ergothérapeutes pour adapter l’environnement aux incapacités, les psychologues pour accompagner les personnes en difficulté, les diététiciennes pour ajuster les repas aux goûts des résidents et à leurs besoins nutritionnels... de même en institution, faire le “choix de la vie” est indispensable », souligne le même rapport. Mais chez nous rien de tout ça. Ou presque.

Des locaux inadéquats

Si on fait des économies sur le personnel, on en fait aussi sur les locaux. Peintures vieillies, rénovation à la va-vite... Parfois les normes de sécurité sont à peine respectées, comme à la Résidence, où les ascenseurs ne permettent pas de monter un brancard. Où les chaînes séparées des circuits du propre et du sale n’existent pas. À l’hôpital, pour éviter les infections, le linge qui vient d’être lavé n’emprunte pas le même circuit que le linge sale, idem pour la vaisselle, etc. Mais il n’en est rien à la Résidence, et quand un staphylocoque doré s’installe dans la maison, c’est la panique.

Où est l’argent ?

Les budgets permettant la mise en place de ce minimum préconisé par le Commissariat général du Plan n’existent pas. Le rapporteur mettait beaucoup d’espoir dans la journée de solidarité –

la suppression d'un jour férié – instaurée par Jean-Pierre Raffarin après la canicule. Mais aujourd'hui, la plupart des associations de personnes âgées accusent le gouvernement d'avoir détourné les sommes à d'autres fins.

Et ce ne sont pas les 50 millions d'euros supplémentaires annoncés en janvier 2009 par Valérie Létard, secrétaire d'État à la Solidarité, qui vont changer grand-chose. Selon l'Association des directeurs au service des personnes âgées, cette somme permettra, tout au plus, de construire quatre ou cinq établissements. Le coût de construction d'un établissement étant de 10 à 15 millions d'euros. Toujours selon l'AD-PA, c'est « 6 à 7 milliards d'euros » qu'il faudrait consacrer à l'aide aux personnes âgées fragilisées et à domicile.

Aujourd'hui, l'ensemble des professionnels, DDASS et ministères compris, s'accorde à dire que 70 % des établissements sont en sous-effectifs et que 4 à 5 % devraient être fermés. Mais rien ne se passe. Les personnels se battent pour continuer à faire leur travail dans des conditions terribles et les vieux souffrent...

Pourtant de l'argent, il y en a. Depuis quelques années, les groupes propriétaires de maisons de retraite sont même cotés en Bourse et tirent de juteux bénéfices. Selon Olivier Bokobza, directeur du département consulting immobilier chez BNP Paribas, interviewé dans le journal *Newzy* en avril 2006, les rendements pour un investisseur se situent autour de 6,5 % alors que les résidences de tourisme ou étudiantes ne rapporteraient que 4 à 5 %. Le groupe Médica, lorsqu'il est entré en

Bourse en mai 2006, annonçait un chiffre d'affaires pour l'année 2005 de 272,7 millions d'euros, soit une hausse de 16,9 % par rapport à 2004.

Orpéa, le numéro 2 du marché français de la maison de retraite en nombre de lits, affiche pour 2008 un chiffre d'affaires en hausse de 28,7 % à 701,4 millions d'euros. En outre, Orpéa a confirmé son objectif d'un chiffre d'affaires en 2011 supérieur à 1 milliard d'euros.

Le leader, Korian, a vu, lui, son activité progresser de près de 9 % en 2006, 11 % en 2007 et annonçait pour le premier trimestre 2008 un chiffre d'affaires de 186,9 millions d'euros, en progression (+ 43 %) par rapport à la même période en 2007.

Selon le Dr Jean-Claude Marian, P-DG d'Orpéa, interviewé en mai 2007 par *Le Journal du Net*, le succès de son entreprise et de ses concurrents s'explique avant tout par un « secteur porteur, avec des besoins considérables vu l'explosion de la démographie du très grand âge », et il ajoute que « la solvabilité de nos clients est encore modérée » mais qu'« elle tend à s'améliorer : dans les prochaines années, les plus de 80 ans feront partie des personnes les plus aisées ».

Pour finir, une étude menée par le groupe Xerfi, spécialisé en études de marché, montre que cette croissance n'est pas près de s'arrêter puisque le chiffre d'affaires des EHPA (établissement d'hébergement pour personnes âgées) progressera de 7,5 % en 2008 et 2009.

Il y a donc de l'argent à faire, ce qui explique que le secteur commercial se soit beaucoup développé à partir des années 1980. Il représente aujourd'hui 20 % de la capacité d'accueil. En vingt ans, il a progressé de 300 %, alors que le secteur public stagnait et que le secteur associatif ne croissait que de 40 %.

Or, pour les groupes privés, cette course aux profits ne s'est pas faite sans quelques entorses. Pour que les affaires soient le plus rentable possible, tous les budgets ont été réduits aux minimum : frais de personnels, frais médicaux... Ce qui explique, par exemple, que le résultat opérationnel du groupe Médica (37,1 millions d'euros) ait progressé en 2005 de 38 % par rapport à 2004. Cela signifie que pour un euro investi le groupe a gagné 38 % de plus, il a donc bien fallu faire des économies quelque part.

Ce fut d'autant plus simple que la rareté des places rend les familles peu exigeantes quant à la qualité des soins. Et qu'aucune loi n'impose un quota de personnels soignants minimum pour ouvrir une maison de retraite, comme c'est le cas pour une crèche par exemple.

Cette absence de cadre légal est d'autant moins compréhensible que les profits réalisés par les groupes privés dépendent de l'argent public. L'assurance maladie et les conseils généraux remboursent, en effet, une grande partie des dépenses des résidents.

Or, cette course aux économies conjuguée à l'absence de cadre légal a ouvert grande la porte aux maltraitances dont sont aujourd'hui victimes les personnes âgées. En 2007, toujours selon l'Alma, 44 % des cas de maltraitances s'exerçaient en institutions privées, contre 36 % dans le public.

Il y en a qui veulent moraliser le secteur bancaire, moi, j'aimerais moraliser le secteur médical. Il faut des cadres de santé qui sachent gérer du personnel et pas seulement l'argent. Je veux bien qu'on rationalise pour ne pas être déficitaire, évidemment, mais pas dans le but de « se faire du fric ». La médecine devrait être une association à but non lucratif, comme dans son serment d'Hippocrate. Or, chez nous, à la Résidence, le groupe se fait de l'argent sur la tête des vieux, c'est évident, en s'accommodant avec les risques pour que les patrons aient un peu plus d'argent à la fin du mois. On ne paie pas le ramonage de la chaudière, par exemple. Il y a sept ans, la Résidence était rutilante, aujourd'hui, tout est usé. Rien n'a été changé ni entretenu. Le problème, c'est que les gestionnaires ont totalement déshumanisé les vieux, qui sont de simples lignes de chiffres sur un bilan comptable, rien de plus. Chaque vieux doit coûter le moins cher possible quitte à ce que sa vie ou sa dignité soit mise en danger.

La santé a un prix, il va falloir l'admettre. Ça ne devrait pas être une affaire juteuse pour des fonds de pension car, à trop vouloir faire des économies, les résultats sur le terrain sont dramatiques.

Le temps consacré aux patients

Les effectifs

Même dans une des maisons de retraite les mieux notées d'Île-de-France, on manque de bras. Notre site Internet annonce qu'il y a un infirmier sept jours sur sept. C'est vrai, je suis présent le dimanche, mais il n'y a personne la nuit. Et ça ne va pas sans poser de problèmes.

Il y a quelques mois, une toute jeune senior, Rachel K., 60 et quelques années, victime de plusieurs attaques cérébrales, arrive chez nous avec une jéjunostomie. C'est-à-dire qu'on lui a posé, abouché à la peau, un orifice dans lequel passe un tube qui va directement dans l'estomac et qui permet de la nourrir sans passer par l'œsophage. On utilise des poches de nutriments. Le médecin lui en avait prescrit deux par vingt-quatre heures.

Je préviens la directrice que ça va être compliqué car si je pose la dernière poche en partant à 18 h 30, personne ne va surveiller son écoulement durant la nuit. Or, il y a des risques que la patiente vomisse et s'étouffe ou qu'elle arrache sa sonde. Elle tire dessus en permanence, c'est la deuxième qu'on lui pose. La directrice est inquiète. La famille n'a pas l'air facile. On l'a senti dès le début. Une horde de filles blondes décolorées et de fils cravatés qui refusent de sortir quand on fait les soins. Ils sont parfois dix ou douze dans la chambre, tous les soirs jusqu'à 22 heures. On demande à n'avoir qu'un seul interlocuteur mais ils ne sont pas d'accord. On ne sait plus à qui obéir. C'est l'enfer.

Rachel K., malgré ses accidents vasculaires, lutte pour survivre. Elle gigote beaucoup. Intellectuellement, c'est presque un légume, mais de temps en temps elle trouve encore la force de nous insulter. C'est bon signe, cela me plaît. Le jour de son arrivée, je décide de lui retirer la sonde urinaire qu'on lui avait posée à l'hôpital pour éviter qu'elle urine sur ses escarres. Elle est guérie, les plaies se sont refermées, la sonde n'est plus utile. Mais je ne sais pas pourquoi, lorsque j'en informe les enfants, ils ne sont pas d'accord. J'ai beau leur expliquer que c'est un inconfort pour elle, rien à faire. J'en conclus tout de même qu'ils ne veulent pas voir leur mère se faire pipi dessus. Je décide donc ne pas tenir compte de leur avis et, après appel au médecin, je la retire.

Le jour même, Rachel tire sur sa sonde de jéjunostomie, le bouchon saute et du suc gastrique se répand sur son ventre, en la brûlant. Le soir, quand ses filles arrivent, c'est le drame. Ça, plus le retrait de la sonde urinaire un peu plus tôt... elles me traitent de tous les noms. J'ai l'habitude, mais je suis inquiet. Je me dis que Rachel pourrait tout aussi bien arracher sa sonde en plein milieu de la nuit sans que personne ne s'en aperçoive.

J'en parle à la directrice, qui décide seule de lui faire donner les deux poches de nutriments pendant mon temps de travail. Je m'exécute. Mais très vite, la patiente ne supporte pas, elle vomit, elle a des diarrhées. Trop de liquide en trop peu de temps, je sens que ça commence à devenir dangereux pour elle. Je réfléchis, je cherche à savoir s'il est possible de passer, en une seule poche, plus de calories et de protéines, mais c'est impossible. Nouvelle réunion, cette fois avec le médecin. Il conseille d'en revenir à une poche le jour, une poche la nuit. La directrice n'est pas d'accord, elle suggère de ne plus lui donner qu'une seule poche. Bien évidemment, au bout de quelques jours, la patiente montre des signes de faiblesse, elle n'est pas assez nourrie et commence à maigrir.

Enfin, la directrice décide d'en parler à la famille. On leur explique clairement la situation : soit nous continuons avec deux poches, la patiente va vomir et avoir la diarrhée tous les jours, soient ils payent un infirmier pour la nuit, avec leur argent, et les nutriments sont passés en vingt-quatre heures. Excédés par notre manque de souplesse, ils décident de placer Rachel K. ailleurs. Je pousse un soupir de soulagement. J'ai vraiment cru que la directrice allait finir par demander aux filles de nuit de s'occuper de la sonde.

À l'époque, on avait plusieurs chambres vides, la directrice était sur la sellette, elle le savait. Le taux de remplissage ne doit pas descendre au-dessous de vingt-sept résidents, chacun d'entre nous connaît ce chiffre. C'est pour cette raison que la directrice avait accepté cette dame alors que nos moyens humains ne permettaient pas une prise en charge médicale correcte. À un moment donné, la directrice a préféré laisser partir la famille, car elle a eu peur. Peur qu'ils la traînent en justice.

Dans toute cette affaire, c'est la directrice qui a globalement pris les décisions, même médicales. L'admission d'un cas aussi lourd, sur dossier, avait été décidée par elle, dans l'urgence, ce qui est assez significatif. Le médecin était excédé qu'on ne l'écoute pas, il se lavait les mains, autant qu'il pouvait, d'un cas qui nous dépassait tous : « Elle a voulu la prendre, elle n'a qu'à la soigner elle-même ! Rien à foutre du seuil de rentabilité ou pas ! »

Oui. Mais nous sommes dans une maison de retraite, pas à l'hôpital, l'argent est plus important que les soins. C'est donc celui ou celle qui détient les cordons de la bourse qui décide. La directrice est soumise à une obligation de résultats par sa hiérarchie : tant que la maison est pleine, que l'argent rentre, tout va bien. Et plutôt que de prendre une infirmière libérale pour assurer la sécurité de la patiente la nuit, la directrice a préféré tenter de la gaver ou de la mettre en situation de sous-nutrition. En l'absence de la famille qui scrutait tout, il est évident que la directrice aurait demandé à une fille non qualifiée de passer la poche la nuit. Et cette fille l'aurait fait, plus pour ne pas être licenciée que pour des histoires de nutrition.

La plupart du temps les patrons jouent avec notre conscience pour que nous exécutions le travail supplémentaire. Ils comptent sur notre côté « bonnes sœurs » pour nous faire travailler plus. Et ils ont raison, pourquoi s'embêter ? Neuf fois dix, en jouant sur notre conscience professionnelle, ça marche. On fait le boulot parce qu'on n'a pas le choix : nous n'allons pas laisser les patients crever, tout de même. Mais on le fait mal, ce boulot.

Un jour, j'ai enchaîné comme ça une journée de travail puis une nuit et... encore une journée. L'autre infirmier ne s'était pas présenté et le patron n'a pas voulu prendre un intérimaire pour le remplacer. Mes heures supplémentaires, payées au noir, de la main à la main, en y ajoutant un gros bonus à la louche, lui revenaient moins cher. Le problème, c'est qu'au bout de quarante-huit heures sans dormir j'étais épuisé, incapable de répondre à une urgence s'il y en avait eu une.

Mon amie Émilie enchaîne ainsi les heures sup depuis des années. Elle sait que si elle ne le fait pas, les pansements ne seront pas faits, les médicaments, pas donnés... Impossible de dire non quand on est un peu humain. Lorsqu'elle quitte le travail avec deux heures de retard et qu'elle s'en plaint, on lui rétorque : « C'est parce que vous êtes mal organisée, ma petite. » Impossible pourtant de partir à l'heure, il y a trop de travail pour une seule personne.

À la Résidence, par exemple, quand il y a des grèves de transports, les filles dorment au sous-sol sur des matelas posés par terre. Comme ça la directrice est certaine que les toilettes seront assurées à 8 heures le lendemain. Évidemment, les filles ne gagnent pas un centime de plus et, détail qui tue, on ne leur offre pas le repas du soir. Pourquoi leur offrir ? Nous sommes pourtant dans l'une des maisons de retraite les plus chères d'Île-de-France. Mais ici comme ailleurs on économise. Ici comme ailleurs les cadences sont infernales et nous obligent à être parfois maltraitants.

Les cadences effrénées

En Alsace, le problème de sous-effectif était chronique et les cadences, inhumaines. C'étaient surtout les AMP qui trinquaient. Elles couraient toute la journée, pour faire les toilettes, pour donner à manger…

Un jour, alors que je discutais avec deux collègues dans le couloir, j'aperçois une des filles chargées de faire manger les vieux visiblement dépassée par la situation. Je me détourne de la conversation et je me mets à l'observer. Ça se passe mal, j'ai l'impression qu'elle les force à avaler quelque chose de bouillant. Les vieux repoussent violemment la cuillère qu'elle leur tend, elle insiste. Je m'apprête à intervenir mais quelque chose me retient, je veux savoir jusqu'où elle va aller. Je sais ce qui se passe dans la tête de cette fille : en temps normal, déjà, elle n'a que trois quarts d'heure pour faire manger tout le monde, de l'entrée au dessert. Dix personnes à gaver. Mais ce jour-là, les toilettes ont pris du retard. Elle n'a plus que vingt minutes pour leur faire avaler le plat, le fromage, le fruit, alors elle les bouscule, tant pis si c'est chaud, tant pis si leur bouche est encore pleine, elle les force jusqu'à ce qu'un monsieur finisse par lui cracher dessus. Je me précipite, mais avant que j'aie eu le temps d'intervenir, elle jette l'assiette à la figure du vieux en hurlant : « Tu m'emmerdes, tu m'emmerdes ! » Puis silence. Debout, interdite, stupéfaite par son geste, par ses mots, la fille se met à pleurer. Elle a commencé à essuyer la personne en disant : « Mais qu'est-ce que j'ai fait, qu'est-ce que j'ai fait ? » Lentement, elle est revenue à elle, venant de comprendre qu'elle avait fait quelque chose de terrible. Je suis à deux pas, je n'ose rien dire. Elle me regarde une seconde et s'enfuit. Moi, je reste là, choqué. Elle ne revient pas le lendemain. Arrêt maladie, démission.

Cette fille était quelqu'un de bien, quelqu'un que j'estimais, mais les cadences, la structure l'ont rendue maltraitante. Plus tard, lorsque j'en ai parlé à sa collègue, elle m'a avoué qu'elle, lorsque ce genre de chose arrivait, vingt minutes à tout casser pour faire manger la table, pour refroidir les plats elle les mélangeait avec les entrées : betteraves-petits pois suivis de carottes-carbonara…

À la Résidence aussi, on est pris par les cadences. On est en sous-effectif, donc on cherche à gagner du temps en permanence. On laisse les résidents en chaussons toute la journée. Les filles oublient d'allumer la télé et, quand elles y pensent, elles ne prennent pas le temps de choisir un programme avec le patient, elles mettent n'importe quelle chaîne. L'autre matin j'ai hurlé. J'ai trouvé Mme Grumbert devant *La Panthère rose*. D'accord, elle se plaint tout le temps, la seule phrase qu'elle sait dire, c'est : « Non, ça va pas. » Elle est chiante comme la pluie avec nous, toujours à récriminer, mais c'est pas une raison. J'ai pris la télécommande et j'ai mis *Télématin*.

Je ne suis pas certain que ça va intéresser la vieille, mais j'ai plus de chance de tomber juste. Et au moins ça n'est pas humiliant. Mais les filles s'en fichent. Elles sont prises par leur course contre la montre et la seule chose qui les préoccupe, c'est le temps, le temps, le temps...

Je les ai vues utiliser une serviette quand il n'y a plus de papier toilette pour essuyer un vieux, je les ai vues faire boire l'eau du verre à dents pour ne pas aller chercher une bouteille... Quand elles accompagnent les résidents aux toilettes, c'est toujours au pas de course, s'ils restent trop longtemps, elles les pressent : « Bon, ça y est, on peut y aller ? »

Les repas, c'est au lance-pierre. Les toilettes, idem. J'ai vu des filles faire quinze ou vingt toilettes dans leur matinée. L'autre jour, j'ai rappelé à l'une d'elles que ne pas essuyer correctement le patient pouvait créer des escarres. Elle est AMP à mi-temps, le reste de la journée elle travaille à la lingerie. Tout ce qu'elle fait, elle le fait vite parce qu'après elle a encore tout le linge à repasser. Donc elle n'essuie pas les femmes sous les seins, ce qui occasionne des mycoses. Elle n'essuie pas les fesses non plus : humidité, compression, frottement ? escarres.

L'escarre, pour moi, c'est le symptôme de la négligence. Des vieux dont on s'occupe bien n'ont pas ce genre de problème.

Temps de présence, tant de présences ?

Les familles ont le fantasme, en plaçant leur parent dans un institut, qu'il va être encadré, surveillé, choyé. Qu'il va y avoir quelqu'un dans sa chambre en permanence. C'est d'ailleurs un peu comme ça qu'on le leur vend, à l'accueil. C'est l'argument de base : chez nous, votre papa ne sera pas tout seul comme à la maison, il y aura toujours quelqu'un présent dans les parages. On est évidemment très loin de la réalité.

En ce qui me concerne, je peux passer, en tout et pour tout, soixante secondes par jour avec un résident, le temps de donner les médicaments. Trente secondes le matin, trente secondes le soir. Un peu plus s'il y a une insuline, encore plus s'il y a un pansement, jusqu'au record de dix minutes ou un quart d'heure avec quelqu'un qui ne va vraiment pas bien. Les AMP voient les gens un peu plus longtemps. Une toilette, dix minutes, un change, dix minutes… C'est la femme de ménage qui doit rester le plus longtemps dans la chambre. Un résident qui ne nécessite pas de soins particuliers mais qui ne peut pas sortir de sa chambre parce qu'il est alité reste donc seul dix à onze heures par jour. Pour les autres, ça n'est pas beaucoup mieux, ils descendent au réfectoire à midi et le soir, mais le reste du temps, eux aussi sont enfermés dans leur chambre. Il n'y a pas d'espace commun chez nous pour que les gens se réunissent. Une bonne partie sont déments donc ne communiquent pas. Et les autres sont sourds. Leur principale activité, c'est donc la télé. Toute la journée. Le téléphone… quand il sonne. Et quand ils peuvent l'entendre. Les visites, quand il y en a. Certains n'en ont aucune. Et c'est tout.

On sait que quand les gens s'installent chez nous, ils changent. Ils diminuent. On sait qu'un enfant lourdement handicapé mais stimulé se développe tant que la stimulation continue. Les vieux, c'est pareil, si on leur parle, si on favorise un échange, ils resteront alertes plus longtemps. Mais parfois, je me dis que ça nous arrange d'avoir des zombies. Ils ne sont plus tout à fait humains donc on peut en faire ce qu'on veut, les laisser seuls pendant des heures sans scrupules.

J'aimais beaucoup Alice (je l'appelle par son prénom car elle m'a demandé de le faire, le premier jour. Certains soignants ont eu ce privilège, d'autres non). C'était une jolie dame aux cheveux blancs, mi-longs, avec de beaux yeux bleus. Elle était aveugle. Avant d'arriver chez nous, il y a un an, elle venait de passer quelque temps dans un mouroir. Là-bas, elle avait cessé de s'alimenter car on lui laissait son plateau-repas à trois mètres d'elle. Une fois sur deux, elle ne le trouvait pas. C'est une amie à elle qui l'a placée à la Résidence. Quand elle a eu repris quelques forces, j'ai commencé à découvrir une personne vive, qui avait beaucoup d'humour et de nombreux centres d'intérêt. Elle écoutait la radio, la télé, elle réclamait des activités, elle aimait bien manipuler la pâte à modeler. J'essayais de temps en temps de m'arrêter dans sa chambre pour discuter avec elle. On parlait du Nord-Pas-de-Calais, où elle avait vécu son enfance, de ses voyages... Puis petit à petit, le rouleau compresseur de la maison de retraite s'est mis en marche. Les gens qui entrent sans se présenter ; sans dire quel jour on est, quel temps il fait ; les AMP qui l'habillent sans lui présenter ses vêtements ; qui lui donnent à manger sans lui dire ce que c'est. Tout ça l'a broyée. Aujourd'hui elle passe des heures sans rien faire assise dans son fauteuil. Elle n'écoute plus la radio. Elle devient folle. Ses cheveux sont mal coiffés, elle commence à avoir des poils qui poussent au menton et la seule phrase qu'elle prononce, c'est : « Ne touchez pas à mes jambes. » Elle a mal aux jambes, c'est pratiquement devenu son seul centre de préoccupation.

Ici on peut tuer les gens très vite, en quinze jours si on veut. S'ils sont un peu sensibles. S'ils ont besoin de plus de contacts humains que quelqu'un d'autre. Il ne faut jamais oublier que nous ne sommes pas à l'hôpital. Chez nous on ne reste pas une semaine ou quinze jours, mais des années... À l'hôpital, les filles peuvent se permettre de travailler d'une manière mécanique, d'entrer dans les chambres en disant à peine bonjour, les patients ont des visites et rentrent vite chez eux.

Chez nous, c'est différent, les vieux sont chez eux, et nous sommes leurs seuls interlocuteurs quotidiens. Ils ont besoin qu'on leur apporte de l'attention. Et pourtant, les effectifs en maison de retraite sont bien au-dessous de ceux de l'hôpital. Certes, il y a moins de soins à faire, mais on devrait être en capacité d'assurer une certaine qualité relationnelle. Ce qui n'est pas le cas. Les filles passent leurs journées à scruter leur montre. Elles entrent dans les chambres, regardent à peine les patients, font ce qu'elles ont à faire et repartent, vite, dans une autre chambre, où elles sont tout aussi pressées.

Le rouleau compresseur des horaires

Cela fait trois fois qu'elle me demande et trois fois que je dois lui dire non. Avant moi, elle avait posé la question aux filles et chaque fois la réponse avait été la même : « Non, impossible. » Trop compliqué. Pourtant, ça n'est pas grand-chose qu'elle demande, Mme Courbois : elle voudrait avoir son petit café à 6 heures du matin pour pouvoir se rendormir après, le ventre plein. Un caprice, certes, mais si ça suffit à la rendre heureuse on devrait pouvoir s'adapter. Eh bien non. On vend du « à la carte » dans la brochure mais on ne peux même pas assurer ce minimum-là. Notre horlogerie ne supporte pas le moindre grain de sable. Tout le monde doit se plier aux horaires. Jusqu'à l'absurde. On fait du taylorisme sur de l'humain. Je n'ai rien contre le fait de construire des voitures à la chaîne, mais quand il s'agit de patients, c'est différent. On a tous des biorythmes, des jours où on se lève plus tôt ou plus tard, des jours off, des week-ends, des vacances. Nos vieux, trois cent soixante-cinq jours par an, commencent la journée dans la même chambre, à la même heure. Et tous les soirs, les volets se ferment à 19 heures. Le 21 décembre comme le 30 juin. Qu'il fasse nuit ou que les oiseaux pépient encore dans les arbres.

L'accueil personnalisé promis sur notre site Internet nécessiterait beaucoup plus de personnel. Or, l'heure est au profit, pas au bien-être du patient. On doit formater les résidents pour qu'ils se plient à notre organisation, on doit lisser toutes les aspérités pour que la machine aille le plus vite possible. On gomme, on égalise, on nie, on ignore…

Tous les matins, on réveille les Alzheimer. Qu'ils aient déambulé toute la nuit parce qu'ils ont eu des angoisses vespérales, qu'ils se soient couchés, épuisés, à 5 heures du matin, la machine n'a pas les moyens d'en tenir compte. Et j'entends dire : « Vous dormirez mieux ce soir », mais c'est faux, les angoisses vespérales seront toujours là. Tous les soirs. Ça n'a pas de rapport avec la fatigue, c'est un des symptômes de la maladie. Mais ça non plus, la machine ne l'a pas intégré. Les équipes de nuit sont en effectif réduit. Elles n'ont pas les moyens de surveiller les gens déambulant, alors on les renvoie dans leur chambre. Ce qui génère des bouffées d'angoisse terribles chez les patients.

Les horaires ont été faits pour les résidents « normaux », pas pour des gens atteints de démence. Pour les adapter, il faudrait beaucoup plus de personnel, mais, plutôt que d'embaucher, notre direction préfère contraindre les patients. Les obliger à se plier à la règle.

La rationalisation du travail

Dans certains établissements, la rationalisation va même plus loin. Lorsque je travaillais dans le Sud, un collègue m'a raconté que, dans la clinique où il exerçait auparavant, il y avait des grilles de minutage du temps relationnel accordé au patient en fonction du traumatisme. Par exemple : « Patient ayant perdu sa mère : 16 minutes », « patient ayant perdu un enfant : 27 minutes » suivi de « renvoi vers psychologue pendant une demi-heure ».

Je savais que ça existait pour les actes techniques, évidemment, un pansement sur un ulcère variqueux nécessite x temps, mais pour un traumatisme psychologique je n'en avais jamais entendu parler.

Pourtant, rien de très surprenant puisque, depuis quelques années, on a fait du relationnel un acte technique. Je possède plusieurs livres qui expliquent ce que l'infirmier doit pouvoir dire et faire en cas de décès d'un proche, par exemple. Ou en cas d'avortement. Ou en cas de viol. Tout est décrit. On nous apprend même à détecter la « détresse spirituelle ». À partir de là, il est assez facile de quantifier le temps à passer avec le patient. Mon patron aussi rêverait de pouvoir associer un symptôme à un temps de travail afin de pouvoir estimer au plus juste le nombre de personnes à embaucher. C'est la porte ouverte aux « 2,42 postes nécessaires », comme on le fait déjà avec les hôtesses de caisse, les prévenant la veille de leur présence nécessaire ou pas le lendemain. Les êtres humains sont réduits au rang de vulgaires boulons que l'on doit mettre trois secondes quarante-quatre à visser. On n'est pas si loin du travail à la chaîne.

Les particularités de chacun, ses besoins propres sont gommés. Le patient est totalement déshumanisé par la machine, et donc petit à petit par le personnel soignant.

Le turnover

C'est une autre cause de déshumanisation. Il est de plus en plus important. Usées par le rythme des journées de travail, par la difficulté à faire face à certaines situations, dégoûtées par les salaires, les filles sont souvent en arrêt maladie. Maux de dos, migraines chroniques, angine au premier coup de froid. Les conditions de travail les fragilisent et elles accumulent les ennuis de santé. Face à ces absences répétées, les patrons se sont adaptés : ils usent et abusent des intérimaires. Cet été, on en a eu quatre ou cinq, mais il y a des structures où il n'y a que ça. C'est pratique, on peut s'en débarrasser quand on veut, elles sont jeunes donc moins bien payées et malléables à merci.

Je discutais récemment avec un cadre de chez Adecco. Il me détaillait la contrainte donnée, de fournir du personnel intérimaire à des établissements qui ne veulent personne avec plus de sept années d'expérience : trop cher à payer…

Ce turnover permanent crée de grandes souffrances chez les résidents. Les remplaçants n'ont pas particulièrement envie de les connaître, de retenir leurs habitudes, uniquement pour quelques jours. Ils n'en ont pas le temps. Ils bossent au mieux, vite et bien, mais sans y mettre le minimum d'affect qui rend la vie supportable. Le plus souvent, il s'est passé du temps avant que l'on remplace les personnes absentes, les intérimaires arrivent dans une équipe épuisée et excédée. Ils sont immédiatement sous pression. Et personne n'a ni le temps ni l'énergie de les aider. Qu'ils soient infirmiers, aides-soignants ou AMP, on les briefe sur l'essentiel : « Lui est autonome. Celui-là, il ne faut pas lui changer son pansement tous les jours, c'est trop douloureux. Elle, elle mange mixé », et c'est parti. Pour eux, le travail est mécanique. Ils ne gèrent pas des êtres humains mais des cas. Des pathologies. Ils ne connaissaient pas l'histoire des gens, ne s'y attachent pas. C'est donc forcément un peu violent pour les vieux, qui sont méfiants envers ce personnel qu'ils n'ont jamais vu. Ils ne leur font pas confiance, ce qui entraîne des attitudes à risque. Un vieux, par exemple, qui se raidit dans les bras d'un aide-soignant et qui peut tomber. Il devient plus difficilement transportable. Je sais qu'on ne peut pas éviter l'intérim, il faut bien remplacer les malades, le problème, c'est quand les intérimaires sont plus nombreux que les titulaires.

Un jour, à Toulouse, j'étais justement en intérim, on m'envoie pour un remplacement dans un service de gériatrie. J'arrive dans l'infirmerie, les dizaines de boîtes de médicaments étaient classées par... couleur, déjà ça donne le ton. Je compose mes piluliers, tant bien que mal, et lorsque je m'apprête à monter mon chariot pour faire la distribution, on m'explique qu'il n'y a pas d'ascenseur. D'habitude on met les plateaux de médicaments dans le monte-charge, mais depuis quelques jours il est en panne. Il faut que je monte mes plateaux un par un jusqu'au quatrième étage. Je m'exécute, légèrement agacé. J'arrive dans la salle du petit déjeuner, où personne n'est capable de m'indiquer le nom des patients : l'AMP est une nouvelle, l'autre est arrivée il y a deux jours à peine, la troisième est une stagiaire… Je dois aller gueuler comme un veau dans les bureaux pour trouver un peu d'aide. La comptable se dévoue et reste près de moi, penaude, pour me nommer les gens. J'ai appelé la boîte d'intérim en leur disant que j'arrêtais le soir même. Personne ne se plaint, personne ne dit rien, personne ne fait rien remonter. Un jour, avec un peu de chance, une caméra de France 2 viendra tourner incognito. En attendant, rien, on fait avec l'inhumain et cela se sait, partout, des cuisines à la compta, du bureau médical à l'office des infirmières.

Malheureusement, on sent bien que ce sont des pratiques qui vont se généraliser. À la Résidence, le patron a trouvé une nouvelle astuce. Cet automne, je suis resté trois semaines en arrêt maladie, à la suite d'une opération, j'ai été remplacé par un infirmier libéral. Il ne venait que trente minutes le matin, trente minutes le soir, pour assurer l'essentiel, le très essentiel. C'est également très économique, ce sont les vieux qui paient comme pour la visite d'un médecin et ça leur est remboursé par la Sécu !

Outre les absences ponctuelles, on doit aussi faire face aux démissions à répétition. Au bout de quelques années, usées jusqu'à la moelle, les filles changent de secteur. En moyenne, l'hôpital perd ses infirmières au bout de huit ou neuf ans. En gériatrie, je ne connais pas les chiffres, mais ce doit être pire. À la Résidence, il y a eu treize directrices en sept ans et plus de quinze infirmiers durant la même période. Un vrai problème qui fragmente le noyau de connaissances grâce auquel on fait du bon travail. Pour être efficace, on a besoin d'un historique : savoir que Mme Machin est allergique à ça, que M. X a telle phobie. La dame de la chambre 5 a une rougeur dans le dos, l'infirmier qui sait ce que c'est est parti, il va falloir refaire des examens, réitérer le même parcours de soin pour en arriver à un diagnostic déjà connu mais oublié de tous. Tout n'est pas noté dans les dossiers. Surtout quand ça n'est pas grave.

Je me souviens, il n'y a pas longtemps, on a eu une patiente avec un fécalome. Elle souffrait atrocement. C'est un bouchon dans le côlon que l'on n'arrivait pas à faire partir parce que la dame refusait de boire. On ne voulait pas lui mettre une sonde nasogastrique pour l'hydrater de force, nous aurions dû la maintenir à quatre, situation très violente avec le risque élevé de lui casser quelque chose. Nous attendions donc un peu angoissés en cherchant des solutions.

Sans liquide, pas de selles. Sans liquide, pas de possibilité de lui faire avaler un laxatif.

Un jour, une jeune élève infirmière semble avoir une idée. Elle se pose à côté de la dame et commence à lui donner des parts de cake bien bourratif qu'elle vient d'acheter. La dame adore le cake. Elle mange. Une première tranche, une deuxième, puis finit par tout engloutir ! La dernière tranche avalée, l'élève infirmière lui tend un verre et Mme Terrand boit, tout, y compris le médicament. On n'en revenait pas. Une demi-heure après, elle allait aux toilettes. C'était une ingénieuse initiative, devenue pour toute l'équipe une connaissance précieuse de la patiente. On sait que l'on peut faire boire n'importe quoi à Mme Terrand en lui faisant manger du cake. Mais moi parti, qui s'en souviendra ? Ce n'est écrit nulle part, ça n'est pas une vraie transmission médicale. Chaque départ est une perte de connaissances précieuses qui nuit à toute l'équipe.

Qui plus est, chaque départ est un traumatisme pour les vieux. Chaque fois, il leur faut reconstruire des liens avec de nouvelles personnes, or, plus ils vieillissent, moins ils en ont envie. Le jour de ma démission, je dus affronter la fille d'une patiente, furieuse, venue me trouver en me disant que je signais l'arrêt de mort de sa mère. Ce qu'elle ne sait pas encore, c'est que je vais être remplacé, tout comme mon collègue qui est parti il y a un mois, par quelqu'un qui n'a pas le diplôme d'infirmier. C'est un gars très gentil, qui a fait ses études à l'étranger. Son diplôme n'est pas reconnu en France car il a fait deux ans d'études au lieu de trois, il n'a pas encore passé les équivalences en France mais ça ne fait rien, la direction n'y voit qu'un avantage certain : elle le paie moins cher qu'un infirmier qualifié.

Les postes se confondent

Les formations

Les économies sur les effectifs ont leurs limites. Surtout dans une institution commerciale comme la Résidence, la direction est consciente qu'elle ne peut pas descendre au-dessous d'un certain seuil de personnel par résident, alors elle grappille sur les diplômes. Là où il faudrait une aide-soignante, elle embauche une AMP. À la place d'une AMP ? Va pour une femme de ménage ! Et c'est comme ça que ces dernières en arrivent à faire des toilettes. Elles ne savent pas comment lever quelqu'un sans se faire mal, on ne leur a jamais appris à observer un corps pour détecter les premiers signes d'une infection, elles ignorent que du pus qui saute dans l'œil, ça peut être dangereux. On les envoie au casse-pipe. Elles en ressortent le dos cassé au bout d'une année, mais elles continuent sinon c'est la porte. La plupart sont fières, les premiers temps, d'accéder au prestige de la blouse blanche : ce n'est pas rien, pour une femme de ménage, de pouvoir lâcher le balais et de se faire appeler « soignante ». À quel prix pour elle, à quel prix pour le patient. À quel prix (le meilleur) pour la direction...

Chez nous, la plus basse qualification, c'est ASH : agent de service hospitalier, c'est-à-dire agent d'entretien. Il n'y a pas de cuisinière puisqu'on a sous-traité à Sodexo ; on a une gouvernante, des femmes de ménage, au-dessus des auxiliaires de vie et des aides médico-psychologiques, les fameuses AMP. Puis les aides-soignantes et les infirmiers. Et enfin, un médecin, une comptable et la directrice.

Mais il n'y a aucun respect des qualifications de chacun. Aucun rôle défini. Dans les textes, bien sûr, il y en a, la législation est très claire, elle dit que l'infirmier est chef à bord en l'absence du médecin. Ici c'est la directrice, et en son absence, la comptable qui gère la maison. Cela me fait toujours sourire de voir la comptable me donner des ordres : on voit enfin qui commande vraiment (je n'obéis jamais...) !

Je devrais aussi « déléguer » (c'est le terme légal, définissant mon rôle et celui de mes collègues, dans le décret de compétence régissant ma profession paru au *Journal officiel*) les toilettes à l'aide-soignante car elle seule est en capacité d'analyser l'apparition d'une rougeur, une odeur d'urine anormale, une pupille dilatée. Elle seule sait que la personne est peut-être en train de faire un accident vasculaire cérébral. Or, en confiant les toilettes au personnel non qualifié, AMP ou femmes de ménage, on passe à côté de ça. Ce n'est pas pour rien que les aides-soignantes sont formées en 1 435 heures, les AMP, en 495 heures, et les femmes de ménage, en quelques minutes. 4 760 heures pour un infirmier, en trente-neuf mois[1]. Il n'y a pas de miracle...

1. Source : http://pays-de-la-loire.sante.gouv.fr/metiers/aide_soignant.html

Les aides médico-psychologiques

Les AMP sont devenues, au fil des années et des restrictions budgétaires, les piliers des maisons de retraite. À l'origine, leur travail était de faire l'animation. Un site Internet de formation aux métiers paramédicaux définit le rôle de l'AMP : « L'aide médico-psychologique participe à l'accompagnement des enfants, des adolescents ou des adultes dépendants en raison d'une maladie ou d'un handicap, afin de leur faciliter la vie quotidienne sous tous ses aspects matériels. Il met également en place des activités intellectuelles et manuelles (peinture, modelage, pliage, etc.) afin de stimuler le patient, développer ses connaissances, ses compétences motrices, l'inciter à communiquer ou tout simplement se distraire. »

Il y a quelques années, on a commencé à les embaucher en masse pour remplacer les aides-soignants qui coûtaient trop cher. Si on se réfère à la convention collective, leur salaire est le même, mais face à la pénurie d'aides-soignants ces derniers ont commencé à demander plus cher. Les AMP sont donc devenus beaucoup plus rentables. Le problème, c'est qu'à salaire égal leurs formations ne sont pas comparables : l'aide-soignant soigne alors que l'AMP anime.

Mais aujourd'hui, partout, ce sont les AMP qui font les toilettes, qui changent les résidents. Ce sont elles qui apportent les repas dans les chambres, qui font manger ceux qui en ont besoin. Elles récupèrent le linge sale dans le couloir, le portent à la buanderie, lancent les lessives puis étendent le linge, amènent les résidents à table, servent les repas, mettent la vaisselle au lave-vaisselle, passent le balai et la serpillière parce qu'on n'a qu'une seule femme de ménage. Elles font aussi leur boulot, de l'animation, elles jouent au Scrabble avec les vieux ou font de la pâte à modeler. Accessoirement, elles accompagnent les résidents chez le médecin, le dentiste, elles attendent avec eux, expliquent leur cas... Et elles sont même amenées à pratiquer des actes médicaux.

Un matin, je trouve Marie-Laure dans la chambre de Mme Clanche. Depuis l'encadrement de la porte, je la vois penchée sur la patiente, j'ai l'impression qu'elle regarde sa sonde. Mme Clanche est porteuse d'une sonde nasogastrique, qui sort de son nez, car elle ne peut pas manger normalement en ce moment. En observant la scène, je m'aperçois que Marie-Laure est en train de rincer la sonde... à ma place. La fille est auxiliaire de vie à mi-temps, chez nous. Le reste du temps elle est gardienne d'immeuble. D'ailleurs ce n'est pas le problème, je la trouve plutôt compétente, les pieds sur terre, ses observations sont souvent pertinentes. Seulement, elle n'est pas formée à rincer la sonde. Je suis ahuri. Je lui demande ce qu'elle fait et elle me répond comme si j'étais un gosse :

« Ben, tu ne vois pas ? Je rince la sonde, pour ne pas qu'elle se bouche...

— D'accord, très bien, OK. Et si la sonde a bougé ? Si elle est allée se nicher ailleurs que dans l'estomac ? Si elle a bougé vers les poumons ? Si elle est sortie, si elle est extravasée (j'exagère à dessein), comment tu fais ? »

Elle me répond, étonnée :

« Mais je t'ai vu faire cent fois... »

Je m'énerve alors. J'essaie de lui faire comprendre qu'elle n'a aucune assurance que cette sonde est au bon endroit. Or, elle vient d'injecter de l'eau dans le tube, si l'embout s'est déplacé, l'eau peut aller directement dans les poumons : il y a un risque quasi immédiat. Moi, on m'a appris ce qu'il fallait faire lorsqu'une sonde se déplace : appeler immédiatement un médecin, surveiller la température, l'état respiratoire... Il peut y avoir une infection, une péritonite, mille autres amusements divers... La fille ne semble toujours pas comprendre, alors j'en viens aux arguments juridiques : « S'il y a un problème, c'est moi qui plonge et je vais prendre très cher parce que tu as fait un acte médical qui est de ma responsabilité. » Marie-Laure semble enfin réagir. Elle s'excuse et promet de me laisser faire mon boulot à l'avenir. Je la sens déçue, son petit geste (sans importance à ses yeux) lui donnait un peu de prestige.

Mais au fond, c'est logique qu'elle ait du mal à comprendre, elle qui passe son temps à assumer des tâches qui ne sont pas de sa responsabilité doit se dire : « Un peu plus ou un peu moins, après tout... » Si les choses étaient très codifiées comme à l'hôpital, elle ne se serait jamais permis. Mais là, chacun fait le boulot de l'autre...

À l'hôpital, si la chaudière était tombée en panne un dimanche matin, j'aurais appelé la surveillante qui aurait téléphoné à la surveillante générale qui aurait donné l'ordre d'appeler un technicien. Et si ça n'était pas allé assez vite, j'aurais appelé la CGT. Je plaisante. À moitié. À l'hôpital, nous sommes dans un cadre « normal », à la maison de retraite, on est hors cadre. Les AMP nettoient les sondes gastriques, les femmes de ménage font les toilettes pour aider les AMP. Or, cette absence de formation peut très vite amener les gens à être maltraitants. Il ne faut pas oublier qu'on traite surtout des cas de géronto-psy. Quelqu'un qui n'est pas préparé et qui a en face de lui un dément qui répète toutes les vingt secondes la même phrase peut très vite craquer. Quand on est formé à ça, je ne dis pas qu'on n'a pas envie de l'étrangler, ce dément, mais on comprend quel est le processus et on prend sur soi. On sait que la personne est malade, qu'elle ne fait pas ça pour nous pousser à bout. On sait que la répétition incessante est liée à l'angoisse, on tente de calmer le patient. Mais quand la compréhension de ce qui se passe n'est pas bonne, ça crée des tensions.

Je me souviens d'une collègue en Alsace qui était tout le temps en col roulé. Couverte de noir des poignets au col. En été, ça me choquait énormément. Un jour je lui ai demandé, un brin narquois, si elle n'avait pas chaud. Elle tourne les talons en me traitant de « connard ». Je reste sans voix, très peiné, je l'aimais bien. Le lendemain, je vais m'excuser et, au bout de quelques minutes de discussion, elle me raconte qu'elle a commencé à se lacérer les bras le jour où elle a frappé un vieux. Il l'avait traitée de tous les noms parce qu'elle voulait le forcer à prendre ses médicaments. Elle n'avait pas compris qu'il était atteint de démence, alors elle l'avait cogné. Ordre lui était donné que le vieux avale son médicament à n'importe quel prix.

Ça peut arriver à tout le monde, de dépasser les bornes, une fille non formée peut croire que la personne qui répète dix fois la même chose se moque d'elle, elle peut le prendre comme un affront personnel. Le pire, c'est pour les femmes de ménage. L'autre jour, une fille entre dans la chambre de Mme Ruba pour lui faire sa toilette et lui parle tout doucement.

Mme Ruba : « Je n'entends pas ce que vous dites. »

La fille répète sans élever la voix.

Mme Ruba, à la fois agacée et gênée : « Je n'ai toujours pas entendu. »

La fille recommence une troisième fois toujours sur le même ton. Moi, j'assiste à la scène et je me dis : « Elle le fait exprès, il y a des comptes qui se règlent, c'est pas possible, elle le sait, que madame Ruba est sourde. » Je dois intervenir rapidement avant que le ton ne monte.

Dans un « monde normal », cette femme de ménage n'aurait jamais dû croiser cette dame qui devrait être dans un hôpital soigné par du personnel qualifié. Mais elles vont faire plus que se croiser. L'unc va s'occuper de l'autre quotidiennement, plusieurs heures pas jour. La lever, lui faire la toilette, lui servir à manger…

De la gérontologie à la géronto-psy

Le nombre de lits en psychiatrie est passé de 80 000 en 1989 à 40 000 aujourd'hui[1]. Or, le nombre de patients suivis a été multiplié dans la même période par deux. On ne garde en psychiatrie aujourd'hui que les cas les plus durs. Les autres se retrouvent dans la nature (la plupart des SDF sont des psychotiques avant d'être des SDF) ou en maison de retraite. Depuis quelques années notre activité est passée de la simple gériatrie à la géronto-psy. Des Alzheimer aux autres démences séniles, des vieux trisomiques aux schizophrènes, tous se retrouvent chez nous. Les maisons de retraite qui, jusqu'à ces dernières années, étaient des lieux d'accueil pour des gens qui n'avaient que des problèmes physiques, sont devenues des lieux fermés. À la Résidence, plus de la moitié des patients sont atteints de maladies mentales. De démence.

La démence, c'est une dégénérescence de la matière grise, qui amène le patient à perdre la notion de ce qui se fait et de ce qui ne se fait pas. Les patients boivent l'eau des toilettes et se lavent les mains dedans, par exemple. La maladie d'Alzheimer est une forme de démence, mais il existe aussi la démence sénile, la démence fronto-temporale, la démence sémantique, et tant d'autres...

Si j'essaie de me souvenir, rien qu'au premier étage j'avais : première chambre un Alzheimer,

1. Source : Adrien Gouteyron (UMP) au Sénat, le 14 février 2008.

deuxième chambre une démence sénile, troisième chambre une démence sénile, quatrième chambre une démence sénile, cinquième chambre un schizophrène, sixième chambre une démence frontale, septième chambre une « normale ». Rien que ça, sur un étage. Cela demande une prise de conscience de la lourdeur du secteur. Je suis formé pour. Pas mes collègues. Or, on n'aborde pas une personne démente comme on approche un vieux classique. On n'entre pas dans une chambre en allumant la lumière d'un coup et en disant d'un ton bourru : « C'est le petit déjeuner ! » Dans ce cas, il y a une chance sur deux pour que l'autre réagisse mal ou pas du tout.

En l'occurrence, M. Claus ne réagit pas : la fille le prend alors sous les bras, brusquement, en le levant de force. M. Claus, qui ne comprend pas ce qui lui arrive, se débat. La fille résiste et le serre encore plus fort, finissant par le jeter sur sa chaise en hurlant : « Mais vous me faites mal en plus, non mais ça va pas ! » En quelques secondes elle est devenue maltraitante parce qu'elle n'a pas su adapter son comportement à l'état de la personne. Si je le lui fais remarquer, elle hausse les épaules : « Qu'est-ce que je dois faire, moi, j'ai pas le temps, c'est lui qui veut pas se lever ! J'ai pas que lui à m'occuper, moi ! Va le lever, toi, puisque tu es si malin ! »

Comment faire ? En prenant en compte la pathologie, il aurait fallu qu'elle frappe à la porte : « Bonjour, monsieur Claus, comment ça va ? Attention je vais allumer la lumière. » Puis elle aurait dû se pencher doucement : « Vous avez envie de prendre votre petit déjeuner ? » Si la personne ne répond pas, on la prévient : « Je vais vous asseoir, attention je vous prends les jambes. » Je ne garantis pas que M. Claus aurait bien réagi, mais en tout cas la fille n'aurait pas été maltraitante.

Sur ce point encore, le rapport du Commissariat général du Plan est très clair : « Face à l'accueil massif de personnes démentes, arrivant à des stades de plus en plus avancés, mais aussi en raison de la fermeture des hôpitaux psychiatriques ayant pour conséquence l'accueil de certaines personnes atteintes de troubles mentaux stabilisés, il apparaît plus que nécessaire d'acquérir certaines compétences de base en termes d'aide psychologique et de soins permettant de faire face à des situations concrètes. »

Mais là encore aucun budget n'est alloué à la formation. Mieux, les maisons de retraite touchent moins d'argent de l'État pour un schizophrène que pour un patient invalide. C'est une histoire de GIR.

Le GIR (Groupe Iso Ressources), c'est la clé de tout. Un bon directeur de maison de retraite doit savoir jongler avec les GIR. Un peu de 2, un pincée de 6 et les budgets sont optimisés. Le GIR permet de calculer la dépendance des personnes que l'on accueille. Une liste de questions est censée l'établir : est-ce que le patient peut manger seul, se laver seul, se déplacer seul ? GIR 1 : les gens sont des légumes. GIR 6 : ils sont autonomes.

Plus le GIR est bas, plus les patients payent cher et plus l'État abonde. D'où l'intérêt pour les directeurs de maison de retraite de ne pas avoir que des GIR 6 mais aussi des GIR 1. Or, le questionnaire permettant d'évaluer le GIR de quelqu'un ne prend que partiellement en compte les démences. Un patient grabataire va avoir un GIR beaucoup plus bas qu'une personne atteinte de démence alors que cette dernière nécessite plus de soin.

C'est pour ça que les patients atteints d'Alzheimer, pas exemple, ont beaucoup de mal à trouver une place en institution. Pour avoir une chance, les familles doivent mentir. Elles demandent à leur médecin traitant de ne pas trop en dire dans le dossier médical. De minimiser un peu. C'est comme ça qu'on se retrouve avec des patients que l'on ne sait pas gérer.

À la Résidence, il arrive que le médecin organise des formations. Enfin, des formations, je me comprends... Il lit des polycopiés pendant deux heures. Il apprend aux filles les basiques de la profession, comme l'ergonomie, car sans connaissances théoriques elles se font très rapidement mal au dos et se retrouvent en arrêt maladie tous les quinze jours. Mais ce cours sur l'ergonomie, elles peuvent l'avoir cinq ou six mois après avoir été embauchées, et parfois c'est déjà trop tard. En fait, le médecin propose ses cours théoriques à l'avenant, quand il constate un souci. Il y a une session tous les deux mois environ, quand il n'annule pas au dernier moment parce qu'il a une urgence. Les filles, elles, y vont quand elles ont le temps, quand il n'y a pas trop de travail, sinon elles doivent faire des heures sup pour rattraper. Bref, c'est clairement insuffisant pour les initier aux syndromes de démence et ça ne remplacera jamais les douze mois d'études d'un aide-soignant.

On tente bien de leur expliquer parfois que ça n'est pas la faute du patient. On leur dit de faire attention, mais certaines s'en fichent, elles écoutent mais elles n'intègrent pas. Et puis, après tout, on ne peut pas tellement leur en vouloir, elles ne sont pas payées pour ça, elles ne sont pas « soignantes ». Si on attend d'elles qu'elles aient un comportement d'aides-soignantes, il faut qu'on les forme correctement et qu'on les paie comme telles. Sinon, qu'on ne leur demande pas de faire autre chose que de l'animation améliorée.

Toutes n'ont pas choisi de travailler dans le milieu médical, elles ont pris ce job parce qu'elles avaient besoin de gagner leur vie. Quand on n'a pas choisi de côtoyer la maladie, les méthodes de défense personnelle pour appréhender certaines pathologies mentales impressionnantes sont inadaptées. Or, ce sont elles qui sont le plus souvent en contact avec les patients. Ce sont elles qui se font insulter, frapper parfois, tout ça pour le plus bas salaire légal qui existe dans ce pays.

Parfois, elles ignorent même les règles d'hygiène de base. Elles arrivent avec les ongles longs, on leur explique que ça peut être porteur de microbes mais elles s'en fichent. Une de mes collègues repart chez elle déjeuner tous les midis avec sa blouse blanche, prenant son fils au passage à l'école. La directrice le lui a interdit. À plusieurs reprises, elle lui a expliqué qu'elle pouvait ramener des microbes de l'extérieur, ce qui est potentiellement dangereux sur des patients immunodéficients. Après trois réprimandes la fille a arrêté de le faire pendant la semaine, quand la directrice est là, mais le week-end elle continue. Elle aussi, clairement, elle se fiche de tout. Ou elle ne comprend pas. Elle obéit à la consigne pour avoir son salaire à la fin du mois, point. Je ne peux pas travailler avec elle, mon cadre théorique qui est la base de mon savoir-faire se heurte à ses soupirs, ses refus non argumentés et ses mensonges : je ne peux rien en attendre. Légalement, je lui confie (« délègue ») tous les soins de nursing sur sept patients que je ne peux pas accomplir moi-même. Parfois je me mets à rêver que je lui interdis de toucher aux patients.

« Ainsi, il semble que certains gestionnaires de ces établissements sont amenés à gérer la précarité du marché de l'emploi. En effet, ils ne peuvent souvent qu'embaucher des citoyens en difficultés professionnelles, pour qui en majorité le travail dans ce type d'établissement relève plus d'une nécessité vitale que d'une volonté affirmée de répondre aux besoins de personnes grabataires », note d'ailleurs le rapporteur du Commissariat général du Plan.

Avant d'être embauchées chez nous, ces filles ont peut-être fait le ménage chez Auchan, ou dans un salon de coiffure. Quand elles sont arrivées, personne ne leur a demandé si elles acceptaient de faire la toilette des vieux. Ça n'est pas légal. Elles le font contraintes et forcées. Certaines sont dégoûtées par ces corps flasques, ces bouches baveuses, ces haleines odorantes... Au bout d'un moment, elles ressentent le besoin de se défouler, d'extérioriser cette frustration, et le plus facile dans ce cas, c'est de s'en prendre aux vieux.

« En plus d'une formation adaptée, la confrontation quotidienne à des situations délicates nécessite des compétences et des attitudes particulières qui sont rares. Il s'agit pour ces personnels d'être capables à la fois d'écouter – ce qui nécessite de la patience, mise à rude épreuve dans les établissements –, mais aussi, dans l'idéal, d'observer attentivement les faits et gestes des hébergés en vue d'apprécier l'évolution de leur état de santé, donc de pouvoir évaluer leurs besoins », note encore le rapporteur.

Faire le choix de ne pas recruter des personnes compétentes, c'est prendre le risque de mal soigner les résidents, mais c'est aussi ouvrir grande la porte à la maltraitance.

L'homme d'entretien

Martin, il est charmant, tout le monde l'adore. Avant lui, on avait un type odieux. Très agressif et très violent avec les vieux. Lorsqu'un patient inadapté lui parlait mal ou de façon inappropriée, il l'insultait. Quand je lui faisais une réflexion ou que j'essayais de lui expliquer que la patiente était malade, il refusait de l'entendre. Il me disait : « Mouais mais elle me respecte pas.

Si elle me respecte, je suis correct, mais si elle me respecte pas, moi, je monte en puissance et je lui colle la pression. Elle a qu'à pas me parler comme ça... »

Ce charmant jeune homme passait presque tout son temps dans les chambres à changer les ampoules, déboucher les lavabos. Il côtoyait les résidents presque autant que nous. Mais il a toujours refusé de les comprendre. Un jour, il frappe chez Mme Vadrange. Ce jour-là, elle est de mauvais poil. Bon, soyons honnêtes, Mme Vadrange est toujours de mauvais poil. Elle demande qui se présente, il répond et entre. La dame, ulcérée qu'il n'ait pas attendu qu'elle lui signifie d'entrer, le chasse d'un « fichez-moi le camp ! » un peu méprisant. N'importe qui aurait compris que Mme Vadrange n'était pas cohérente à ce moment-là et aurait expliqué l'objet de sa venue. Lui, non : il repart en laissant Mme Vadrange dans le noir. Par hasard, passant à ce moment-là, je le vois claquer la porte. Je l'interpelle et lui demande ce qui s'est passé. Il me raconte, fort énervé, en détail. Je lui rappelle alors pour la dixième fois que Mme Vadrange est démente. Il secoue la tête : pour lui, les fous sont à l'asile, pas ici, et il me répond, narquois : « Ouais, c'est ça, elle n'est pas plus folle que toi et moi. Ho, faut pas exagérer ! Elle me prend pour son larbin, point ! »

Un autre jour, une dame qui venait d'arriver me dit timidement : « Vous savez, j'ai payé pour une télé et je ne l'ai toujours pas. » Je réalise qu'on a complètement oublié de la lui monter et j'appelle l'homme d'entretien. Pas de chance, c'est la mauvaise heure, il est sur le point de partir... dans une heure, tout de même, mais sa journée est déjà finie dans son esprit (la chance !) J'essaie de lui faire comprendre que s'il ne monte pas la télé avant de partir, la dame va devoir passer la soirée à regarder le mur en face d'elle. Il me répond : « Elle n'a qu'à prendre un livre. » Il ne percute même pas qu'ici personne ne lit ou presque pas car tous ont des problèmes de vue. Au fond, il s'en fout. Il déteste travailler là. Il déteste les vieux. Il a besoin d'un boulot pour vivre. Il finira par quitter son poste sans prévenir.

Quand on recrute à bas prix, on ne peut pas avoir trop d'exigences.

Les filles d'origine étrangère

Une autre conséquence des choix budgétaires de la direction, c'est que la plupart des filles embauchées sont arrivées récemment en France. Il ne s'agit pas de dire qu'elles sont moins compétentes que les autres, mais il y a entre elles et les résidents, parfois, un fossé culturel qui est difficile à franchir.

Je me souviens d'une grosse panique dans le bureau de la directrice, un matin. Le hasard des emplois du temps avait fait qu'elle se retrouvait avec une équipe composée de sept filles d'origine africaine. Les quatre auxiliaires de vie, les deux femmes de ménage et la gouvernante. La directrice est la seule Blanche de l'équipe ce jour-là. On ne peut pas mettre autant de personnes de couleur au contact des personnes âgées, déjà qu'il y en a qui ont du mal avec une seule...

C'était la première fois que la politique de recrutement devenait gênante pour la direction, il a fallu faire de la mixité, et vite. Ça n'est pas que les vieux sont racistes (certains le sont cependant), mais ils sont moins habitués que nous à côtoyer des personnes d'autres origines ou d'autre couleur de peau.

En premier lieu, ils ont du mal à comprendre les différents accents. Ils ont quasiment tous des appareils auditifs et c'est très compliqué pour eux de percevoir les propos de quelqu'un qui roule les « r » ou qui les avale. Certaines des filles ne maîtrisent pas correctement le français. Ça ne pose aucun problème pour l'équipe, on se débrouille avec ça, on peut même y trouver un certain charme. Mais les vieux n'ont pas forcément la capacité de comprendre quand elles emploient un mot à la place d'un autre. Ils peuvent aussi être choqués par l'absence de vouvoiement. Certains vieux considèrent ça comme humiliant qu'une fille de vingt ans les tutoie, alors qu'elle ne le fait pas par mépris mais parce qu'elle ne sait pas utiliser le « vous ».

Je dois avouer à ma grande gêne que, parfois, les résidents réagissent en tant que citoyen ayant vécu les colonies françaises et les ayant trouvées « normales ». Pour eux, un Noir, au mieux, dans le temps, c'était « y a bon Banania ». On leur a toujours dit : « Le Noir n'est pas civilisé mais il est gentil » ou alors « c'est un sauvage qui a besoin de nous pour apprendre ». C'était écrit dans leurs livres d'école. On les représentait avec des os dans le nez. Les personnes âgées ont gardé en mémoire ces images. Quand elles voient arriver quelqu'un de couleur pour leur faire la toilette, elles sont inquiètes. Cette personne va avoir tout pouvoir sur elles, elle va les voir nues, dans une position humiliante... Non seulement il y a une question de pudeur, mais en plus on doit s'abandonner entre les mains de quelqu'un dont on a parfois peur. C'est très dur.

Certes, mes vieux ne sont pas tous comme ça. On a une patiente, une grande bourgeoise, qui adore se faire faire la toilette par notre seul homme de ménage noir. Elle en est tout émoustillée et elle le dit. Mais c'est un cas à part... J'entends régulièrement des confidences gênées sur le sujet : les vieux me font des commentaires aigres-doux à ce propos, remarquant immédiatement la présence d'une soignante blanche quand elle débarque dans l'équipe, en remplacement.

Le contraste culturel est d'autant plus frappant sur certains détails : nous avons tous, selon nos origines, des manières très différentes d'envisager la mort. Les personnes d'origine africaine qui travaillent chez nous sont plus fatalistes, « ce qui doit arriver arrivera » est le discours que j'entends le plus souvent. En Afrique, les vieux meurent jeunes. Pas de scanner, pas d'IRM, pas d'antibiotiques. Tu es malade, tu crèves. Tu es à trois jours de route de Bamako, « tu es vieux, c'est ton heure », « on te laisse tranquille et tu meurs ». À quoi bon lutter ? Or, pour nos résidents la mort est angoissante, dramatique pour certains.

À la Résidence, les filles se retrouvent face à des vieux qu'il faut préserver à tout prix. Mais s'ils sont si importants, pourquoi est-ce que leurs enfants ne sont pas là auprès d'eux ? Voilà une question que j'entends souvent, entraînant un regard parfois dégoûté, parfois moralisateur. Tout ça se mêle dans leur tête et donne des rapports biaisés avec les vieux. Les filles ne comprennent pas que l'on puisse laisser des personnes âgées finir leur vie « seules et enfermées ».

Elles en parlent souvent. Elles nous disent : « Mais vous n'avez pas honte ? Chez nous on s'en occupe. On les garde à la maison, c'est pas bien de les abandonner comme ça. » La plupart de mes collègues ont vécu en Afrique, en Afrique du Nord. Là-bas, le vieux est le centre du savoir. Il est respecté et craint. Quand on a un problème, c'est à lui que l'on s'adresse. Il est presque déifié. Chez nous, on le transforme en rebut. On le cache. Elles ne comprennent pas. Du coup, elles peuvent avoir un certain mépris pour ces vieux que l'on abandonne entre les bras d'immigrées sous-payées[1].

On est évidemment face à un problème de mixité professionnelle ; si ces personnels bossaient avec des Français de souche ou arrivés depuis longtemps, l'échange sur les codes, les mœurs se ferait naturellement. Elles se retrou-

1. Ce problème a été étudié en détail par Gérard Rimbert. Son travail se trouve en annexe de cet ouvrage.

vent entre elles et, certains jours, j'ai pu me sentir professionnellement un peu seul. J'ai appris beaucoup, en revanche, sur les raisons qui poussent à s'expatrier : quand il n'y a rien à manger, quand la guerre est aux portes de la ville, quand il n'y a pas d'horizon hormis celui d'un foyer, d'une cuisine.

Les médicaments, les activités, le suivi psychologique du personnel

À l'hôpital, un jour, on nous livre des pansements bizarres, d'une drôle de marque, on nous explique que c'est pour remplacer l'Hypafix (une marque bien connue), que c'est très bien, beaucoup mieux, même, et (quelle chance !) beaucoup moins cher. Mais quand on les met sur les plaies des patients, le pansement suinte, colle, arrache les poils. La guérison est plus longue. Une économie qui crée plus de troubles que prévu et qui, au final, va coûter plus cher que le produit de base.

Au travail, c'est la même chose, on me demande tous les jours de faire attention aux couches, de ne pas trop en utiliser. La direction surveille les commandes, le prix des protections, fait venir des commerciaux pour trouver le produit le moins cher possible. Il faut parfois écouler le stock de protections XXL quand il ne reste plus que ça ou laisser des gens dans leur pisse pour calmer la consommation. Le problème, c'est que l'urine macérée va ulcérer la peau et créer des escarres. Mais ça, la direction s'en fiche. On économise sur tout, même sur ce qui pourrait améliorer notre vie et celle des résidents. Sur tout ce qui rendrait la maison un peu plus humaine.

Ah, un peu plus d'« humain »... À la Résidence, au moins, travaille une ergothérapeute. En Alsace, il n'y en avait pas. Personne pour venir tenir compagnie aux vieux, les stimuler intellectuellement. Une ergothérapeute, c'est une personne qui aide les patients à garder leur acuité intellectuelle en pratiquant différentes activités qui peuvent être artistiques, ludiques ou plus simplement liées à la vie quotidienne comme le rangement des vêtements, la cuisine... Ça marche très bien, mais il n'y en a pas partout, loin de là. De ce point de vue, nous sommes des privilégiés, avec un poste permanent, à plein temps.

Autre économie facile : le suivi psychologique du personnel. C'est pourtant quelque chose d'essentiel. Tous les jours l'équipe est confrontée à des situations extrêmes, parfois à la mort de gens auxquels nous étions très attachés, mais nous n'avons droit à aucune aide personnalisée. Juste pour situer : j'ai compté un décès tous les vingt et un jours en moyenne dans la Résidence (parfois en rafale, deux ou trois décès, parfois rien pendant deux mois). J'ai donc géré dix-sept décès en une année, dix-sept fins de vie, dix-sept cadavres. Dix-sept personnes que je connaissais plus que bien, à qui j'apportais des soins quotidiens, que je saluais chaque matin, avec qui je passais un peu de temps quand je le pouvais à bavarder de choses et d'autres. Je ne vous parle pas de tous ces patients anonymes, en service, qui passent et dont je ne me souviens même plus, après toutes ces années, ni de ces décès de personnes arrivées depuis deux jours. Le lien entre nous était bien mince, leur mort ne me touchait pas beaucoup, la plupart du temps. J'étais plus marqué et plus atteint par la peine des familles.

Subissant donc un décès tous les vingt et un jours, nous bénéficions, de temps en temps, de groupes de parole avec une psychologue. C'est très dur de s'exprimer car nous sommes sept ou huit chaque fois. Personne n'a vraiment envie de se mettre à nu devant ses collègues, donc tout le monde se tait. La plupart du temps on en sort en se disant que ça ne sert à rien. Ce sont toujours les mêmes qui parlent et qu'on écoute pendant une heure, ce sont toujours les mêmes qui se taisent et qui attendent la pause. Et surtout, tout le monde ne peut pas y participer. Les personnes de l'accueil, les femmes de ménage ne sont pas intégrées. Le coiffeur, l'esthéticienne, l'homme d'entretien non plus. Pourtant c'est aussi dur pour eux que pour nous. Ils sont confrontés aux mêmes difficultés, à des échelons différents.

Parfois on tente de coincer la psychologue seul à seul, mais elle est comme nous, toujours à courir entre deux chambres. Son temps lui est compté (elle vient sept heures par semaine). Le personnel encaisse et continue avec ses blessures. Certains s'en sortent très bien, d'autres moins ; certains, un jour, abandonnent. Chacun fait avec ses propres ressources. Pour beaucoup dans mon métier, c'est la mort qui demeure la partie la plus dure à gérer.

Les deuils que l'on vit en maison de retraite sont différents de ceux de l'hôpital. Chez nous, on côtoie les gens très longtemps avant de devoir leur dire au revoir, on partage leur vie quotidienne, leurs souvenirs, on s'attache. Évidemment, certaines morts sont plus marquantes que d'autres, certaines personnes vont nous manquer plus que d'autres.

C'est terrible, la mort d'un vieux. Un enfant, lui, n'a pas eu le temps de se faire des amis, des ex, une histoire de vie… Un enfant n'a pas eu le temps de créer de l'amour autour de lui hormis celui de ses parents…. Alors qu'un vieux qui meurt, c'est quatre-vingt-dix ans d'existence qui partent, quatre-vingt-dix ans d'amitié, d'amour, d'histoires plus ou moins rocambolesques, de coups de foudre, de grands moments, de traîtrises, de voyages… Je trouve ça terrible de voir certaines personnes partir alors qu'il n'y a pas eu de passage de témoins, parce que les vieux n'ont pas d'enfants ou que leurs enfants sont absents. Parce que tout le monde s'en fout, des vieux. Dans quelques années, il n'y aura plus de témoins vivants de la Shoah, ceux de la guerre de 14 ont déjà presque tous disparus… C'est pour ça que j'essaie, quand le travail me le permet, de parler avec les vieux. Je me vois comme une sorte de glaneur, je prends tout ce qu'ils veulent bien partager avec moi. Je me fais des stocks d'histoires, pas toutes passionnantes, des histoires qui me renseignent autant sur leur vie que sur la mienne. Je me pose, je me tais, j'écoute. Et puis un jour, en entrant dans la chambre, je la trouve toute blanche, éteinte. Une odeur... J'ouvre les fenêtres. Je regarde une dernière fois le mobilier, la chaise où je me suis si souvent assis. Je prie quelques secondes. Et j'essaie de passer à autre chose. Parfois avec succès, parfois pas.

Bien sûr, il y a aussi les morts que l'on espère, la mort des gens qui nous rendent la vie impossible. La mort de ceux qui ont tellement souhaité partir que l'on s'en réjouit pour eux. Il y a les décès qu'on n'a pas vu venir, les résidents qui vont bien et que l'on retrouve morts par terre, dans la salle de bains. Et puis, au contraire, il y a les morts qui se font attendre.

Les vieux parlent tout le temps de la mort, de la meilleure manière de mourir. Ils veulent tous mourir pendant leur sommeil. J'avais un Américain qui m'en parlait presque tous les jours : il voulait mourir comme la dame de la chambre d'à côté, en dormant, il n'arrêtait pas de me dire : « Aidez-moi à mourir comme elle. ». Il devenait obsédé par son départ, il lui fallait mourir dans son sommeil, au même moment qu'elle, un soir, sans souffrir, en pleine forme. Tout va bien et puis un soir, c'est fini. Il me suppliait mais, bien sûr, je ne pouvais rien faire pour lui. C'est dur, ça aussi, de devoir dire à quelqu'un : « Je pourrais vous aider, le médecin connaît des médicaments qui vous feraient mourir sans souffrance, mais je ne peux pas lui demander. »

Quand une patiente que j'aime beaucoup me dit calmement : « J'ai envie de mourir, William », que puis-je lui répondre ? Encore un truc pour lequel je n'ai pas été formé. S'il existe une formation pour ça, bien sûr. Oh, des réponses toutes faites, bien élaborées, il y en a. Des réponses de psychologue, aussi. Mais le fond du problème reste le même. Elle a vraiment envie de mourir et moi, je ne peux vraiment rien y faire.

Chez nous, la mort, c'est de l'actu, ou presque. C'est la une du journal, l'accessoire à la mode, l'iPhone que tout le monde s'arrache, le Hot Topic du moment. La mort est dans tous les esprits. Le première question posée quand on rentre de congé, c'est : « Qui est mort ? »

On échafaude de petites théories. Comme les vieux partent par cascade, on essaie de deviner qui sera le prochain. Un regard, une fatigue, on se dit : « Tiens, ce sera lui, le prochain. » On essaie de se préparer psychologiquement quelque part.

Pour nous protéger, nous sommes devenus extrêmement cyniques. Dans les hôpitaux en province, nous lisions avec une certaine délectation les nécros dans le journal, pour voir si parmi les décès de la nuit il y avait quelqu'un qu'on connaissait, qu'on avait soigné. Et, parfois, l'équipe se souvenait et commentait, racontant ses souvenirs de guerre : « Ah ! là, là ! elle était pénible, celle-là. Ho ! lui, il en a mis, du temps ! Il est mort en cardio, finalement ? Les pauvres, ils se prennent tous les cas soc' de la région. »

Il y a quelque chose de très excitant là-dedans, de très voyeur, c'est presque comme de lire la presse à sensation, les derniers drames de la famille de Monaco ! C'est l'actu des soignants, une actu qui met de la distance, un peu, qui est censée nous protéger, mais jamais totalement. Quand on arrive le lundi matin, tout pimpant, et que dès l'accueil quelqu'un nous dit : « Madame Machin est morte », c'est terrible. Certaines de mes collègues prennent des gants pour annoncer les décès, mais d'autres, c'est visible, se délectent de nous stupéfier dès le pas de la porte. Il n'y a qu'à voir la tête de certaines filles quand elles apprennent le décès d'un résident dont elles se sont occupées un jour sur deux pendant un an : dévastées pendant une bonne partie de la matinée. Annonceriez-vous à un proche, en une phrase, sans le ménager un peu que « tiens, monsieur Gandrot est mort cette nuit, ça y est ». Non, bien sûr. Vous allez me trouver peu professionnel, pas assez distant, mais je l'assume : nous sommes, nous aussi, les proches de nos patients, pendant ces derniers mois. Et nous partageons plus que des moments professionnels, pour la plupart d'entre nous. C'est pour cela que les considérations financières, les magouilles, les petites bassesses des cadres nous font autant de mal. Me battre contre le patronat, si j'emballais des petits pois dans une usine, pour préserver mon outil et mes conditions de travail, me semblerait sûrement rude mais, dans le fond, aucun petit pois ne souffrirait dans l'histoire : plus vite emballé, à moindre coût, moins lavé, mélangé avec des petits pois OGM, trié par des machines et plus par mes mains, etc.

Mon outil de travail, ici, ce sont des humains fragiles qui vont mourir.

Une fois qu'un vieux est décédé, reste le corps, ce cadavre que l'on doit préparer, laver, vider. La chambre doit être rangée, et puis il faut prévenir la famille. En principe c'est moi qui m'y colle, mais normalement ce serait au médecin de le faire. Encore un glissement de tâche ! Dès que la famille est venue, on fait enlever le cadavre par les pompes funèbres (ils n'aiment pas venir chez nous puisque les brancards ne passent pas dans l'ascenseur), puis les meubles et, pour finir, on retire le nom sur la porte. Parfois, on a à peine trois jours pour faire notre deuil. C'est très dur quand la chambre est réinvestie rapidement par un autre résident. Moi, je trouve ça impudique, il y a parfois encore l'odeur de la personne décédée quand le nouveau investit la chambre, c'est terrible pour l'équipe.

On n'est jamais blindé. Certains s'y font encore moins bien que d'autres. Cet été, une fille a fait une crise de nerfs parce que les pompes funèbres ont un peu malmené un corps. Le bras tombait en dehors du sac, ils le remettaient, il ressortait... La fille a craqué parce que ce qui n'était pour eux qu'un corps était un patient qu'elle connaissait bien. Pour moi, le plus dur, ça a été le décès de Mme Sonabend.

Mme Sonabend était une grande dame. Elle était de ces personnes qui fascinent et impressionnent même à travers la vieillesse. C'était une vieille Juive très élégante qui avait été déportée. Elle parlait avec un fort accent polonais : « Vouiiii, ché suis entrrrrain de mourrrrir comé un merrrrde et perrrrsonne né s'occoupe dé moi, bande dé connnes ! » On sentait qu'elle avait été très belle, très riche aussi. Il y avait des tableaux de maître dans sa chambre. Elle était restée très digne, les filles l'aimaient beaucoup.

D'un seul coup, son état s'est dégradé. Elle s'est mise à étouffer, on lui mettait de l'oxygène mais ça ne changeait rien. On la trouvait parfois à genoux dans le couloir, suppliant qu'on vienne l'aider, mais il n'y avait rien à faire. Un jour, j'arrive, elle avait les jambes au-dessus de la barrière de son lit, la tête comme un poisson hors de l'eau... Je m'approche, je me penche et elle m'envoie son dernier souffle à la figure. J'étais soulagé pour elle mais ça m'a terriblement choqué.

Le cas de Mme Sonabend revient très souvent en groupe de parole car son décès a été dur pour tout le monde. Son agonie, choquante. On a ressenti une forme d'injustice, cette dame si gentille a tellement souffert, pendant des semaines, s'étouffant peu à peu (la pire des morts, peut-être) alors qu'un autre, un résident agressif, violent, va mourir dans son sommeil. Plus simplement, elle nous manque.

Depuis, les patients se succèdent dans cette chambre du troisième étage, mais pour tout le monde c'est resté la chambre de Mme Sonabend. Très longtemps, j'y ai senti son parfum. Les murs ont été repeints, mais son odeur persiste, son parfum persiste. C'était Champagne, d'Yves Saint Laurent.

Je me dis souvent que les morts charismatiques écrasent parfois les résidents suivants. On garde en mémoire les souvenirs partagés avec les anciens et on fait moins attention aux nouveaux. On leur en veut presque d'être là, d'avoir « volé » la place de ceux que l'on appréciait. C'est terrible.

D'autant que ce sont des deuils que l'on n'a pas vraiment le droit de porter. Je n'ai pas le droit de rentrer à la maison en disant : « J'ai encore eu un décès aujourd'hui, j'ai besoin d'un peu de temps pour moi », et pourtant ils me touchent, ces décès. Certaines personnes, pour se protéger, ne s'investissent jamais auprès des vieux. On les leur a vendus comme des « futurs morts » donc elles ne s'y attachent pas, et c'est bien cette déshumanisation qui ouvre la porte à la maltraitance.

Les salaires

L'autre matin, Sébastien est venu me trouver : « Je ne viendrai plus bosser. » On était en train de boire un café, il venait de finir sa nuit, moi, j'arrivais à peine. Je l'ai regardé un peu ébahi. Je sais qu'il aime bien le travail à la maison de retraite. Je ne comprends pas. Il ajoute en bafouillant : « Il faut qu'ils m'augmentent, il faut qu'ils m'augmentent, je ne peux pas continuer comme ça, je n'en peux plus... » Il finit par m'expliquer qu'il n'arrive même plus à payer sa carte de RER. Il habite en zone 6, la Carte orange lui coûte plus de 120 euros par mois. Il semble un peu perdu, il est fébrile, il bafouille : « Je vais me casser, trouver quelque chose ailleurs, je ne peux plus continuer comme ça. » Il parle d'aller faire des lits à l'hôtel Ibis où il gagnerait 100 euros de plus, ou alors de travailler au noir... On est le premier du mois, il a été payé hier et avec son salaire d'aide-soignant de nuit, un peu plus de 1 100 euros par mois, il n'y arrive pas. Je n'ose même pas imaginer les conditions de vie des AMP, 100 à 200 euros au-dessous…

Le soir même, j'en parle à la directrice, après avoir fermé la porte, signe que c'est une discussion sérieuse qui mérite toute son attention : « Madame, il faut que vous lui lâchiez 40 ou 50 euros mensuels, au minimum. 50 euros mensuels lui permettraient de souffler. » Elle hausse les épaules, dubitative : « Je ne peux pas, pas tout de suite, il faut qu'il attende… » Je lui explique qu'on est en train de perdre un travailleur qui est formé, qui fait bien son boulot, un travailleur qui est qualifié. Ce qui est rare sur le marché. Elle ne peut rien faire, coincée par les budgets qu'on lui impose.

Ça me révolte chaque fois. S'occuper de vieux, ça n'est pas valorisant en termes techniques, c'est moralement épuisant et c'est un des jobs les plus mal payés, mais les directions s'étonnent naïvement d'avoir du mal à recruter. Ceux qui acceptent de venir travailler en gérontologie sont ceux qui ne sont pas pris ailleurs, ce sont les plus mauvais, ou les plus démotivés, la plupart du temps. Je suis venu là parce que je souhaitais, pour ma part, être au plus proche d'une population qui m'intéresse. Mais pour un qui vient de son plein gré, combien sont là parce qu'il faut bien manger ?

Il faut se rendre compte des conditions de travail. Il faut s'imaginer entrer dans une chambre sombre, au petit matin, emplie d'une odeur forte, une odeur de pisse, une odeur de merde peut-être, allumer la lumière et aller réveiller quelqu'un qui n'a pas ses dents, qui n'a pas sa tête, qui regarde sans comprendre. C'est violent, oui.

Et le réfectoire, il y a des jours où ça soulève le cœur. C'est crade, les vieux mangent avec les doigts, les dentiers tombent dans les assiettes... La nourriture est recrachée dans les assiettes ou par terre lorsqu'ils n'arrivent pas à l'avaler. L'autre jour, entre la betterave et le hachis parmentier, une dame s'est fait dessus. Le temps qu'on la change, l'odeur était devenue insoutenable dans tout le réfectoire.

Je me souviens des paroles d'un de mes directeurs qui disait : « Surtout, si vous avez peur, si vous avez envie de vomir, si vous avez de l'écœurement, n'ayez aucune culpabilité à ce niveau-là, c'est normal. C'est si vous n'en avez pas qu'il y a un problème. »

Parfois c'est tolérable, mais certains jours c'est très dur. J'en ai vu, des choses, j'en ai senti, des odeurs, mais je ne suis pas Superman, nous ne sommes pas des surhommes. Certes, les filles en cancérologie voient mourir des gens toute la journée, mais il y a une gratification technique immédiate ; moi, je travaille toute la journée avec des vieux déments, qui hurlent, qui nous frappent, qui ne veulent pas manger, qui se font dessus et qui n'arrêtent pas de mourir, les salauds ! Si encore ils vivaient longtemps...

De toute manière, les salaires, ça a toujours été un problème. Quand je suis arrivé dans cette maison de retraite, l'ancienne directrice venait de balancer à l'inspection du travail sa propre direction parce que les filles de nuit étaient payées au même tarif que les filles de jour. Le groupe possédant la Résidence a quatre ans de retard de salaire à rattraper.

Aujourd'hui les choses ont empiré ; avec la hausse du coût de la vie, les filles n'y arrivent vraiment plus, elles se servent dans la nourriture, les restes des repas, le soir. Elles emportent le fromage pour chez elles, du pain, un peu de vin… Les excédents de médicaments (paracétamol, antibiotiques) qui sont bientôt périmés, lorsqu'elles en ont besoin, je les leur donne. Elles qui n'osaient jamais rien réclamer sont en train de devenir revendicatives car elles n'arrivent plus à joindre les deux bouts.

En décembre, par exemple, lors de la réunion, elles ont commencé à grogner. Elles avaient entendu Nicolas Sarkozy dire que les dimanches travaillés seraient payés double et elles, sur la fiche de paye, elles voient marqué 26 euros. Elles ont logiquement demandé à être augmentées. La directrice a refusé de faire quoi que ce soit, lançant l'argument imparable : « La maison est un peu vide en ce moment, on ne peut pas vous augmenter. Faites le compte vous-mêmes. » Elles n'ont plus rien dit.

Le problème, peut-être, c'est que chez nous personne n'est syndiqué. Dans le milieu médical, c'est mal vu. Très mal vu. Il y a une pression folle sur celles qui seraient un peu trop revendicatives. « Tu veux te mettre en grève ? Tu verras ton mercredi de repos, la semaine prochaine, il va sauter, tu devras bosser, et tes gosses, dommage… »

Il y a quelques mois, à la Résidence, certaines filles ont commencé à dire qu'elles voulaient un comité d'entreprise. On leur explique qu'avec moins de cinquante salariés la direction n'est pas obligée d'en monter un, mais elles insistent… La directrice est agacée, elle repère qui est la meneuse et change ses plannings. Elle n'arrive plus à 7 h 30 mais à 7 heures, dans la journée elle est obligée de prendre une heure de pause en plus, le soir elle repart une demi-heure plus tard. Comme elle a pas mal de trajet en RER pour rentrer chez elle, ça commence à lui poser problème. Ses horaires de pause sont également changés, elle déjeune désormais de 14 heures à 15 heures au lieu de midi à 13 heures. Il faut tenir le coup, sur le pont depuis 7 heures (levée à 5 heures). Mais la fille ne craque pas, elle tient ses horaires, elle arrive à l'heure tous les jours, ne cherche pas à grappiller quelques minutes le soir… Subitement la directrice commence à dire qu'elle ne travaille pas assez vite. Elle me donne l'ordre, à moi, de la faire bosser plus. Au début, je ne comprends rien à ce qu'elle manigance, personne ne se plaint de cette fille, Sonia, les patients sont contents, elle est plutôt plus rapide que les autres, plus aimable aussi.

Mais un jour, un vieux, au rez-de-chaussée, se fait dessus : une terrible diarrhée très liquide. Il en a jusque sous les bras. Il hurle pour qu'on vienne le changer. La directrice l'entend de l'accueil, où elle trie du courrier, et elle va voir ce que se passe… Ce qu'elle fait rarement, d'habitude elle nous laisse nous débrouiller. Arrivée dans la chambre, elle exige qu'on le change immédiatement et… il faut que ce soit spécifiquement Sonia qui le fasse.

Mais Sonia est au quatrième. Elle est en charge du quatrième, elle lave déjà quelqu'un. Elle fait dire à la directrice qu'elle doit d'abord habiller le patient avant de descendre. La directrice s'énerve. Fatima, une auxiliaire de vie, passe à ce moment-là, les bras ballants, demande ce qui se passe, la directrice, très remontée, lui explique que Sonia refuse de descendre, que c'est inadmissible. Fatima propose alors ses services, mais l'autre continue d'éructer : « Non, j'ai demandé à Sonia, je veux qu'elle descende. Quand je demande quelque chose dans cette maison, je veux qu'on m'obéisse ! »

Lorsque je descends, une dizaine de minutes plus tard, un peu par hasard, la directrice est au téléphone, me regardant du coin de l'œil ; les filles, consternées, me racontent. Je décide d'aller m'occuper moi-même du monsieur qui nage toujours dans ses selles. La directrice raccroche pour me sauter dessus et m'interdire férocement de « tenter quoi que ce soit pour aider Sonia » ! J'ai beau lui expliquer que la dame du quatrième est en train de faire un malaise sans gravité après sa toilette et que Sonia ne peut pas descendre, elle s'obstine. Le vieux attend toujours.

Lorsque Sonia finit enfin par descendre, la directrice l'attend, en tapant du pied. Convoquée peu après dans le bureau, Sonia écope d'un blâme pour maltraitance. Le lendemain, en réunion d'équipe, son sort est scellé en deux phrases : « Nous avons une sadique dans l'équipe, une vilaine, une maltraitante, n'est-ce pas, madame Sonia ? » Quelques jours après cette scène, Sonia se démet l'épaule, trop de stress sans doute. Se faire traiter de maltraitant devant tout le monde, c'est une des pires humiliations qu'on puisse subir. Surtout Sonia, qui était vraiment dévouée à son travail. Elle n'a jamais repris le travail. Un jour, on a appris sa démission et je n'ai plus jamais eu de ses nouvelles. Exit les velléités de comité d'entreprise, de CHSCT (Comité d'Hygiène, de Sécurité et de Conditions de Travail) ou autres conneries accordées par le droit du travail. Pas de rouge chez nous. Petite structure bien pratique pour épier et mater les rebelles.

Dans ce métier, il ne fait pas bon tenter de faire respecter ses droits. Créer un comité d'entreprise, un syndicat peut nous coûter notre boulot. Est-ce pareil ailleurs ? Nous nous taisons, alors, mais du coup nous n'avons aucun moyen de pression interne pour défendre le bien-être des résidents. Aucun moyen de râler contre les sous-effectifs qui nous obligent à faire les toilettes à la va-vite. Aucun moyen de demander un infirmier pour surveiller nos patients la nuit. Aucun moyen d'élire un porte-parole à envoyer au combat. La direction a tout pouvoir sur nous. On ne revendique pas, on ne dénonce pas non plus. Et la maltraitance se développe en toute impunité car tout le monde se tait. Tétanisé.

La conséquence : la maltraitance

On déshumanise le patient

Dans ces conditions de sous-effectif et de manque de formation, la seule manière de ne pas craquer, c'est de faire son travail de façon mécanique. C'est d'ailleurs ce que veulent les directions. Pour les toilettes, dans la plupart des lieux où des soignants travaillent, on ne se pose pas de question, on lave sous les bras, entre les cuisses, devant-derrière et on s'en va. Surtout ne pas dire un mot au résident, ça pourrait entraîner une discussion et faire perdre du temps à la fille.

Si le résident, ce matin-là, pour une raison ou pour une autre, a une attitude qui nous oblige à sortir du « procès », on le recadre. « Votre genou est bleu ? On verra ça demain. » Le lendemain c'est une collègue qui répond la même chose et le genou finit par guérir tout seul ou bien ça s'aggrave et c'est l'hôpital qui prend le relais. Bon débarras !

En fait, pour pouvoir travailler aujourd'hui en maison de retraite sans risquer la déprime, il faut rabaisser le patient au rang d'objet. C'est ce que l'on fait tous les jours. Sans ça, certains actes nous paraîtraient trop violents, ce serait intenable. Quand je mets une couche à quelqu'un en sachant pertinemment que je ne pourrai pas venir le changer avant le soir, je suis obligé d'oublier que ce monsieur est un ancien académicien qui a écrit des choses sublimes. Je suis obligé de déshumaniser pour ne pas mourir de honte ou déprimer face à ce que je suis en train de faire.

Comment accepter de laisser quelqu'un, toute la journée, dans une chambre face à un mur si on pense à l'ennui qui va s'emparer de lui ? Alors on oublie, on tâche d'oublier, c'est important pour continuer à travailler.

D'autres soignants vont considérer les vieux comme des cas, l'Alzheimer de la 3, le schizo de la 25, et agir comme des machines à soigner. On applique à la lettre ce qu'on a appris à l'école sans se demander ce qu'il y a de mieux pour l'homme ou la femme qui est en face de nous. C'est une mesure de protection efficace un certain temps, car on ne s'attache pas à un « cas », si le « cas » meurt on ne souffre pas. C'est aussi très rassurant : en évitant de se demander s'« il faut changer le pansement de ce patient trois fois par jour au risque de le faire souffrir », on applique mécaniquement ce qu'on a appris.

Comme cette collègue qui veut absolument raser de près ses patients, tous les jours, même contre leur gré. Elle le fait donc sans leur consentement, en les blessant parfois, mais ce n'est pas grave, le boulot doit être fait, il est fait, point. Même histoire pour mon collègue Paul qui donne les médicaments de force, fait les pansements tous les jours même si ça n'est pas vraiment nécessaire. Il n'est pas dans le doute, il est dans la certitude. Il ne se demande pas si les vieux sont mieux ainsi, il raisonne sur du médical pur.

C'est une forme de maltraitance, mais sa certitude le porte, l'élève au-dessus du débat.

La déshumanisation peut encore avoir bien d'autres effets. Je me souviens d'une histoire récente. C'était il y a moins d'un an, à la Résidence.

Depuis quelques mois, l'état de Mme Antonin avait empiré. Elle ne parlait plus vraiment, elle poussait des cris de bête quand on l'approchait, ses yeux me faisaient presque peur, je ne la reconnaissais plus, elle redevenait « animale ». Mais ce matin-là, quand j'entre dans sa chambre, elle ne réagit pas. Ça fait plusieurs jours que je pense à la faire hospitaliser, et cette fois c'est le moment sinon elle va y passer. Devant nous. J'appelle les ambulanciers, ils arrivent dans le quart d'heure qui suit, montent chez Mme Antonin sans me dire un mot, la soulèvent de son lit et la jettent littéralement sur le fauteuil roulant. Ils lui passent un tee-shirt (elle est torse nu dans son lit), lancent une petite couverture sur ses épaules et commencent à la descendre.

J'essaie de les arrêter, il fait moins 3 degrés dehors, ils font comme s'ils ne m'entendaient pas. Je les suis dans l'escalier, à l'étage suivant je chipe un gilet dans une chambre, au hasard, arrivés en bas je leur demande de s'arrêter pour le lui mettre. Agacé, un des deux types m'explique qu'« ils sont speed, ils ont quelqu'un d'autre à aller chercher en urgence après », donc... pas le temps de lui passer un pull ou un gilet ! Je sais qu'elle va mourir si on la transporte comme ça, je lui jette le gilet que j'ai volé sur les épaules. L'autre ambulancier, qui n'avait encore rien dit, grommelle : « C'est de la tête qu'on prend froid, pas des épaules. » Il saisit le pull et recouvre la tête de la dame avec. Il le noue sous son menton, comme un œuf de Pâques, puis s'éloigne pour admirer son œuvre. Il affiche un sourire ravi, il revient vers la dame, lui prend la main et ricane : « On dirait une Roumaine qui fait l'aumône. Hé, Mamie, tu veux combien ? » À ce moment-là, la dame tourne le visage vers moi, elle a perdu son regard animal. On peut lire dans ses yeux qu'elle comprend exactement ce qui se passe. Je reste silencieux, glacé d'effroi. Comme paralysé. Je la regarde monter dans l'ambulance sans dire un mot. J'ai honte de moi, de mon silence.

Ces types ont sans doute complètement occulté que cette dame était un être humain. On est dans la déshumanisation la plus totale. Mais qui est-ce qu'on déshumanise le plus, au fond, les patients ou nous-mêmes ? Est-ce que ce ne sont pas nos instincts les plus bestiaux, les plus vils qui ressortent face à des gens sans défense comme Mme Antonin ? (Je reste tellement traumatisé par la scène que j'éprouve le besoin d'en parler à la psychologue, un long moment. À ce jour, j'ai encore honte de ma passivité quand j'y repense.)

Des situations extrêmes comme celles-ci sont rares, en revanche tous les jours on oublie que ces gens que l'on force à boire et à manger sont des gens comme nous. C'est encore plus facile quand il s'agit de patients atteints de démence.

Un suivi psychologique pourrait nous remettre sur les rails. Car je pense sincèrement que les personnes maltraitantes sont celles qui n'arrivent pas à parler et qui répètent les mêmes actes jour après jour. On peut craquer, on peut être agacé par quelqu'un et vouloir le lui faire payer, on peut être maltraitant car on a oublié que l'on avait un être humain en face de nous, ce qui est condamnable, c'est de recommencer. Mais on recommence car on n'a personne pour nous aider à travailler sur nous-mêmes et à avancer.

C'est ainsi que la maltraitance devient chronique et peut même gagner toute une équipe. Les soignants se couvrent alors les uns les autres, se tenant tous par la barbichette : « Si tu le fais et si tu te tais, moi aussi, je le ferai et je me tairai. » Au final, nous pouvons nous « permettre » d'être maltraitants, puisque l'institution nous maltraite nous aussi en nous imposant de travailler en sous-effectif, en nous obligeant à faire des choses qui ne relèvent pas de nos qualifications. En nous payant des clopinettes.

Dénoncer la maltraitance

Ça ne se fait pas. On ne balance pas facilement les collègues car ça se paie très cher. Ça m'est arrivé. Je m'en souviens comme si c'était hier. Pour ma part, ce fut au centre hospitalier de P. en psychiatrie, mais le fonctionnement est le même partout. J'arrive un matin et j'aperçois ma collègue en train de faire des pansements à l'une de nos patientes – partout, à la tête, au bras… Un peu étonné, je lui demande ce qui s'est passé. Elle me répond : « C'est Patrick. » Je ne comprends pas. Je la regarde bêtement. Elle ajoute :

« C'est Patrick, il en avait marre, il l'a jetée dans l'escalier. » Je demande à la patiente ce qui s'est passé et elle me dit : « Non mais j'ai eu tort, je l'ai énervé, j'ai encore refusé de prendre mes médicaments et puis je lui ai crié dessus, je lui ai dit qu'il était méchant, il n'a pas aimé, il m'a poussée et je suis tombée dans l'escalier. » Je suggère d'en parler au surveillant, mais la patiente s'y oppose, elle me dit : « Non mais tu sais, moi, je suis folle, les gens ne vont pas me croire. » J'insiste, j'essaie de lui expliquer que ça n'est pas normal. Mais elle tient bon.

Je prends sur moi d'en parler, au moins aux collègues pour tester leur réaction. Première collègue : « Non mais il faut voir aussi ce que Marie-Luce a fait pour le provoquer, tout n'est pas blanc ou noir. » Deuxième collègue : « Oh mais Patrick, tu sais, il est en plein divorce, il en a ras la patate. » Je décide d'aller voir le surveillant malgré l'opposition de la patiente. Il m'écoute en silence et me dit : « Vous ne pouvez pas, sur une observation ponctuelle, émettre un jugement global sur le travail d'un professionnel. Et puis pensez à votre note de stage… »

Quand je retourne à l'école une semaine plus tard, je suis effondré, j'en parle à l'une de mes monitrices qui me jure de « faire le nécessaire ». Il se trouve que son mari est surveillant dans le même hôpital. Il en parle immédiatement à sa hiérarchie, qui décide de muter Patrick. Je me dis que finalement l'hôpital public ne va pas si mal.

Je reviens en stage un an plus tard. Lors de l'entretien avec la directrice des stages, je demande à ne pas retourner en pavillon fermé. Je n'ai pas envie de travailler avec l'équipe qui sait que j'ai dénoncé Patrick. Mais elle n'en tient pas compte, je retrouve tout le monde et j'en prends plein la figure. On me fait rapidement comprendre qu'on va me le faire payer. Ça a été très dur, on ne me parlait pas, on me refilait les patients les plus difficiles. J'ai compris que j'étais le gêneur, qu'il ne fallait pas empêcher la machine de tourner. Et qu'elle ne tourne bien que parce qu'on ferme les yeux sur pas mal de choses.

La même année, ma meilleure amie a été confrontée à une situation similaire en psychiatrie, chez les adolescents. Un matin, elle surprend son collègue infirmier en train de dire à une jeune fille : « Non mais toi, tu m'emmerdes à avoir tes règles, je vais te coller deux doigts plutôt qu'un tampon, ça va te calmer ! » Choquée, elle le dénonce immédiatement au directeur, qui décide de diligenter une enquête. Quelques jours plus tard, la décision tombe, le type est mis à pied. Un syndicat s'en mêle, prend la défense du type, fait valoir qu'il a un pied bot et qu'il est indigne pour une administration de s'en prendre à un handicapé. Le directeur ne cède pas. Le syndicat suggère au salarié d'accuser le directeur, harcèlement moral, c'est à la mode. Le directeur, au final, se retrouve dans la position du coupable. Le salarié est blanchi, (ré)admis dans l'équipe sans le moindre blâme (s'occupant même de nouveau de l'adolescente avec qui il a dérapé), et le directeur est désavoué par sa hiérarchie, terrorisée à l'idée d'une grève générale, d'une médiatisation de l'affaire. Dans ce milieu, tout le monde se tait. C'est la règle. Ils se couvrent les uns les autres.

J'ai retrouvé une interview parue dans *France-Soir* en janvier dernier de Jean-Charles Escribano, un ancien infirmier en maison de retraite. On lui pose la question : « Il y a une sorte d'omerta dans la profession, comment l'expliquez-vous ? » Il répond : « Les gestionnaires ont mis en place une machine à broyer très efficace. On vous isole de votre environnement, du reste du personnel. On amasse des éléments contre vous, par le biais de chantages auprès de vos collègues. »

Il faut dire aussi que les directions ferment les yeux car elles n'ont pas trop le choix, la pénurie de personnel fait qu'on préfère souvent un mauvais soignant à pas de soignant du tout. C'est vrai en particulier dès qu'on touche aux infirmiers, et encore plus aux médecins.

Une fois, j'ai voulu dénoncer un médecin qui avait arraché l'ongle d'une fille sans anesthésie, avec une pince, sans aucune raison médicale valable. Trois jours après on m'a expliqué qu'il avait des appuis et on a subitement trouvé des raisons médicales à son acte !

Sans doute refuse-t-on aussi de voir la part de vice qu'il peut y avoir chez certains de nos collègues. Mais je crois surtout que les soignants se couvrent car ils pensent tous être dans la même galère… Nous comprenons, souvent, ceux qui craquent. Peut-être nous disons-nous « un jour ce pourrait être moi ». Je fuis pendant qu'il est encore temps, pour ma part, aucune envie de vérifier concrètement mes théories.

À la Résidence, quand un vieux se plaint d'une fille, je dois admettre que nous en tenons rarement compte. Pire, certaines font croire au vieux qu'il est sourd : « Mais non, monsieur, vous avez mal entendu, mais non elle ne vous a pas dis ça, bah bah bah, on était derrière la porte. »

La vieille à qui j'ai retiré la sonnette un jour en Alsace a bien tenté de se plaindre à sa fille, mais c'était peine perdue, la fille a pris fait et cause pour moi dès que je lui ai dit d'un ton condescendant : « Elle perd un peu la mémoire depuis quelque temps, votre maman… » La mamie me regardait outrée, mais je ne me suis pas démonté et c'est elle qui est passée pour la folle. On a tout pouvoir sur les vieux, on a l'autorité, la supériorité physique et intellectuelle. Ils ont tort, forcément. D'autant que la maltraitance est rarement effectuée devant témoin. Selon les chiffres de l'Alma, 9 % des maltraitances seraient collectives, mais le regard de l'autre est quand même dur à soutenir.

Qu'ils puissent ou non s'appuyer sur des témoins, les vieux non plus ne dénoncent pas. Je sais qu'à la Résidence il y a un gros problème avec l'équipe de nuit. Notamment avec une des filles qui parle et agit très sèchement. Personne ne veut en parler. Même le couple Andrieux avec qui je m'entends bien ne répond pas à mes questions. Les vieux ont peur, peur de parler, peur qu'on les traite mal ensuite, que l'on se venge ou qu'on les abandonne.

Ils sont démunis. On peut refuser de leur faire leur toilette, ne pas les changer, leur faire mal moralement, physiquement… Ils le savent. Et les filles aussi, elles le savent. Dans la vie, lorsqu'on se fâche avec quelqu'un, on ne le revoit plus, mais les vieux, non seulement ils sont amenés à nous revoir jour après jour, mais de surcroît ils dépendent de nous pour tout. Certains en deviennent un peu flagorneurs pour qu'on fasse plus attention à eux, que l'on soit plus présent ou plus patient.

Un jour, j'ai fait pleurer une vieille parce que je ne me rendais pas compte à quel point mon jugement était important pour elle. Un matin, elle venait d'arriver, je lui demande si elle veut descendre manger au réfectoire ou rester dans sa chambre. Elle me répond : « Comme vous voulez. » J'insiste : « Ça n'est pas à moi de décider, madame. » Elle finit par me dire qu'elle préfère rester dans sa chambre. OK. Je referme la porte et je l'entends téléphoner à sa fille et lui dire : « Non mais tu te rends compte, ils vont me laisser au lit pour déjeuner. Je déteste ça, à la maison, même quand j'étais malade j'étais debout à midi. »

La colère me prend, j'entre sans frapper et je me mets à crier : « Madame Coulomb, c'est scandaleux ce que vous venez de faire, vous avez raconté des mensonges à votre fille, c'est lamentable ! Vous n'avez pas honte ? » La vieille, en face de moi, blanche de trouille, ne pipe pas mot.

Je repars en claquant la porte. Une heure plus tard, je repasse devant sa chambre. Elle me hèle, me guettant depuis l'incident : « Monsieur, monsieur, pardon, pardon, je suis désolée, je ne voulais pas vous blesser, je suis une idiote » et elle tombe en pleurs, dans mes bras. Je ne sais plus quoi dire, mes collègues me regardent en se demandant ce qui a bien pu se passer pendant que je tente de calmer Mme Coulomb, en lui disant que ce n'est pas grave, que tout est oublié. Elle repart à moitié convaincue dans sa chambre et me laisse seul face à mes collègues, mort de honte d'avoir fait pleurer une vieille. Le lendemain elle demandait à sa fille de m'acheter des chocolats pour se faire pardonner. Elle me demandait, toujours un peu anxieuse, régulièrement, si je ne lui en voulais pas, encore, depuis le temps... J'en oubliais presque que l'incident avait été provoqué par son mensonge, que ma réaction était peut-être disproportionnée mais logique. Non, elle niait toute l'histoire et – pardon – s'écrasait, terrorisée. Je n'en menais pas large. Quelle horreur de se sentir surpuissant en face d'une pauvre feuille d'arbre qui tremble : voilà bien une autorité, un pouvoir dont je me passe allègrement.

Les familles ne sont pas beaucoup plus courageuses. Par principe, elles donnent raison, la plupart du temps, à l'équipe médicale qui a le savoir face à leur parent diminué. Elles doivent avoir peur que nous nous vengions sur leur père ou leur mère une fois le dos tourné. Mais surtout, elles ont une trouille monstre d'être obligées de chercher une nouvelle maison de retraite. Ça a souvent été le parcours du combattant pour en trouver une, personne ne veut revivre ça. Elles ferment donc les yeux.

Inutile d'imaginer faire appel à la police. Notre autorité de tutelle, c'est la DDASS (Direction Départementale des Affaires Sanitaires et Sociales), dont on connaît l'efficacité. Il y a un an ou deux, j'avais entendu parler aux infos d'une maison de retraite à Massy. Depuis trois ans, les enfants des résidents dénonçaient à la DDASS des cas de maltraitances graves sans qu'il ne se passe rien. Il a fallu que les familles interpellent les médias pour que les choses bougent. Lorsqu'elle a enfin daigné ouvrir une enquête, la DDASS a pourtant constaté « un manque de personnel évident, deux fois moins que ce qu'il aurait fallu, un manque d'hygiène et des traitements mal administrés ». La directrice a été licenciée.

J'ai toujours eu le sentiment que la mission de la DDASS était de fermer les yeux sur tout. J'ai assisté à plusieurs contrôles et, chaque fois, j'ai eu la même impression. Les inspecteurs semblent gênés, on dirait qu'ils nous fuient et qu'ils cherchent à en savoir le moins possible. Comme si la pire des choses qui puisse leur arriver serait de demander la fermeture d'une maison de retraite.

Ils sont venus à la Résidence il y a un mois environ. Ils n'ont prévenu que la veille, d'habitude c'est plutôt cinq ou six jours avant, pour qu'on ait le temps de s'organiser, de tout remettre en ordre. Il a fallu faire fissa cette fois, moi qui pensais poser mon mardi, c'était foutu... Quand la DDASS vient, tout le monde est réquisitionné.

Je connais la procédure par cœur, il faut remettre les extincteurs à leur place. En temps normal, ils calent les portes coupe-feu pour qu'elles ne se ferment pas inopinément. Du coup, elles ne se ferment pas du tout même en cas d'alerte. Les couloirs sont vidés des vieux fauteuils roulants abandonnés là depuis des mois, des vieilles télévisions qui traînent. Les ampoules sont changées, l'ascenseur est inspecté, le monte-charge est nettoyé. Le ménage est fait à fond, on installe les rideaux antifeu dans les chambres où il en manquait, on range l'infirmerie, et les personnes âgées sont un peu plus briquées que d'habitude.

Quand la DDASS vient, les filles mettent des tabliers par-dessus leurs vêtements, des surblouses en plastique pour servir les repas. Habituellement elles n'en ont pas, ça coûte trop cher.

Quand la DDASS est là apparaissent miraculeusement sur les chariots les solutions hydroalcoolisées. Ce sont des produits qui permettent au soignant de se désinfecter les mains entre chaque patient, et même dans l'idéal entre chaque acte médical. En temps normal, ces solutions sont sous clé et la clé est dans le bureau de la directrice parce que (vous l'aurez deviné) ça coûte trop cher.

Quand la DDASS est là nous avons du linge à satiété, des gants de toilette à satiété. Bref, tout est impeccable et en principe ça se passe bien. Les inspecteurs arrivent, ils font le tour des locaux puis s'enferment dans le bureau de la directrice.

Ils ne nous posent jamais une seule question, à nous les soignants, pourtant on aurait des choses à leur montrer.

Normalement, pour diminuer les risques de maladies nosocomiales, on devrait avoir un circuit propre et un circuit sale. Chez nous rien de tout ça, le linge propre passe par le même ascenseur que le linge sale. La nourriture aussi. De même que les poubelles. Pour se laver les mains, on devrait avoir un circuit savon-eau-papier pour ne jamais avoir à revenir en arrière. Dans mon infirmerie, ce n'est pas le cas.

Avant c'était pire, mon infirmerie servait aussi de vidoir. C'est-à-dire qu'il y avait un trou, une sorte de grande bouche d'égout grillagée, où l'on vidait la merde, la pisse, le vomi... C'était très sale, ça puait terriblement les remontées d'égout. Je suis resté là pendant un an avec mes médicaments. Et mes prédécesseurs idem. La DDASS a toujours fermé les yeux, c'est moi qui ai dû demander le changement : mes migraines empiraient.

Je ne sais pas si la DDASS s'est un jour préoccupée de notre ascenseur qui ne nous permet pas de descendre les brancards. Quand on ne peut pas mettre une personne dans un fauteuil roulant, il faut qu'on la monte par l'escalier au risque de la faire tomber quinze fois avant le quatrième étage.

De même, la DDASS pourrait préconiser qu'il y ait un lève-personne par étage. On en a un seul pour toute la maison. Que font les filles, plutôt que d'aller le chercher dans les étages et de lui faire prendre l'ascenseur ? Elles lèvent les patients toutes seules, des corps de parfois plus de quatre-vingt-dix kilos. Seules.

Tout le monde ferme les yeux. La DDASS ne peut pas se permettre de fermer une maison de retraite. Toutes sont déjà pleines à craquer. Où est-ce qu'on mettrait les vieux ? Dans les couloirs déjà surchargés des urgences ? Impossible.

La directrice n'a pas non plus intérêt à se plaindre puisqu'elle est jugée par la direction sur les économies qu'elle aura réalisées dans l'année. Tout le monde se tait et les règles minimales d'hygiène sont allègrement bafouées.

Je me souviens d'un jour où un cas de staphylocoque doré s'est déclaré à la maison de retraite. C'est un microbe très résistant qui est présent dans les urines, dans les matières fécales et sur la peau. Il est sans risque pour quelqu'un de bien portant mais peut très vite contaminer une personne un peu diminuée physiquement. Lorsqu'on détecte un staphylocoque doré, la procédure veut qu'on déplace le patient et qu'on s'en occupe en dernier pour ne pas propager le microbe. Pour entrer dans sa chambre, on doit se protéger en mettant des calots, des surchaussures et des surblouses.

Lorsque ça s'est produit chez nous, c'était encore l'ancienne directrice qui était là. Celle qui volait l'argent des résidents. Elle a décidé de cacher l'information pour ne pas affoler les filles et ne pas perturber le travail. Le problème, c'est qu'un jour une des filles a reçu un jet d'urine de ce patient dans l'œil. Elle ne l'a dit à personne et l'œil a commencé à s'infecter... Cette fille, ne voulant pas d'histoires, n'a pas déclaré l'accident de travail. Elle n'avait pas de mutuelle (trop chère), les collyres coûtaient trop cher pour elle… J'arrête là. Quand je vois ça, je ne peux m'empêcher de penser que si la DDASS ferme les yeux sur des choses aussi essentielles que l'hygiène, il ne faut pas espérer grand-chose en matière de maltraitance. D'autant qu'il faudrait pouvoir prouver quelque chose. Cela supposerait de mener une enquête. D'interroger des gens. Des gens qui refusent de dénoncer leur collègue ou leur soignant.

La lente dégringolade

Comment en est-on arrivé là ? Je ne comprends pas. Les sous-effectifs. Les cadences infernales. Le manque de formation. Les salaires minables. Tous les paramètres étaient bel et bien réunis pour que les maisons de retraite deviennent des zones de non-droit. Des lieux violents. Pourquoi n'a-t-on rien fait ? Pourquoi ne fait-on toujours rien ? J'ai voulu interroger la DDASS pour comprendre qui fixe les effectifs des maisons de retraite ainsi que les dotations financières. J'aurais aussi voulu leur demander pour quelles raisons les contrôles n'étaient pas plus nombreux ni plus précis. Réponse :

« On n'a personne pour vous répondre cette semaine.

— La semaine prochaine ?

— Non plus.

— La semaine d'après ?

— Non, non, vraiment, on n'a personne.

— Vous ne voulez pas me répondre.
— Écoutez, franchement, il vaut mieux que vous appeliez la DGAS [Direction Générale de l'Action Sociale, autrement dit le ministère].
— Je pensais bien les appeler mais je voulais aussi avoir votre version.
— Tout ce qu'on fait, c'est sous ordre du ministère. »

J'abandonne. Va pour le ministère. Je tombe sur une dame à la voix chevrotante…
« Ha, heu, ben c'est que les budgets sont tripartites !
— Mais je ne vous parle pas des budgets, je voudrais simplement savoir combien il y a de patients pour un infirmier dans une maison de retraite médicalisée.
— Le mieux, c'est que vous nous envoyez un e-mail !
— Pour ça ?
— Oui, oui, on vous répondra…
— Mais je ne peux avoir personne en ligne ? Parce que j'aurais d'autres questions. Sur les contrôles notamment !
— Ben, les contrôles, ça dépend aussi des départements…
— Mais de vous aussi, la DDASS vient de me dire que tout ce qu'elle faisait, c'était sous vos ordres.
— Heu, oui mais c'est surtout les départements.
— Vous voyez, ce serait plus simple si je pouvais parler à quelqu'un qui s'occupe de tout ça.

— Aujourd'hui, impossible.
— Et demain ?
— Non, non, envoyez un e-mail. »
Fin de la conversation.

J'ai donc envoyé un e-mail :

Madame,

Comme je vous l'ai expliqué au téléphone, j'aurais aimé savoir sur quels critères sont fixés les quotas de personnels soignants dans les maisons de retraite médicalisées, c'est-à-dire combien de personnes par infirmier, par aide-soignante, par AMP...

Le nombre de personnels non soignants est-il aussi fixé par vos services ? Kiné, ergothérapeute, femmes de ménage...

Est-ce le ministère qui définit les missions de chacun ? Une femme de ménage par exemple a-t-elle le droit de faire des toilettes, de faire des pansements ?

Qui fixe les salaires du personnel en maison de retraite ?

Comment est décidé un contrôle de la DDASS ? Sur quels critères ?

Que regarde-t-on quand on fait un contrôle ? Liste des questions posées.

Pourquoi décide-t-on de fermer une maison de retraite ?

Pourquoi y en a-t-il 5 % qui devraient l'être qui ne le sont pas ?

Merci de bien vouloir répondre le plus rapidement possible. En effet, mon livre est à rendre le 15 février.

Cordialement

Réponse de fait rapide : une heure plus tard, mon téléphone sonne. La dame ne prend même pas le temps de dire bonjour ni de se présenter :

« Il faut que vous alliez voir les éditions HPA, ils publient une revue, ça vous aidera !

— Mais vous ne pouvez pas répondre à mes questions ?

— Non, non, c'est trop vaste.

— Même pas le nombre de patients par infirmier ?

— Non, ça dépend des enveloppes budgétaires.

— Pouvez-vous me dire qui fixe les compétences de chacun, infirmière, femme de ménage ?

— C'est pas nous, c'est la DDASS.

— Et qui fixe les salaires ?

— Il y a une grille de salaires qui est négociée entre patrons, gouvernement et syndicats, mais je ne sais pas depuis combien de temps elle n'a pas été réévaluée.

— Et les contrôles ?

— On les fait quand il y a plainte ou pour des raisons d'ordre public. Il y a aussi des contrôles systématiques. Pour comprendre, il faut que vous alliez sur notre site Internet, tout est expliqué.

— Dans quels cas fermez-vous une maison de retraite ?

— Quand elles ne sont pas autorisées, il y en a beaucoup dans les Alpes-Maritimes par exemple. Et quand il y a eu un incendie ou une tempête.

— Mais on dit que 5 % des maisons de retraite ouvertes actuellement devraient être fermées, pourquoi ne le sont-elles pas ?

— Parce qu'on ne sait pas où mettre les gens. Bon, je peux aussi vous conseiller deux livres sur les tarifications. Je vous envoie les références par e-mail, ça vous aidera.

Incroyable. C'est la première fois qu'un service de presse me conseille d'aller me replonger dans mes livres. Habituellement, leur travail est de défendre auprès des journalistes, au prix de longues heures de langue de bois, le travail effectué par leurs services. Mais cette fois, on dirait que le sujet dérange. Ça me donne envie d'en savoir plus.

J'appelle donc le ministère, cette fois le vrai, le cabinet de Valérie Létard. La dame prend en note mes questions et me promet de demander à un conseiller de la secrétaire d'État de me rappeler le lendemain. Mais le lendemain, pas de coup de fil. Je décide d'attendre patiemment. Il se passe une semaine sans que personne ne cherche à me contacter. Je finis pas téléphoner à nouveau, encore une fois on m'assure qu'une personne me gratifiera d'un coup de fil le lendemain matin. Rien, bien évidemment.

Je décide alors de me tourner vers un spécialiste : Pascal Champvert. Il est directeur de plusieurs maisons de retraite et préside l'AD-PA.

Je commence par lui demander tout simplement pourquoi nos maisons de retraite sont dans un état aussi pitoyable. Cette fois les réponses sont claires : « Parce que depuis trente ans les gouvernements ne font rien. L'État, depuis 1983 puis 1986 et les lois sur la décentralisation, s'est beaucoup reporté sur les départements qui ont une vision surtout comptable des choses. De plus, en dispersant les responsabilités on a permis aux différents acteurs de se renvoyer la balle. Quand il n'y a pas assez de moyens, c'est toujours la faute de l'autre. »

Il ajoute que « depuis trente ans il n'y a pas eu de personnalités fortes pour porter la cause des personnes âgées, il n'y a pas eu de Martin Hirsch des personnes âgées ou de Bernard Kouchner ».

Mais que font les anonymes ? Selon lui, « la société civile est trop éclatée pour avoir du poids. On compte plus de seize organisations représentant les personnes âgées. » Elles ne font donc forcément pas le poids, « alors qu'en Allemagne ou en Israël des organisations de personnes âgées ont réussi à se présenter aux élections ». Il en va de même pour les organisations représentant les professionnels. Quant au « mouvement syndical, il s'est peu préoccupé de la question ». Les professionnels se sont donc retrouvés seuls, sans aucun moyen de se faire entendre.

C'est ainsi que l'on a des établissements qui ne sont soumis à aucune législation ou presque. « Dans les structures de petite enfance, on ne peut pas ouvrir si on n'a pas x personnels pour dix enfants, explique Pascal Champvert, rien de tel pour les vieux. On n'exige aucun effectif ! Nous, on demande un minimum de sept ou huit personnes pour dix patients, comme en Allemagne ».

Mais selon moi, il n'y a pas qu'un problème d'effectif, il a aussi un problème de formation.

Pascal Champvert n'est pas d'accord. « Il n'y a pas de problème de formation, il faut arrêter de se cacher derrière les mots. Ce n'est pas parce qu'on va former les femmes de ménage pour qu'elles deviennent aides-soignantes qu'il va y avoir plus d'aides-soignantes. Il faut recruter. Il faut de l'argent, il faut qu'un président de la République impose des arbitrages. Quand Sarkozy a été élu, il y a eu une volonté politique, il a dit qu'il ferait quelque chose pour les gens atteints d'Alzheimer. Mais aujourd'hui aucune décision n'est prise. Pourtant donner de l'argent pour l'aide aux personnes âgées pourrait être une des réponses de sortie de crise, c'est un secteur qui recrute. »

Mais les contingences financières sont-elles les seules à expliquer l'état de nos maisons de retraite ? N'y aurait-il pas d'autres raisons pour qu'on laisse toute une partie de la population souffrir en silence ? La réponse de Pascal Champvert ne me déçoit pas. On touche enfin, je crois, au fond du problème. Il m'explique qu'« en France, les gens se bercent encore dans l'illusion que c'est aux familles de s'occuper des vieux fragilisés. On s'est raconté que ça n'était pas un problème public mais privé et qu'il devait rester dans cette sphère. Or, cette réalité correspond à celle des sociétés rurales des siècles passés, pas à celle du XXIe siècle » ni même de la fin du XXe. Personne n'a donc assumé de demander à l'État de consacrer plus d'argent. De prendre en charge nos vieux.

« Les pays développés, en Europe, en Amérique du Nord, en Océanie et au Japon, ne se sont pas construits sur l'image du respect des personnes âgées. Après la Seconde Guerre mondiale, on a reconstruit dans une logique de rapidité, de vitesse qui exclut les vieux. Dans cette société de l'ultraconsommation on jette ce qui est vieux, donc si on file la métaphore, on jette les vieux. On voit bien le culte de la jeunesse à travers les valeurs de dynamisme. L'avancée en âge est vue comme un déclin. Certes, elle l'est du point de vue physique, on court moins vite, mais c'est aussi une progression du point de vue de la connaissance de la vie et de soi-même. En Afrique, on reconnaît ces valeurs. Nous avons à nous inspirer de ces sociétés-là. Mais nous avons une différence majeure avec les sociétés africaines, c'est que nous sommes les seuls à accueillir des personnes âgées très âgées qui peuvent être victimes d'une démence et avoir encore dix ou quinze ans à vivre. Aucune société ne l'a jamais connu. En Afrique, un vieux, à soixante-dix ans, est mort. Les Alzheimer sont surtout en Occident. Donc on a un nouveau modèle à inventer. »

Pascal Champvert ajoute encore : « À une époque où on parle d'indépendance, où tout le monde veut être indépendant, ça n'est pas un hasard si les dépendants, ce sont les vieux. Ça n'est pas conscient, mais on est en pleine logique de dévalorisation. Ça n'est pas qu'on les déshumanise, c'est qu'on ne les humanise pas. La société ne leur reconnaît pas le statut d'être humain. Nous, notre boulot, c'est un peu la controverse de Valladolid, il nous faut expliquer à longueur de temps que les Alzheimer sont des êtres humains. » Au cours de ce fameux débat, organisé en 1550 par Charles Quint à Valladolid, le frère dominicain Bartolomé de Las Casas défend l'idée, encore peu répandue, que les Indiens sont bien des fils de Dieu. Donc des êtres humains. S'ils n'étaient pas fils de Dieu, on pourrait les réduire en esclavage. Les vieux Alzheimer, c'est un peu pareil, ils ne sont pas tout à fait humains, donc on peut les maltraiter. Personne ne s'en émeut.

Selon Pascal Champvert, le personnel n'y est pour rien. « On les accuse d'être des salops, des maltraitants alors qu'ils essaient de bien faire. Bien sûr, il y a toujours des pervers, mais 95 % font de leur mieux dans des conditions lamentables. » Et il m'explique, ce que je sais déjà pour l'avoir vécu, que nous sommes les victimes collatérales d'une société qui n'aime pas les vieux. Le personnel des maisons de retraite travaille au mieux dans l'indifférence générale, au pire dans le mépris. Dans les soirées entre amis, infirmier en cadio ça donne « Wahooo », infirmier auprès des personnes âgées c'est plutôt « bahhhhhh ». Ça n'est pas par hasard non plus si en cardio on investit énormément d'argent pour les équipements, la recherche, et chez nous rien.

Pour Pascal Champvert, « finalement, parler de la maltraitance, c'est prendre les choses par le petit bout de la lorgnette. En 2003, la canicule a fait 15 000 morts. Et depuis, pas un monument n'a été érigé en leur honneur. Quand on voit ce que les Américains ont fait pour les 2 500 morts du World Trade Center, quel mépris pour nos vieux, quelle honte ! [...] On est dans une société qui n'aime pas les vieux. En Afrique du Sud, il y avait des Blancs d'honneur, c'était des Noirs que les Blancs racistes considéraient comme des Blancs. En France, on peut être vieux mais il ne faut pas que ça se voie. La dame qui reste seule chez elle, on la tolère parce qu'on ne la voit pas. Elle est en prison, elle ne peut pas sortir, mais ça ne gêne personne. Ce qui gêne les gens, ce sont les maisons de retraite parce que ça se voit, parce qu'elles nous rappellent qu'il y a des vieux en notre sein.

« La question des moyens mis en œuvre pour les personnes âgées pose le problème de la place que l'on accorde à nos vieux dans notre société et dans nos propres vies. Elle nous oblige aussi à nous demander comment nous voyons notre vieillissement. Aujourd'hui, notre société culpabilise les vieux, elle leur fait ressentir qu'ils sont un poids, qu'ils coûtent cher, qu'ils ne servent à rien. Du coup on jette un regard angoissé sur notre propre vieillissement. Il faut faire comprendre à la société que c'est elle qui a un problème à régler avec ses vieux. »

Je ressors troublé de cette interview. Je n'étais jamais allé aussi loin dans l'analyse.

Je comprends mieux maintenant pourquoi les médias sont aussi discrets sur les scandales qui entourent les personnes âgées. Pourquoi le sujet est tellement anxiogène. On touche à quelque chose qui fait mal. Très mal. Et que personne n'a envie de regarder en face. Pour les esclaves d'Amérique, il aura fallu trois siècles avant d'obtenir l'abolition. Combien de temps pour nos vieux ?

La question devient pressante car pour la première fois de l'histoire de l'humanité quatre générations cohabitent, bientôt cinq. On compte aujourd'hui davantage de grands-parents que de petits-enfants. Les plus anciens ont connu la guerre, leurs enfants ont fait Mai 68, la troisième génération est celle de la crise, la quatrième, celle de la mondialisation et des nouvelles technologies. Les vieux ont une vision plus collective que les plus jeunes qui sont plus individualistes. La sédentarité des uns s'oppose au nomadisme des autres. Les ponts sont difficiles à jeter entre ces deux rives générationnelles. Cela implique pour chacun d'accepter les différences de l'autre. De l'accepter en tant qu'acteur de la société et de lui accorder une place digne.

Quatrième partie
DES SOLUTIONS POSSIBLES

Sans trop réfléchir, si la santé se maintient, que l'autonomie est préservée, on serait en droit de légitimement penser que son propre foyer reste le meilleur refuge pour passer ses vieux jours. Une sorte d'idéal qui garantirait la tranquillité, l'indépendance, la sécurité. Mais, la canicule de 2003 l'a montré, l'isolement a ses revers. Surtout lorsque l'on dépend de quelqu'un pour son quotidien.

La garde à domicile

Tout le monde rêve de rester entre des murs qu'il a toujours connus, dans un appartement acheté des décennies plus tôt, témoins de Noël en famille, de rentrées des classes, de chambres d'ados désormais vides ; tout le monde rêve de terminer son existence dans un lieu familier rempli de meubles amassés, seul ou à deux, pendant des années. Les souvenirs d'une vie. L'indépendance va de soi, elle semble acquise indéfiniment tant elle est ancrée en nous. Pouvoir sortir selon son gré. Se coucher (et se lever) à son heure. Manger selon ses goûts, grignoter entre les repas, boire au robinet ou s'ouvrir une bonne bouteille de bordeaux devant la télé. Normal, tout ça. Normal, tout ça ?

Son chez-soi peut rapidement devenir une prison dont on ne sort plus. Idéalisé mais loin d'être idéal. D'ailleurs les chiffres de la mortalité durant la canicule le prouvent, 35 % des décès ont eu lieu au domicile contre 19 % en maison de retraite[1]. Chez soi, on est seul. Chez soi, on peut mourir seul. Quant aux gardes à domicile, elles sont loin d'être la panacée.

Il y a deux types de gardes à domicile, qui n'ont pas grand-chose à voir l'une avec l'autre. La garde à domicile des riches et celle des moins riches. Si je caricaturais, je dirais que le riche parisien trouve tout ce qu'il lui faut à l'Hôpital américain de Neuilly. Il peut y recruter, lors de l'un de ses séjours, une infirmière payée au noir qui viendra après son travail ou restera à demeure à plein temps. Certains optent pour une « simple » garde-malade, toujours à plein temps. Elle arrive le matin à 8 heures pour le lever, passe la journée et repart le soir. La nuit, la personne âgée reste seule. Mais certains vrais riches se payent des gardes à domicile vingt-quatre heures sur vingt-quatre, sept jours sur sept. Dans les deux cas, l'aide peut faire les courses, préparer à manger, changer la personne lorsqu'elle se

1. Source : Inserm.

souille. Le tout coûte extrêmement cher. Certes, des aides existent, mais elles ne couvrent qu'une toute petite partie du salaire des personnes embauchées.

Le problème, dans cette prise en charge à domicile, c'est que l'infirmière n'est plus vraiment une soignante : elle devient une bonne à tout faire. Au bout de quelques mois, elle n'a plus assez de recul sur l'état de santé du patient, car elle n'a personne avec qui confronter son avis. En cas de problème, pas de hot line avec le médecin comme dans une institution. Il faut contacter le médecin traitant, qui est difficilement joignable, attendre qu'il rappelle quand il n'est pas en vacances ou en week-end… Et en cas de véritable urgence, ce sont les pompiers, l'hôpital, l'attente et le risque que la personne n'y survive pas. La garde à domicile est, parfois, une sorte de prison dorée. Soignant et soigné subissent les humeurs de l'autre sans avoir aucun moyen simple de s'en extraire. Le soigné peut tomber sur un soignant maltraitant. À qui le dénoncer ? Comment le licencier ? Ça n'est jamais simple.

D'autant que la plus grande peur des vieux, j'ose même parler de terreur, c'est que leur soignant s'en aille. Comment faire pour en trouver un autre ? Comment vivre les deux ou trois jours, voire les quelques semaines avant l'arrivée du remplaçant ? Les soignants savent qu'ils ont tout pouvoir, et certains s'en servent. Les vieux savent qui ils congédient mais ignorent qui va venir en remplacement. On sait ce qu'on perd… J'ai vu des abus, des chèques signés par la personne âgée mais dépensés par le soignant… Certes, la directrice de la Résidence, elle aussi, a abusé, mais c'est nettement plus rare. Dans une institution, même si la DDASS ne sert à rien, il y a plus de moyens de contrôle, plus d'individus se regardant faire les uns les autres. Tout se sait, à long terme.

Il est vrai qu'à domicile le soignant est plus disponible, plus à l'écoute. Si tant est que les deux personnes s'entendent bien, cela peut être formidable. S'il y a incompatibilité de caractère, c'est le cauchemar ; il n'y a personne pour jouer les médiateurs et le perdant dans l'histoire est rarement le soignant.

Je me souviens, à l'époque où j'étais en libéral, ma patronne me dit un matin d'aller voir une vieille dame en urgence : elle vient de téléphoner, ça ne va pas du tout, la pauvre vieille est en larmes, la fille qui s'occupe d'elle est partie en claquant la porte ! Nous connaissons la dame de réputation, une vraie Tatie Danielle, très riche et… très pénible. Quand j'arrive à son appartement, je la trouve totalement désemparée, terrorisée. Elle me supplie : « Je vous donne n'importe quoi, tout l'argent que vous voulez, je vous fais un chèque, mieux, prenez ma carte bleue et allez vous retirer une somme à la banque, au bout de la rue, mais je vous en supplie, monsieur, restez avec moi cette nuit, ne me laissez pas toute seule, je vous en supplie ! Ayez pitié de moi. »

Je lui explique, atrocement gêné, que je ne peux pas, mais elle se met à me proposer de plus en plus d'argent. On en arrive à des sommes phénoménales, et tout à coup je réalise où je suis.

Un superbe appartement, donnant sur une des rues les plus chics du XVIe. Des tableaux de maître sont accrochés au mur, des bibelots de prix traînent un peu partout. Une vie luxueuse, indécente à mes yeux, presque. Et alors ? Tout cet argent pour quoi ? La dame est seule. Désespérément seule. Totalement seule. Avec tout son argent elle ne peut même pas s'offrir la compagnie d'un infirmier. Son caractère ignoble les fait tous fuir vers d'autres vieilles qui, elles, peuvent payer rubis sur l'ongle... en se taisant. Il n'y a qu'à se promener dans l'ouest parisien et avoir un diplôme d'infirmier (ou sans, d'ailleurs) pour se faire beaucoup, beaucoup d'argent. Nerfs d'acier indispensables.

À l'autre extrême, on trouve les gens qui n'ont pas les moyens de se payer une place en institution. C'est à la famille d'assurer, vingt-quatre heures sur vingt-quatre. J'ai vu ça à Montreuil. M. et Mme Farid, famille très modeste. Petit pavillon acheté à crédit. Je viens pour le mari qui est en train de s'étouffer à petit feu à cause de son cancer ORL : la gorge, la langue, les poumons sont touchés. Charmant tableau de fumeur ayant abusé aussi de l'alcool. Oxygène, sifflements, hypercapnie, malaises à répétition. Ses derniers moments sont atroces.

Chaque jour, au bout du couloir, j'aperçois également par une porte entrouverte une vieille dame alitée. Au bout de quelques semaines, Mme Farid m'explique que c'est sa belle-mère. Elle a quatre-vingt-quinze ans, elle perd la tête mais ils n'ont pas les moyens de la placer dans une institution. Mme Farid est visiblement à bout de force, elle me raconte que ses grands enfants ne veulent plus venir dormir à la maison car la présence de la grand-mère les gêne. Il n'y a aucun équipement médical, pas de lit électrique, pas de lève-malade. Pour laver sa belle-mère, Mme Farid doit la porter à bout de bras. Elle a le dos dans un état terrible et souffre en permanence. Je lui demande comment elle se débrouille pour les changes, elle m'avoue ne les faire qu'une fois par jour, le matin après la toilette, ce qui signifie que sa belle-mère reste dans ses besoins toute la journée et toute la nuit. Il y a beaucoup de violence dans leurs rapports, de ressenti, elles se parlent très mal entre elles, même en ma présence. La famille Farid aurait pu bénéficier de plusieurs types d'aide, mais je pense que personne ne s'en est jamais préoccupé. Et puis, culturellement, pour eux, demander de l'aide, ça ne se fait pas : les vieux, on s'en occupe, quel que soit le coût humain, le coût relationnel engendré.

Passé un certain niveau de dépendance, le maintien à domicile tourne à la torture… Je me souviens d'une dame chez qui j'allais lorsque j'étais infirmier libéral. Je passais le matin pour la lever, la laver, l'habiller et lui faire le petit déjeuner, le reste du temps elle restait seule, assise sur une chaise percée (pour ses besoins), dans la cuisine, jusqu'au soir. On avait collé un fauteuil à la chaise pour qu'elle puisse changer de position au moins une fois dans la journée, et on revenait le soir pour la coucher. Dans ce cas précis, c'est elle qui ne voulait pas quitter sa maison.

Ils sont nombreux à vouloir rester chez eux à tout prix. Et je les comprends. Non seulement quitter son chez-soi est un véritable crève-cœur, non seulement le placement en maison est un processus long et difficile, mais surtout ce qui les attend de l'autre côté de la porte est loin d'être réjouissant.

Pour échapper à la maison de retraite, on peut investir dans une résidence de services. C'est un bon compromis, ça permet d'être entouré, d'avoir une vie sociale avec des personnes du même âge et de bénéficier d'un service médical minimum mais suffisant pour des personnes âgées en bonne santé. Évidemment, c'est un peu cher, il faut compter à Paris entre 140 000 et 220 000 euros pour un deux pièces de 40 ou 50 mètres carrés. Les charges s'élèvent, elles, à 900 euros par mois. En province, à Marseille, c'est un peu plus abordable : 100 000 euros pour 36 mètres carrés et 600 euros de charges. Les résidences de services comportent toutes un restaurant, et certaines, une infirmerie ouverte vingt-quatre heures sur vingt-quatre. Mais elles n'accueillent que des gens autonomes.

On peut aussi faire aménager son intérieur, installer une douche avec plan incliné, des portes suffisamment larges pour passer avec un fauteuil roulant... Pour ça, il existe des aides attribuées notamment par les conseils régionaux qui peuvent aussi financer les services d'une aide-ménagère, d'une infirmière, d'une ergothérapeute et du portage des repas. Il existe même des prestations de garde à domicile.

Il faut, bien entendu, être prêt à lâcher du lest – « oui, madame, la poussière sera peut-être un peu moins bien faite », « oui, monsieur, les cannellonis ne seront peut-être pas tout à fait aussi bons que quand votre femme les préparait »... Mais quelqu'un qui sait passer ce cap, en abaissant ses attentes, quelqu'un qui sait remettre entre les mains d'autrui, désormais, les choses qu'il ne peut plus accomplir seul vit une vieillesse plus tranquille. Tant que la personne est autonome, le maintien à domicile a un autre bon côté : les enfants se doivent d'être présents. Un minimum. Ils doivent gérer, même de loin, s'occuper des différents intervenants. Quand la femme de ménage part en vacances, il faut la remplacer, par exemple.

Arrive hélas un moment où rester seul, ne serait-ce qu'une heure, devient dangereux. Souvent, la perte totale d'autonomie intervient après la mort d'un conjoint ou une fracture du col du fémur. Dans le dernier cas, 70 % des gens de plus de quatre-vingts ans meurent dans les douze mois. Le choc est violent, l'opération, sous anesthésie générale, dure à supporter pour une personne un peu fragilisée. Ensuite, le patient doit être placé en institution pour être rééduqué. Très souvent, il ne revient jamais chez lui. Les enfants, qui ont eu très peur, insistent pour placer leur parent et décident alors contre son gré, au nom du bien-être du vieux (et de sa famille...). Les seniors ne sont pas ignorants de ce qui se passe à l'intérieur de ces murs derrière lesquels on veut les enfermer. Documentaires, reportages, témoignages plus anxiogènes les uns que les autres (comme le mien, oui). Alors ils résistent. En vain.

Pourtant, il suffirait de peu pour transformer les maisons de retraite en endroits accueillants. Il faudrait déjà que les soignants y soient heureux. Il faudrait ensuite faire entrer la vie dans ces lieux. Tenter de créer des structures adaptées aux pathologies et aux particularités de chacun. Et enfin, surtout, laisser le choix aux gens. Celui de rester ou de partir.

La journée idéale d'un infirmier

Il ferait beau, bien sûr, ce serait au printemps. Ma journée commencerait par une discussion avec un soignant de l'équipe de nuit. On aurait le temps de se poser, d'échanger. Lui ne serait pas en train de déborder sur ses heures sup (mais il le ferait quand même, on paie les heures supplémentaires, désormais, dans le monde idéal). Tous deux, nous aurions une demi-heure de travail en commun. Ce jour-là, je ne serais pas happé immédiatement par les patients, une fois passé le pas de la porte. J'aurais le temps de me mettre en blouse, tranquillement.

Ma collègue de la veille m'aurait laissé une transmission écrite correcte, pas un torchon griffonné à la va-vite. Elle aurait refait le stock de médicaments, vérifié le niveau des flacons, aligné les fioles et les tubes, histoire qu'avant même de commencer mes soins je n'aie pas à refaire mon stock.

Ce jour-là, on ne réveillerait pas les vieux par ordre croissant du numéro de chambre, mais en tenant compte de leur pathologie ou de leur horloge biologique, les lève-tôt, tôt, et les lève-tard, tard.

Une journée idéale, ça veut dire qu'on aurait des stagiaires pour nous aider, qui pourraient, par exemple, rester avec les résidents pour les aider à manger, pour discuter avec eux. Il ne s'agit pas de leur demander de remplacer du personnel absent, mais juste d'être une présence supplémentaire pour la personne âgée. Pour eux, ce serait une approche de la vieillesse sans doute plus intéressante que le strict point de vue médical. Créer de l'échange de savoirs, d'émotions.

Une journée idéale, ce serait une journée où j'aurais le temps de passer plus de deux minutes trente dans une chambre pour pouvoir vérifier l'état cutané des résidents, pour poser quelques questions de base à mes patients. Faire un mini bilan de santé, mais aussi discuter avec eux de choses et d'autres, du temps qu'il fait dehors, de la une du journal. Humaniser les rapports, un brin.

Une journée idéale, ce serait une journée où on aurait une réunion avec tout le personnel, le kiné, l'ergothérapeute, la femme de ménage, et où l'avis de tout le monde serait sollicité, si besoin. Les bilans sanguins seraient faits tôt le matin pour que les résidents n'attendent pas 11 heures ou leur crise d'hypoglycémie pour prendre leur petit déjeuner. Une journée idéale commencerait en présence du médecin. Habituellement, il arrive à l'heure du repas de midi, ce qui signifie que si je détecte quelque chose d'anormal chez un patient lors de ma tournée, il faut que j'attende midi pour le signaler, avoir une prescription médicale et faxer le traitement, qui arrive par coursier le soir, avant mon départ. Surtout, on pourrait dialoguer avec le médecin, il ne serait pas fuyant. Il ne serait pas dans le non-dit quand on prend une décision d'euthanasie passive. Il tiendrait son rôle quand il y a des nouvelles graves à annoncer aux familles, il ne se déchargerait pas sur l'infirmier.

Les AMP, les auxiliaires de vie et les aides-soignantes seraient plus nombreuses, chacune d'elles aurait un rôle bien défini dans des fiches de poste, un rôle pour lequel elle aurait été formée. Elles auraient le temps de s'occuper des patients sans les brusquer.

On croit gagner de l'argent en embauchant le moins possible, et du personnel sous-qualifié, mais on en perd car, finalement, ce sont des escarres en plus, des cols du fémur cassés, des dépressions nerveuses que l'on aurait pu éviter et qui coûtent une fortune à la Sécu. Mais on n'a toujours pas compris que le préventif permet de faire des tonnes d'économie. Dans les cités, dans les écoles, dans les chambres des vieux. Le préventif, c'est l'invisible au quotidien qui rapporte énormément sur le long terme.

Le rêve, ce serait que les spécialistes dont j'ai besoin soient disponibles quand j'en ai besoin. Dernièrement, j'ai eu une urgence psychiatrique et je ne trouvais aucun psychiatre. Une personne dont l'état s'est aggravé a commencé à se jeter contre les murs, à se mutiler, à parler de se trancher la gorge. J'ai passé quinze coups de fil. Lorsque j'ai fini par trouver un psychiatre, c'était quelqu'un qu'on ne connaissait pas. Je lui explique que j'aimerais avoir son avis pour savoir s'il faut un placement en hôpital psychiatrique ou pas. Il me dit : « OK, je viens, préparez un chèque de 150 euros. » À son arrivée, il remplit, sur le bureau, à l'accueil, le papier d'hospitalisation d'office, sans même avoir vu la patiente. Je lui demande s'il ne veut pas l'ausculter avant et, sans me regarder, il me répond : « Mon gars, faudrait savoir, vous m'avez dit au téléphone que vous vouliez la faire hospitaliser. » J'étais sidéré : « Non, je vous ai demandé votre avis. Un avis médical autorisé sur un problème qui dépasse largement mon cadre de compétences. » Il a fait hospitaliser la vieille, de force, sans même aller lui poser des questions. Rien. Il s'est basé sur mes dires. Je n'ai pas bien dormi, cette nuit-là.

J'estime que l'on devrait avoir des partenariats avec des professionnels compétents. C'est déjà le cas pour les kinésithérapeutes et pour les infirmiers libéraux. Les kinés, on n'a pas le choix, on en a besoin plusieurs fois par semaine, ils viennent et ils facturent aux patients un déplacement à domicile qui leur sera remboursé par la Sécu. Les infirmiers viennent régulièrement pour faire des prélèvements sanguins. Mais nous n'avons aucun accord avec des dentistes, par exemple, ni avec des ambulanciers. Du coup, nous ne sommes jamais certains d'avoir une ambulance rapidement, même en cas d'urgence vitale. La première chose qu'on nous demande quand on en commande une ou lorsque j'appelle le SAMU, c'est : « Quel âge a le patient ? » Les vieux passent en dernier.

Dans un monde idéal, j'aimerais ne pas devoir travailler avec des pansements qui se déchirent ou qui arrachent la peau. En général, j'aimerais ne pas avoir de restrictions financières sur les produits que j'utilise alors que, lorsqu'il s'agit de médicaments remboursés par la Sécu, on gaspille à tout va. Peut-être même aurais-je, comme en Suisse, des médicaments liquides pour les vieux qui ne peuvent pas avaler les cachets. J'aimerais aussi avoir des médicaments avec des goûts agréables à avaler. Et puis surtout, surtout, avoir des boîtes différentes pour chaque produit ; les médicaments génériques ont tous les mêmes boîtes, la même taille, la même couleur d'emballage ou d'aspect : c'est vraiment dangereux, c'est comme ça qu'on fait des erreurs qui peuvent être fatales aux patients.

J'aimerais avoir mon mot à dire sur la composition des repas. Normalement, cela entre parfaitement dans mon champ de compétences, mais personne ne me demande jamais mon avis, c'est la Sodexo qui décide. Du coup, les régimes sont draconiens alors qu'ils pourraient être un peu plus souples. Les diabétiques pourraient de temps en temps avoir droit à un peu de sucre, les régimes sans sel ne seraient pas totalement sans sel (une aberration, tout cela a évolué, depuis trente ans). On pourrait offrir aux résidents des menus plus variés.

Une journée idéale, ce serait une journée où j'aurais le temps d'aller manger. Sans mon téléphone. D'aller pisser, aussi. Parfois je souris en me disant que je devrais porter des couches, moi aussi, comme mes vieux, pour ne pas avoir à entendre hurler mon prénom dans les couloirs, comme si un mur s'était effondré pile au moment où je prends deux minutes pour assouvir une envie devenue irrépressible. On s'habitue à tout, néanmoins, et j'ai la faiblesse de croire que je me muscle la prostate, au cas où. Non ?

Au cours d'une journée idéale, les familles, elles aussi, seraient idéales. Elles seraient plus souvent présentes tout en ne faisant pas d'ingérence. Elles sauraient garder leur place et écouter les soignants.

On aurait du personnel d'animation pour organiser des distractions, des sorties…

Une journée idéale, c'est une journée durant laquelle je n'entendrais pas plus de deux ou trois fois le mot « économie ».

Dans un monde idéal, la directrice ne se mêlerait pas de mon travail (elle peut décider d'une hospitalisation, sans la moindre compétence médicale, ou en bloquer une si elle me trouve trop hésitant), en revanche elle nous protégerait des familles, elle ferait tampon entre elles et nous. Elle ne nous laisserait pas en première ligne.

Une journée idéale, c'est une journée où je partirais à l'heure. À l'heure. Dire qu'il y a des gens qui quittent le boulot à heure fixe. J'en rêve.

Une journée idéale serait un dimanche. Ce jour-là, les bruits de la ville s'apaisent, nous sommes dans un cocon. Le téléphone sonne moins. On a le temps d'être ensemble. Il y a moins de tension. C'est le jour des familles, mais, étrangement, le personnel est plus tranquille.

J'ai connu un endroit un peu comme ça. C'était en Suisse.

En Suisse

Dès le jour de mon entretien d'embauche, j'ai senti que les choses étaient différentes. On m'a posé des questions sur mes motivations autant que sur mes compétences techniques. Et, déjà, ça en disait long sur la manière d'envisager le rapport au patient. Mes auditeurs voulaient comprendre pourquoi je faisais ce métier, pourquoi j'avais choisi cet endroit et ce que ça allait m'apporter. J'étais impressionné car jamais une seule fois, en France, on ne m'avait demandé ce que la structure allait pouvoir m'apporter, en quoi j'allais pouvoir m'épanouir, en quoi je pouvais être une ressource pour la structure.

Une fois embauché, dès que je soulevais une difficulté ou que je faisais une proposition pour modifier les méthodes de travail, on me demandait de travailler là-dessus. On m'accordait des heures pour ça. En France, il ne faut surtout pas que les salariés prennent la parole, on a l'impression que ça pourrait être dangereux. Que ça remettrait en cause l'autorité du directeur, du chef de service... En France, celui qui décèle un problème est un chieur, là-bas, de ce que j'ai pu en voir, c'est un plus pour tout le monde.

J'avais noté, par exemple, que mes collègues n'avaient pas de formation à l'ergonomie. Un jour, j'en ai parlé à quelqu'un de la hiérarchie qui m'a proposé de prendre sur mon temps de travail pour préparer une formation. Ils ont fait venir un spécialiste pour m'aider et ensuite nous avons dispensé la formation, tous les deux, à mes autres collègues. Après ça, chaque fois qu'une personne était embauchée, je pouvais la former. Je me suis senti mis en valeur, donc j'ai continué à prendre des initiatives. Très vite, on m'a proposé d'être cadre. C'est extrêmement motivant. En France, ça n'arrive jamais. Il n'y a pratiquement aucune possibilité de promotion interne pour un infirmier.

En Suisse, j'ai aussi apprécié le salaire, bien entendu. Mais surtout l'efficacité du personnel soignant. On était tous correctement formés et suffisamment nombreux. Il y avait environ un soignant pour quatre ou cinq patients, là où en France on est seul pour huit dans le meilleur des cas. Du coup, les rapports étaient différents, on avait le temps. On accordait beaucoup plus d'attention aux résidents et on anticipait énormément.

Du côté du personnel, il n'y avait presque pas d'arrêts maladie, et quand il y en avait la direction faisait confiance aux salariés. En cas de grippe, par exemple, on appelait pour dire qu'on ne viendrait pas pendant deux jours et ça suffisait. Personne n'en abusait. Là-bas, j'ai découvert une mentalité de travail très différente, où les doléances étaient réservées aux questions de méthode de travail.

Autre grand choc, les médicaments existaient presque tous en version liquide. Nous avions des mini bidons équipés de pompes sous lesquelles il suffisait de mettre un petit pot pour recueillir ce qu'il fallait de médicaments et le faire boire au patient.

J'ai aimé aussi le côté décomplexé vis-à-vis de la mort puisque l'euthanasie est légale là-bas (tout n'est pas rose, bien entendu, un véritable et scandaleux business s'est même développé autour du concept d'euthanasie achetable). Nous avions des discussions posées sur ce que l'on devait faire avec un vieux mourant qui souffrait. On en parlait, on pesait le pour et le contre, tout ça en équipe.

J'ai passé quelques mois passionnants, mais là encore les patients vivaient à huis clos. En tête à tête avec les blouses blanches.

Faire entrer le monde

Les arts

Musique, cinéma, théâtre... Puisque les vieux ne peuvent pas sortir, il est important de faire venir à eux des divertissements qui sont autant de stimulations intellectuelles. On ne peut laisser qui que ce soit, jeune ou moins jeune, toute une journée devant la télévision. À moins que l'on veuille accélérer son départ (je préconise W9, dans ce cas). C'est pourtant le quotidien dans bien des maisons de retraite. Ici, à la Résidence, le standing nous impose d'organiser quelques activités, mais nous effectuons le strict minimum. Disons que l'on va surtout au moins cher.

On prend des gens, comme la jeune artiste que l'on ne paie pas, au final. Elle avait pourtant fait des choses super avec les vieux. Une activité photomontage, des recettes de cuisine à l'ancienne, un atelier de mosaïque. Mais ça ne s'est jamais reproduit.

Chez nous, la seule activité en plus des après-midi vidéo, ce sont les bals, les thés dansants. Une dame vient deux fois par an (une fille d'une résidente décédée). Elle joue du piano en chantant, les vieux adorent ça. Ils se lèvent, ils tapent du pied, la mémoire des paroles revient immédiatement, certains esquissent des pas de danse, personne ne demande à aller aux toilettes toutes les cinq minutes. C'est un moment magique. La directrice est là, sur son trente et un. Tout le monde cherche à lui parler, c'est valorisant pour les résidents, c'est quelqu'un qu'ils ne voient pas souvent et qu'ils estiment. Pour l'occasion, ceux qui sont autonomes se sont habillés, les autres malheureusement dépendent de la disponibilité des filles. J'ai connu des soignants qui adoraient aider les vieux à s'habiller. Ils avaient toujours des idées pour faire de belles choses avec de vieux habits. Mais on en revient toujours au même constat, il faut avoir le temps et la motivation.

Des bénévoles

L'essentiel, c'est d'ouvrir sur l'extérieur, de faire entrer de l'air frais. De casser ce huis clos entre soignants et soignés, car les vieux ne sont pas des malades mais des résidents. Il faut faire entrer le monde, la vie. Ses bruits, son fracas, ses tracas, ses aléas et ses odeurs. J'ai toujours été favorable à ce que l'on travaille avec des bénévoles, c'est important pour les vieux de se confronter à des inconnus. D'avoir encore un rôle à tenir, une image à renvoyer. Puisqu'ils restent enfermés entre les murs d'une maison de retraite, leur horizon se rétrécit, ils ne voient que les autres résidents et nous. Ils n'ont plus à faire attention à leur apparence, à leur conversation. Il faut les inciter à retrouver le goût du paraître, de s'habiller, d'être plaisant, de séduire en somme. On le voit, dès qu'il y a quelqu'un de l'extérieur qui entre ils sont contents, que ce soit le coiffeur, l'esthéticienne, un nouveau stagiaire…

Bien entendu il ne faut pas que les bénévoles remplacent les soignants mais qu'ils viennent pour distraire les résidents, discuter avec eux, participer à des activités. On pourrait imaginer qu'ils bénéficient de quelques heures de formation, car on ne parle pas à un patient Alzheimer comme on parlerait à n'importe qui. Il faut éviter certaines questions comme : « Alors, dites-moi, qu'est-ce que vous avez fait hier ? » et en règle générale tout ce qui fait appel à leur mémoire car cela peut les placer dans une angoisse terrible.

Mais, en France, les maisons de retraite restent des lieux clos. Comme s'il y avait des choses à cacher, comme si l'on avait honte de nos déments qui déambulent parfois en tenue inadéquate. Je pense pourtant que des bénévoles sont tout à fait capables de supporter ça. S'ils décident de faire du bénévolat en maison de retraite, ils savent ce qu'ils vont y trouver. Après tout, visiteur de prison, ce n'est pas beaucoup plus confortable.

Les crèches

Une expérience osée a été lancée à Lyon en 1996. L'association ACPPA (Accueil et Confort Pour Personnes Âgées) a décidé de réunir les deux extrémités de la chaîne des âges. Aujourd'hui, le centre des Cristallines abrite à la fois une crèche et une maison de retraite. Depuis, l'initiative a fait tache d'huile. D'autres crèches-maisons de retraite se sont ouvertes. Les Pitchouns à Dax, les Bout'chous dans le XIVe arrondissement à Paris, l'Abbaye à Saint-Maur-des-Fossés, la Résidence des Bords de Marne à Bonneuil-sur-Marne. Ces deux derniers établissements sont une même entité juridique dirigée par le président de l'AD-PA, Pascal Champvert. Créées en 2000 et en 2001, leurs crèches accueillent respectivement quatorze et dix enfants âgés de dix-huit mois à trois ans.

J'ai eu envie d'interviewer l'attachée de presse pour en savoir plus. Au téléphone, elle me raconte une expérience inimaginable. Presque un conte de fées.

Tous les jours, les enfants prennent leur petit déjeuner et leur repas de midi avec les résidents. Des animations communes sont organisées, des ateliers de cuisine, de peinture, de pâte à sel. De temps en temps, les résidents racontent des histoires aux enfants, mais l'activité la plus populaire reste le karaoké. Enfants et personnes âgées chantent en chœur des comptines. De nombreuses fêtes communes sont organisées, Toussaint, Pâques, Noël. Des goûters, des soirées à thème, des barbecues aux beaux jours. Et une fois par an, grands et petits partent pour un séjour commun. Cette année, trois résidents et quatre enfants ont passé un week-end à Center Parcs. Ils ont fait des promenades en forêt et une croisière sur la rivière. Pour organiser tout ça, une salariée à plein temps fait le lien entre les résidents et la structure petite enfance. Et ça marche.

Anne-Marie Paul m'explique que « les enfants de cet âge-là n'ont pas d'a priori sur les vieilles personnes ; un résident qui renverse un verre, ça ne les choque pas, ils font pareil ». Les petits se fichent de savoir si la personne en face d'eux est vieille, ils vont vers quelqu'un de gentil et ne se posent pas plus de questions que ça. Les discussions sont aussi franches d'un côté que de l'autre. Anne-Marie Paul me raconte qu'un jour un enfant demande à une résidente : « Comment ça se fait que tu n'as qu'une jambe ? » Elle me dit : « On était très angoissé en attendant la réponse. À tort, car la résidente, très naturellement, a répondu : "Elle me faisait mal alors on me l'a enlevée." » L'enfant était content de la réponse, c'était logique, il est passé à autre chose.

Toutes les personnes âgées ne s'impliquent pas de la même manière. Certaines ne veulent pas voir les enfants. Comme ils ne sont pas nombreux, c'est assez facile de les éviter. D'autres mettent la main à la pâte et confectionnent les gâteaux, d'autres enfin jouent les profs.

La proximité des petits responsabilise énormément les plus grands, ils se redécouvrent un statut, une utilité sociale. Quand ils savent que les enfants vont venir prendre leur petit déjeuner, ils font plus attention à la manière dont ils sont habillés. Ils se retrouvent en position de formateurs, de modèles.

La présence des enfants est aussi un sujet de conversation entre résidents. Les dames se souviennent quand elles étaient mamans, elles se rendent compte que les choses changent, que le monde évolue et l'éducation des enfants avec.

Le contact est particulièrement fort avec les personnes atteintes d'Alzheimer car elles sont beaucoup plus axées sur l'émotionnel comme les enfants. Les uns et les autres ne parlent pas et pourtant communiquent très bien. Un monsieur très grognon qui n'avait jamais eu d'enfant s'est lié d'amitié avec un petit garçon, il s'illumine tous les matins quand le petit arrive. Pascal Champvert résume ça en disant : « Cette expérience intergénérationnelle apporte quelque chose de fondamental aux personnes âgées : du désordre, de la vitesse, de la vie. Et les petits qui ont des parents qui courent toujours apprennent la lenteur. »

En effet, le personnel encadrant a rapidement noté l'évolution du comportement des enfants, ils sont peu à peu devenus plus attentifs, plus calmes. Les personnes âgées leur apportent du temps et de la patience.

Les parents aussi se sont laissés prendre au piège. Ils restent, le soir, pour discuter avec les résidents ou prennent un café avec eux le matin. Certains envoient des cartes postales quand ils partent en vacances, des liens se tissent, ténus mais bien réels, quelques rares familles reviennent même une fois les enfants scolarisés.

Le plus dur, selon Anne-Marie Paul, c'est de faire vivre ces échanges au quotidien. « Une aide-soignante recrutée va se détourner, naturellement, des activités intergénérationnelles dès qu'elle a un surcroît de travail. » Il faut les motiver en permanence, d'autant que certaines n'aiment pas s'occuper des enfants, elles n'ont pas signé pour ça au départ.

Fort de cette expérience, Pascal Champvert, mois après mois, a tenté d'ouvrir encore un peu plus sur le monde extérieur les institutions qu'il dirige. Sa devise, c'est « faire entrer tous ceux qui n'ont rien à faire dans une maison de retraite ». Il a donc créé, dans les locaux, un salon de coiffure que j'appellerais mixte, ouvert aussi bien aux résidents qu'aux personnes extérieures, histoire qu'il n'y ait pas que des cheveux blancs à balayer. Sur le même modèle s'est monté un atelier de poterie, une salle de gym douce. Chaque fois, le but est de maintenir les personnes âgées dans le monde, dans sa diversité, son anarchie.

Chaque année, les résidents, qu'ils soient autonomes ou pas, peuvent aussi partir en voyage. Cette année on leur propose la Corse, l'Alsace, la Bretagne ou la Provence.

Enfin, à l'Abbaye, un théâtre s'est monté. Il accueille, chaque saison depuis trois ans, un festival ouvert à tous, petits et grands, résidents et extérieurs. C'est aussi un rendez-vous pour les familles des résidents.

Les familles mieux présentes

Tous les soignants pestent contre les familles, et moi le premier. Trop présentes, pas assez, elles « ne font jamais rien de bien ». J'avoue : c'est bien pratique d'avoir quelqu'un sur qui taper, parfois, aussi, quand je n'ose pas dire du mal de mes collègues et qu'il faut bien meubler le silence entre nous. Vous découvrez seulement maintenant que je ne suis pas un saint ? Blague à part, je crois que les familles auraient un véritable rôle à jouer pour améliorer la vie des personnes en maison de retraite. On pourrait leur confier des missions.

Souvent elles sont un peu désemparées. Enfermées dans une chambre avec leur parent, beaucoup ne savent plus comment communiquer. Quoi dire, de quoi parler avec quelqu'un qui s'éloigne peu à peu du monde extérieur ? Comment se comporter ? Pour tromper le malaise, beaucoup jouent aux inspecteurs des travaux finis, ils passent le doigt sur les meubles pour voir s'il y a de la poussière, vérifient la qualité des mitigeurs et testent les ampoules électriques. D'autres se passionnent pour la pancarte des températures et du poids, au pied du lit, entrant les données dans leur Blackberry (pour en faire des courbes sur Excel ?). La plupart, peu à peu, rechignent à venir pour fuir la gêne.

Souvent, je me dis qu'on pourrait organiser des activités ouvertes aux parents et aux enfants, voire aux petits-enfants. Après tout, ça se fait à l'école. Les parents n'hésitent pas à sacrifier une journée de travail pour accompagner la classe de leur enfant au musée ou au théâtre. Je ne vois pas pourquoi on ne ferait pas la même chose avec les vieux. On pourrait aller tous ensemble voir un spectacle, une expo. Ou simplement organiser un déjeuner au restaurant. Déjà, ça nous permettrait de sortir les vieux, ce que l'on ne peut pas faire en temps normal car nous ne sommes pas assez nombreux, mais surtout cela créerait des sujets de conversation entre parents et enfants. Des souvenirs communs.

Je me souviens, en Alsace, un jour, j'ai accompagné une résidente et sa fille chez le médecin. En sortant, au lieu de retourner directement à la maison de retraite il fut décidé d'aller boire un chocolat chaud. Nous nous sommes mis à parler de tout, de rien, de chocolat… La vieille dame regardait autour d'elle, elle était curieuse. Elle se tenait droite comme un I, elle avait retrouvé un port de tête de jeune fille. Et, petit à petit, elle est entrée dans la conversation. Elle ne déraillait plus du tout.

Mais on dirait qu'en maison de retraite les familles ne sont pas les bienvenues. On ne leur réserve aucun espace de convivialité. Chez nous, le seul endroit où elles peuvent aller, c'est le restaurant durant les heures de repas. Il leur en coûte environ 16 euros pour déjeuner avec leur parent. Je connais des établissements où ces repas en famille ne sont pas possibles, ne sont pas organisables.

Des familles plus présentes, ça pourrait aussi vouloir dire des moyens de communication qui entretiennent les liens. À l'heure du multimédia, les maisons de retraite en sont encore au téléphone à fil. C'est invraisemblable.

Il y a quelque temps, à la Résidence, on a aidé une dame à envoyer un e-mail à son fils résidant à New York, qui lui en a renvoyé un dans la soirée. On l'a imprimé et elle l'avait sur son plateau de petit déjeuner le lendemain, elle était ravie. Mais on n'a jamais réédité l'expérience, c'est dommage. Si on avait un ordinateur portable disponible à chaque étage, les enfants qui habitent loin pourraient envoyer des petits mots, des photos, en direct.

Je m'étais aussi dit que ce serait formidable si on pouvait utiliser des webcams. Une fois de temps en temps, on installerait cet ordinateur portable dans la chambre d'un résident qui pourrait ainsi parler mais aussi voir ses enfants ou ses petits-enfants. Lorsque j'ai proposé l'idée à ma directrice, elle m'a regardé comme si j'étais un extra-terrestre et m'a dit : « Les vieux ne s'intéressent pas aux ordinateurs. Skype, c'est que pour les jeunes. » J'étais scié : il ne s'agit pas de pirater le site de la Banque de France en codant des lignes de HTML, mais de regarder un écran sur lequel ils pourront voir leurs enfants parler, bouger. Vivre. C'est autrement plus intéressant que la télé, et ce n'est presque rien à faire. Il suffit d'acheter un ordinateur et d'installer le Wi-Fi. Mais c'était sans doute trop exotique comme idée.

Mais est-ce que cette distance qui se crée entre parents et enfants n'arrange pas les gestionnaires des maisons de retraite au final ? Des familles absentes, ça veut dire que l'on peut faire ce que l'on veut. Vase clos. Pas de contrôle, pas de récrimination, pas de plainte. Les vieux sont à nous. On peut en faire ce que l'on veut. Et même les maltraiter.

Les animaux

Faire entrer la vie, c'est aussi intégrer les animaux. Et pas seulement les canaris de Francis Huster (oui, c'était lui). On pourrait imaginer accueillir les animaux des résidents ou des animaux pour les résidents. Des études menées aux États-Unis par des chercheurs de l'Université de Saint Louis et de Lindenwood sur les interactions entre seniors et animaux montrent que ces derniers ont des effets bénéfiques sur la santé et le moral des personnes âgées. J'ai lu dans un article du *Sun Herald* qu'il existait, dans le Missouri, une maison de retraite qui accueillait des chiens, des chats mais aussi des lapins, des chevaux, des oiseaux et autres bestioles en tout genre. Selon la directrice de cet établissement, cette présence stimule les personnes âgées et évite qu'elles ne sombrent dans la mélancolie.

Selon les chercheurs, grâce aux stimulations visuelles, tactiles ou émotionnelles, la personne âgée reste alerte plus longtemps. « On note également que les seniors âgés qui vivent avec un animal marchent plus, ont un taux de triglycérides et de cholestérol nettement plus bas et sont de meilleure humeur que les autres. Ils sont aussi plus résistants après une crise cardiaque », insiste un scientifique.

Les animaux à fourrure ne sont pas les seuls à avoir un effet positif sur les seniors. En effet, les chercheurs de l'Université de Lafayette, dans l'Indiana, ont remarqué que les patients atteints d'Alzheimer retrouvaient l'appétit lorsqu'ils observaient un aquarium plein de poissons rouges.

Je ne sais pas pour les poissons rouges, mais ce que j'ai remarqué, c'est qu'un chat à côté d'une personne vieillissante est une présence affective précieuse. La personne est moins axée sur elle-même, elle a un autre centre d'intérêt. J'ai donc suggéré, un jour, à la directrice de prendre un animal. Un chat ou un chien pour la collectivité. Hurlements dans le bureau, résumés en un mot : « Impossible ! »... pour des raisons sanitaires (partiellement voire totalement faux). Pourtant les animaux sont même utilisés dans certaines thérapies, afin de développer la dextérité perdue ou pour briser l'isolement.

Des études menées à petite échelle (quelques dizaines de participants) tendent aussi à prouver que la zoothérapie pourrait contribuer à réduire les comportements agités des personnes atteintes de démence et augmente leurs interactions sociales.

Bref, pas grand-chose à perdre et beaucoup à gagner, mais le milieu médical et encore plus celui des maisons de retraite restent totalement hermétiques aux méthodes alternatives qui pourtant font souvent leurs preuves. Surtout quand il ne s'agit plus de soigner mais d'apaiser. De rendre plus doux.

Détail pratique : personne ne se dévoue spontanément pour aller vider la litière. « Les soignants veulent bien mettre les mains dans la merde, mais dans pas celle du chat », comme m'avait balancé un jour une fille, narquoise. Eh oui, un animal, c'est un peu de travail en plus, ce n'est pas faux.

S'ouvrir aux méthodes alternatives

Le reiki, technique de relaxation japonaise (controversée, il est vrai) qui détend par le toucher, l'acupuncture, la sophrologie, la chromothérapie... on pourrait essayer tellement de choses. Ces méthodes ont déjà pénétré d'autres secteurs médicaux. Près de la moitié des cours de préparation à l'accouchement, par exemple, s'appuient sur une initiation à la sophrologie. Il s'agit de détendre la future maman, d'apaiser ses angoisses et de l'aider à se projeter dans l'avenir. En maison de retraite, rien de tout ça.

On a en ce moment à la Résidence une dame qui a beaucoup voyagé et qui est très férue de culture asiatique. Nous sommes en échec thérapeutique avec elle depuis un an et demi. C'est une dame qui est tout le temps malade, très hypocondriaque. Elle développe des symptômes qui ne correspondent à aucune pathologie précise ; son médecin traitant est appelé régulièrement, pour rien, à son agacement croissant. En fait, elle est surtout en demande affective.

Un matin, j'ai eu un flash, je me suis dit : pourquoi ne pas lui proposer l'aide d'un acupuncteur, elle qui a tant voyagé en Asie ? Je lui en parle, son visage s'illumine, elle est ravie. Je vais donc voir la directrice, qui m'a répondu, paniquée : « Mon Dieu, mon Dieu, parlez-en à la famille avant de faire quoi que ce soit, et même demandez à sa fille de prendre elle-même le rendez-vous avec l'acupuncteur, qu'on ne puisse rien nous reprocher en cas de problème ! »

J'insiste, je savais que la famille ne serait pas opposante mais qu'elle ne ferait rien, ils habitent loin et ne passent jamais. La directrice n'en démord pas. Et effectivement, lorsque je téléphone à la fille de Mme Loubitch, je la sens très détachée : « Ha ! oui, hum, hum, on va y réfléchir, hum, hum, après les fêtes, peut-être, on verra. » Les familles non plus ne croient pas tellement aux méthodes alternatives. Mais on peut les comprendre, ce n'est pas de leur ressort, de trouver une thérapie appropriée. Nous, nous sommes censés nous remettre en question en permanence et adapter nos techniques pour le bien-être des patients, mais en fait je me rends compte qu'il n'y a rien de plus figé que le milieu médical.

On sait, par exemple, que la musique fait des miracles chez les personnes atteintes d'Alzheimer : des études récentes ont montré qu'elle semble stimuler certaines zones du cerveau qui viennent en aide aux zones détériorées. Un chercheur américain a aussi mené des études sur des patients atteints de la maladie de Parkinson. Il a remarqué que des patients qui n'arrivaient plus à faire un pas seul pouvaient se mettre à danser en écoutant de la musique. Mais rien de tout cela n'est utilisé sur le terrain avec les résidents.

Les Snoezelen

Le concept Snoezelen est né aux Pays-Bas dans les années 1970 à l'initiative de deux psychologues. Le terme résulte de la contraction de deux mots néerlandais qui signifient « renifler » (*snuffelen*) et « somnoler » (*doezelen*). La technique consiste à mettre en éveil les sensations physiques des patients. Cette approche, initialement destinée à l'accompagnement de personnes atteintes de problèmes d'apprentissage et de communication, se développe de plus en plus dans les établissements pour personnes âgées en perte d'autonomie. Les implantations françaises d'espaces Snoezelen ont commencé à voir le jour dans les années 1990. Ces espaces proposent des expériences variées.

La salle « blanche » permet la relaxation et développe la vue ; elle crée une atmosphère de détente, de sécurité et de stimulations douces. Les effets lumineux – lumières mobiles, colonnes à bulles ou à balles, musique appropriée – encouragent la concentration. Elle peut aussi développer le sens tactile grâce au toucher des revêtements aux textures diverses.

La salle « découverte » encourage le mouvement à partir de différentes positions du corps et favorise les jeux. Le sens olfactif y est stimulé au moyen de diffuseurs d'huiles essentielles, notamment.

La salle « interactive » favorise l'entrée en relation, grâce aux souffles, aux jeux de lumière, de sons et de fréquences de différents instruments de musique.

L'effet relaxant sur les personnes âgées est fabuleux. J'ai vu fonctionner un espace de ce type en Alsace ; les vieux arrêtaient de se plaindre, de s'angoisser, ils arrivaient à ne pas se faire dessus pendant une heure. Je les ai vus attendre leur séance de Snoezelen avec impatience. C'était formidable. Ça fonctionne notamment très bien avec les personnes atteintes d'Alzheimer. Peu à peu, elles deviennent moins agressives. Mais surtout, lorsque certaines personnes âgées très dépendantes ne sont plus capables de s'exprimer verbalement, on arrive à rétablir un lien par le biais des émotions. Mais comme toutes les autres méthodes alternatives, les espaces Snoezelen restent rares, trop rares. Lorsque j'ai évoqué la possibilité d'en faire installer un à la Résidence, la directrice a pouffé de rire en me traitant de soixante-huitard attardé.

Il existe aussi des méthodes spécifiques à certaines maladies comme les Cantou (Centres d'Activités Naturelles Tirées d'Occupations Utiles) pour les patients atteints par la maladie d'Alzheimer.

Les Cantou

« Cantou » est un terme du Cantal qui désigne une pièce dans la pièce. C'est le foyer au double sens du terme : le feu de l'âtre et le cœur de la famille. C'est un lieu d'activités importantes et un centre de convergence de la vie. Le premier Cantou a été créé à la fin des années 1970, à Rueil-Malmaison, en banlieue parisienne, par Gérard Caussanel. Il avait constaté que certains résidents de maisons de retraite déambulaient dans des locaux souvent inadaptés et parfois dangereux, et perturbaient les autres résidents par leurs comportements incohérents et parfois désinhibés. De plus, ils occasionnaient une charge de travail et un stress supplémentaires pour les équipes soignantes, confrontées quotidiennement à l'agressivité de certains, au risque de chutes et de fugues. Ces résidents atteints de maladie d'Alzheimer ou de pathologies apparentées étaient souvent transférés en milieu psychiatrique, ou plus simplement drogués pour être maintenus dans la structure.

Gérard Caussanel avait aussi observé que les familles, totalement déstabilisées par l'état de leur parent, réduisaient la fréquence de leurs visites. Les structures en souffraient et devenaient de plus en plus violentes.

Le concept du Cantou consiste à offrir à un petit groupe de résidents des conditions de vie proches du milieu familial. Un Cantou fonctionne en petites unités autonomes comprenant douze chambres individuelles. Elles sont réparties autour d'une salle commune qui permet, dans le même lieu, de préparer les repas, de les partager, de se reposer et de passer la journée. Les résidents d'un même Cantou vivent avec les maîtresses de maison (il y en a quatre par Cantou) et un personnel polyvalent qui les accompagne et se tient à leur disposition. Pour éviter la perte d'autonomie, les personnes âgées sont invitées, en fonction de leurs possibilités et de leurs souhaits, à participer à tous les actes de la vie quotidienne (épluchage des légumes, mise de la table, vaisselle, pliage du linge). Une réunion mensuelle est organisée à laquelle participent toutes les familles du Cantou, les maîtresses de maison et la direction.

Je pense que c'est important que les personnes atteintes d'Alzheimer soient accueillies dans des lieux spécifiques, c'est une pathologie tellement particulière. Il faudrait que les soignants qui s'occupent d'elles soient formés à cette maladie afin qu'ils aient des attitudes et des propos appropriés. D'abord, il faut être préparé à répéter quinze fois la même réponse, car c'est extrêmement angoissant pour le patient d'être face à quelqu'un qui ne répond pas. Ensuite, il faut savoir que son comportement trahit une angoisse beaucoup plus profonde : il se demande qui il est, où il est... Être atteint d'Alzheimer, c'est être perdu, seul, sur une planète qui n'est pas la Terre, c'est ne pas avoir de passé immédiat, se demander ce qu'on fait là, ici et maintenant... On a en face de nous des personnes très angoissées, qui ont peur, d'où l'importance d'un encadrement psychologique et d'un environnement adapté.

Il existe malheureusement très peu de Cantou, comme il existe très peu de lieux alternatifs adaptés aux besoins particuliers de chacun. Sans doute parce qu'il faut beaucoup de ténacité pour réussir à sortir des sentiers battus.

Les maisons de retraite alternatives

Thérèse, Monique et Suzanne rêvent depuis maintenant plus de dix ans de créer leur propre maison de retraite à Montreuil. Elles ont remué ciel et terre pour trouver les fonds. Pourtant, sur le papier, les choses ne paraissent pas si ambitieuses. La Maison des Babayagas devrait accueillir dix-sept femmes « ayant une habitude de vie collective : militantes associatives, etc ». Chaque usagère aurait son lieu personnel (studio avec kitchenette et salle d'eau). De grands locaux collectifs, cafétéria, salle polyvalente, bibliothèque, atelier, laverie, seraient à la disposition de chacune, ainsi qu'un petit jardin. Les trois amies rêvent d'un lieu autogéré où chacune serait solidaire de l'autre et s'aiderait à bien vieillir et aussi à « mourir dans le respect et la dignité ». Loin de s'enfermer en ghetto, les Babayagas seraient ouvertes sur la ville, les vieilles dames feraient du soutien scolaire, donneraient des cours d'alphabétisation... Enfin, les trois femmes rêvent d'un bâtiment écologique avec panneaux solaires.

Mais les anicroches se sont succédé sur leur chemin. Alors que la municipalité de Montreuil avait voté à l'unanimité la mise à disposition d'un terrain, en mars 2007 le conseil général du 93 refusait toute subvention, car le projet était basé sur « une discrimination du fait d'un habitat réservé à des seules femmes vieillissantes », sur « cooptation » et sans « prévision de la perte d'autonomie ». Mais les Babayagas n'ont pas perdu espoir et attendent beaucoup de la nouvelle majorité à Montreuil. Dominique Voynet aurait déjà réussi à faire avancer le dossier.

Les résidences autogérées existent pourtant depuis longtemps. À Pau, les Jardins d'Arcadie, entièrement gérés par les résidents, ont été créés en 1975. « Nous sommes dans un système non lucratif, explique sur un site Internet Christian Masson, ancien directeur de maison de retraite choisi par les résidents. Pas un euro ne sort de la résidence, les résidents arbitrent eux-mêmes leur budget. Au final, cela ne revient pas plus cher qu'une maison de retraite, mais dans un environnement totalement différent. »

Des maisons de retraite pour homosexuels, des maisons de retraite communautaires[1]...

« Nous ne pouvons minimiser le fait que les gays et lesbiennes âgés, ayant grandi avant la création de mouvements de libération des homosexuels, doivent affronter de sérieux obstacles lorsqu'ils ont recours aux soins de santé. En outre, les aidants naturels qui les soutiennent, soit leurs conjoints, enfants et amis, sont à leur tour souvent victimes de marginalisation et de discrimination de la part des professionnels de la santé et des autres personnes âgées », déclare Shari Brotman, professeur à l'école de service social de l'Université McGill.

D'après son enquête, encore aujourd'hui certains individus craignent de révéler leur orientation sexuelle à leur médecin ou au personnel soignant. Comme l'indique Shari Brotman, « plusieurs répondants se rappellent avoir subi des traitements médicaux pour les "guérir" de leur homosexualité ». Et d'ajouter que « dans leur jeunesse, leur rapport au système de santé était teinté de discrimination et d'hostilité extrêmes. Maintenant qu'ils sont vieux, ils requièrent des soins, ils perdent de leur autonomie et ils ont très peur d'avoir affaire au même système qui les a traités si mal autrefois. »

C'est un fait : on assiste depuis quelque temps à la multiplication des maisons de retraite communautaires : un établissement pour personnes

1. Source : www.senioractu.com

âgées turques à Berlin (Allemagne), un autre pour les retraités chinois à Belfast (Irlande du Nord) et des résidences ou des villages pour les seniors gays aux Pays-Bas, en Espagne, aux États-Unis, en Allemagne et bientôt au Québec, comme Arcs-en-ciel. Arcs-en-ciel est l'œuvre de Renaud Paré, soixante-sept ans, qui a fondé en décembre 2000 à Montréal l'Association des aînés et retraités de la communauté (ARC). Cet organisme, qui jusqu'à maintenant organisait surtout des activités de loisirs afin de permettre à des aînés gays de sortir de leur isolement, a désormais pour objectif la création d'une résidence pour personnes âgées homosexuelles, ouverte également aux hétéros.

« Dès la première année de son existence, des membres de l'ARC ont commencé à parler d'une coopérative d'habitation pour aînés gays. Plusieurs personnes de l'association ne se voyaient pas finir leurs jours seul gay dans une résidence, forcé à cacher son orientation sexuelle. Même si quelques-uns parmi nous ont eu des enfants, nous sommes conscients que nous ne devons compter que sur nous-mêmes. Nous avons donc commencé à chercher des endroits pour finir nos jours dans la quiétude, des endroits où il y aurait d'autres gays qui pourraient nous aider et avec lesquels nous pourrions partager nos états d'âme », souligne Renaud Paré dans la présentation de son projet qui devrait voir le jour dans le quartier Rosemont de Montréal.

Cette résidence d'un coût de 12 millions de dollars canadiens, soit environ 7,5 millions d'euros, devrait être financée en partie par des fonds publics, précise l'article de *La Presse* : ville de Montréal et gouvernement provincial. La moitié des logements devrait être réservée aux personnes à revenus modestes.

Ce genre d'initiative n'arrivant jamais seule, un promoteur immobilier local, lui-même issu de la communauté gay, André J. Saindon, a décidé de se lancer également dans la construction de maisons de retraite pour homosexuels à Montréal, avec son projet Maison urbaine. Selon M. Saindon, les futurs premiers clients de sa résidence Papineau – en plein quartier gay – sont des retraités homosexuels ayant été victimes de marginalisation dans les résidences hétéros.

Les quarante-deux logements proposés vont du studio au trois pièces. De nombreux services sont également accessibles aux résidents (salle de sport, sauna, salon de coiffure, café Internet, etc.). Un des étages a par ailleurs été construit pour éventuellement accueillir les retraités nécessitant des soins de longue durée.

Les loyers débutent à 1 025 dollars canadiens par mois (soit 640 euros). Ce montant comprend le gaz, l'électricité, le chauffage et l'eau chaude. « Tous les locataires bénéficient également des nombreux services de Maison urbaine Papineau, dont le spa, la salle de gym, le sauna, la bibliothèque et la salle de billard », précise le site Internet.

M. Saindon envisage également la construction d'une résidence pour femmes. « Par expérience, les gays et les lesbiennes ne font pas nécessairement bon ménage. C'est vrai, on a une cause commune, mais on a également plusieurs différences. Il faut savoir les prendre en considération », précise-t-il dans un article du *Devoir*, journal québécois.

À terme, d'autres résidences sont prévues sur le reste du territoire canadien (Toronto, Vancouver, Calgary), et même aux États-Unis, notamment à San Francisco, ou encore au Mexique.

Et M. Saindon de se défendre de ghettoïser ses résidents : « Les gens qui vivent dans les résidences hétéros savent à quoi s'attendre. On ne leur impose rien. On désire offrir la même possibilité aux gays, soit de poursuivre leur vie dans leur communauté, en paix et dans la quiétude. »

Les trois en un

Plus classique, les maisons de retraite que l'on appelle trois en un, comme le Grand Logis à côté de Saintes en Charente-Maritime. On y trouve un « village senior », composé d'une petite centaine de maisons (entre trente et soixante mètres carrés) à vendre ou à louer vides ou meublées, une « résidence services », c'est-à-dire un foyer logement avec des services médicaux, paramédicaux, des commerces, et un « hébergement médicalisé », soit une maison de retraite, une vraie cette fois, de soixante lits. Ce qui permet aux résidents de pouvoir se mêler à des plus jeunes, de ne pas se sentir enfermés dans un hôtel pour grabataires.

D'autres formes d'hébergement ont aussi été imaginées. Elles peuvent permettre aux personnes âgées de s'accoutumer à la maison de retraite ou de trouver un lieu de vie pour une période donnée. Certaines maisons de retraite accueillent, par exemple, les personnes âgées pour un hébergement temporaire de quelques jours à quelques semaines ou proposent un accueil de jour pour ceux qui ne peuvent ou ne veulent pas rester chez eux dans la journée.

Mais à toutes ces formes d'hébergement, à plein temps ou à mi-temps, classiques ou alternatives, il manquera toujours une chose essentielle, une chose qui rend la vie supportable même dans les pires moments : la possibilité de mourir. On peut être hébergé dans le lieu le plus fabuleux du monde, quand les souffrances deviennent impossibles à apaiser, ou tout simplement quand la lassitude s'installe, c'est le sentiment d'être en prison qui domine.

L'euthanasie

J'avoue avoir du mal à comprendre : on donne le droit à des gens de ne pas se soigner, de refuser une chimio, une transfusion... on leur permet de se tuer, mais on interdit à du personnel soignant de libérer une personne de ses souffrances. Quelqu'un de valide a la possibilité d'ouvrir le gaz, mais quelqu'un de dépendant doit attendre, au prix d'atroces souffrances, que son corps finisse par céder. Nous sommes de nombreux soignants à vivre de plus en plus durement cette injustice. Si on a le droit de prolonger des vies, de combattre les maladies les plus graves, on devrait aussi avoir le devoir d'entendre ce que nous disent les personnes âgées. Et souvent, elles nous disent stop !

J'ai le souvenir d'une petite vieille avec une fracture du col de fémur qui n'était pas opérable. Elle souffrait tellement. Plus le temps passait, plus la souffrance était grande car venaient se greffer sur la douleur liée à la fracture, des escarres de plus en plus profondes. Ça devenait insoutenable pour nous d'entrer dans sa chambre. Dès qu'elle voyait quelqu'un, elle hurlait qu'elle avait mal, qu'elle voulait en finir. C'était un cri du cœur intolérable. Personne n'a rien fait pour elle, on l'a laissée mourir, lentement, à petit feu. Pour y arriver, il suffit d'oublier qu'il y a un être humain derrière ces gémissements de plus en plus faibles. On ne voit plus au bout d'un moment qu'un corps trop maigre qui finira bien un jour par ne plus bouger.

Mais souvent, plus souvent qu'on ne le croit, les soignants décident d'intervenir. Il y a quelques années, je travaillais en médecine, on avait un vieux qui était très, très mal. Il avait un cancer généralisé. On devait régulièrement lui injecter un produit à l'aide de seringues électriques. Ce sont des seringues qui poussent un médicament, automatiquement, toutes les cinq ou six secondes pour que le soignant n'ait pas à rester au pied du lit. Habituellement, je n'injecte que ce que je prépare moi-même, mais ce jour-là j'avais trouvé, posé sur le chevet du monsieur, des seringues préparées par le médecin, je suppose, enveloppées dans de l'aluminium. Je me suis douté qu'il y en avait une qui contenait une préparation létale. Je savais donc que l'un des infirmiers allait, dans la journée, injecter cette substance au patient, mais je ne savais pas qui. Mes collègues savaient aussi mais personne n'a hésité. Tout le monde a injecté la seringue qui lui revenait.

Reste aussi, gravée dans ma mémoire, une dame qui était atteinte d'un *locked-in syndrome*, une paralysie de tout le corps. Elle ne pouvait bouger que les paupières. Tous les jours, avec ses yeux, elle nous disait : « Tuez-moi, tuez-moi ! » Un jour on l'a trouvée étranglée dans ses draps. Qu'est-ce qui s'est passé ? Je n'en ai jamais rien su. Qui l'a aidée ? Je ne sais pas mais c'était courageux. On n'a pas le droit d'imposer aux malades des souffrances aussi terribles.

Et cette dame qui est resté treize jours sans manger et sans boire parce qu'elle voulait mourir ! Qu'est-ce qu'on était censé faire ? Le premier jour, elle a refusé de manger, on a bien essayé de la forcer, mais rien à faire. Quelques heures plus tard, elle a aussi refusé le verre d'eau qu'on lui proposait. Le lendemain, elle avait déjà du mal à bouger mais elle a toujours refusé d'avaler quoi que ce soit. Trois jours plus tard, elle ressemblait à un cadavre sorti d'un camp de concentration. Elle était couchée sur le côté, ses bras rachitiques entouraient les barreaux du lit. Ses yeux, ronds comme des billes, fixaient le mur d'en face. Elle n'était plus qu'une mâchoire crispée, une haleine fétide et une poitrine qui se soulève difficilement comme si c'était son dernier souffle. Et ça a été son dernier souffle. Pendant treize jours. Treize nuits. Trois cent douze heures. Une éternité.

Nous placions des perfusions pour l'hydrater, mais l'équipe n'en pouvait plus. Les filles la connaissaient depuis cinq ou six ans, elles étaient malades de la voir comme ça. Cette dame était très amie avec un couple de jeunes, ses anciens voisins. Ils s'étaient pris d'amitié pour elle et, lorsqu'ils venaient la voir, ils me disaient : « Mais c'est pas Dieu possible, faites quelque chose ! Si c'était votre mère vous ne la laisseriez pas comme ça. » Hélas. Je crois que si c'était ma mère, je ferais strictement pareil. Je n'aurais pas le choix.

Dans l'absolu, je n'ai pas envie de tuer les gens. J'ai envie d'être en paix avec ma conscience, je n'ai pas envie de porter ça, c'est mon bien-être qui en dépend. D'ailleurs je ne l'ai jamais fait.

Il m'est arrivé d'être seul en face de quelqu'un qui souffrait atrocement. Le médecin nous avait donné des ampoules de morphine en surdose pour qu'on l'aide à en finir, tout ça était très clair mais je n'ai pas eu le courage. J'ai regardé l'ampoule longtemps, j'ai regardé la dame et j'ai eu peur.

Je n'ai pas eu peur de finir en prison, mais je me suis dit que cette mort serait trop lourde à porter. Si encore j'avais pu en débattre avec le reste de l'équipe médicale comme c'est le cas dans les pays où l'euthanasie est légale, mais j'étais seul, seul face à la mort. Le médecin lui-même ne donne pas de consignes claires car il a peur d'être condamné. On est toujours dans la suggestion à peine formulée, à peine assumée. On est dans le non-dit, dans le non-écrit. Avec la loi en épée de Damoclès. Depuis 2005, en Belgique, mais ça existait déjà aux Pays-Bas, un kit a été mis à disposition des médecins afin qu'ils puissent mettre fin aux souffrances de leurs patients. J'aimerais qu'on ait la même chose ici.

On ne se sortira pas de ces ambiguïtés tant qu'il n'y aura pas une base légale qui nous permettra de prendre une décision collective sans avoir à se cacher. Sans vivre cette double angoisse : « Est-ce que je fais bien ? est-ce que je ne fais pas bien ? », mais aussi « Est-ce que je suis attaquable ? est-ce que je ne suis pas attaquable ? »

Dans un monde idéal, on aurait un espace de parole autorisé par la loi, on aurait le droit de se retrouver pour évoquer l'euthanasie de la personne. On pourrait partir du principe que l'on peut abréger les souffrances de toute personne qui n'a pas expressément formulé son désaccord. Comme pour les dons d'organes, si la personne décédée ne porte pas sur elle une carte s'opposant au don d'organes, les médecins les prélèvent.

Mais aujourd'hui, ce non-dit me rappelle l'ambiance qui devait régner pendant la guerre. On se méfie de tout le monde. Si je dis au médecin de garde : « Qu'est-ce qu'on fait pour madame Gusler ? », il peut me dénoncer à la chef de service, se méfier de moi, peut-être me soupçonner si un décès survient de façon étrange dans le service. Et s'il est d'accord avec moi, va-t-il oser me le dire ?

Il est en droit de nourrir les mêmes craintes à mon égard. Le problème, c'est que tout le monde parle à demi-mot à tel point que l'on se demande toujours : « Est-ce qu'il a bien voulu dire ça, est-ce que je ne fais pas une erreur d'interprétation ? » Et tout ça, bien sûr, en gérant le quotidien de trente autres patients dont il faut s'occuper.

Autre souci : je vous parle depuis des pages de gens qui souffrent, mais je pense aussi à ceux qui veulent partir tout simplement parce que c'est le moment et qu'ils l'ont décidé, en leur âme et conscience. Pour moi, dans l'idéal, l'euthanasie se passerait au moment où le patient le souhaite. Depuis que je travaille en maison de retraite, je suis confronté à des demandes d'euthanasie toute la journée émanant de gens qui ont envie de mourir.

Tout simplement.

Ils sont las.

Je mets de côté les gens qui ont perdu la tête, je parle des ceux qui me disent, froidement, calmement, entre la poire et le dessert : « Alors, William, qu'est-ce que vous pouvez faire pour que je meure ? » Une fois que l'on a exclu la dépression (ce que le soignant doit faire, évidemment, la demande peut être liée à un syndrome dépressif et non à une réelle envie d'en finir), il reste cette envie brute de mourir qui est extrêmement troublante.

Qu'est-ce qu'on fait ?

Rien.

Nous n'avons aucune marge de manœuvre. Nous ne pouvons rien faire. Le médecin donne des antidépresseurs qui ne servent à rien puisque la personne n'est pas dépressive, on va lui proposer de regarder *Tanguy* ou les *Ch'tis* pour la distraire et attendre que ça passe. Mais en règle générale ça ne passe pas. Quand vous avez réellement envie de mourir, rien ne vous en dissuade réellement si l'espoir d'être ce que vous n'êtes plus a disparu.

Je pense à M. Alain, brillant neurochirurgien, retraité depuis bien avant ma naissance. Tous les jours, il descend au réfectoire sans aide, il est encore alerte, il a une très bonne audition, une très bonne vue. Le jour de ses quatre-vingt-dix-huit ans, je lui glisse : « Vous êtes en pleine forme, vous devez être drôlement fier. » Il me répond : « Je n'en peux plus, j'espère que ce sera mon dernier anniversaire, il faut que je sorte, dans une boîte, les pieds devant ! Qu'est-ce que j'ai bien pu faire au bon Dieu pour être encore en vie ? »

En France, selon un sondage réalisé par *Le Nouvel Observateur* en juin 2008, 87 % des gens sont favorables à l'euthanasie. Qu'est-ce qu'on attend ?

Comment choisir sa maison de retraite

J'aurais voulu intituler cette annexe « Le Guide du routard de la maison de retraite » ou comment repérer les endroits à éviter, ceux dont on ne veut pas, même en cauchemar, pour ses parents. Il n'y a pas de vérité absolue, bien sûr, ce n'est que mon avis.

Pour parler crûment, je dirais que la règle de base, la règle principale est la suivante : une maison de retraite qui sent la pisse n'est pas une bonne maison de retraite. C'est comme pour choisir les melons, vous avez sûrement votre méthode. Moi, j'ai la mienne : si ça sent la pisse, déjà, je pars sur un a priori qui se confirme généralement.

Oh, un accident est si vite arrivé, attention : souvent la vieille dame qui passe sa journée assise à l'accueil, à vous regarder visiter la résidence, peut s'oublier. Un accident peut arriver. Mais l'odeur de vieille pisse non lavée se camoufle mal. Elle imprègne les lieux. Elle révèle beaucoup sur la direction, les soignants, la prise en charge.

Deuxième conseil : jouer la surprise.

Avant de choisir une maison de retraite il faut effectuer au moins une visite impromptue. C'est-à-dire qu'on vient sans prévenir, on sonne et on fonce à l'accueil : « Bonjour, j'ai mon père ou ma mère à placer… » On demande à voir la directrice ou la personne qui s'occupe des nouveaux entrants. Ça ne sera peut-être pas possible parce que la dame est toujours assez occupée, et tout le temps. Certes, elle ne reçoit que sur rendez-vous, mais ça vous permet déjà de voir qui accueille, comment on accueille. De prendre une première mesure de l'ambiance : est-ce que la personne de l'accueil a l'air détendue, stressée ? Tout ça est très parlant.

Lors de l'entretien avec la personne qui reçoit les familles il y a ensuite toute une liste de questions à poser. Mieux vaut les avoir par écrit, pour ne pas en oublier de trop. Florilège :

— Combien de lits avez-vous ? (On ne s'occupe pas de la même manière de trente personnes que de quatre-vingt-dix.)

— Est-ce qu'il y a un cabinet de toilette avec douche dans la chambre ? (Plus simple pour les soins d'hygiène, plus intime, moins de chutes, moins de déplacements, moins de coups de froid.)

— Est-ce que c'est une chambre à un lit ? Sinon, à combien de lits ? (Souvenez-vous de l'internat et pensez à l'intimité des futures visites, à deux familles dans une chambre.)

— La chambre sera-t-elle refaite à neuf à l'arrivée du résident ? (Le minimum syndical…)

— Y a-t-il un poste de télévision ? Par câble, par satellite ? Est-ce payant ? (Vous pouvez parfaitement apporter votre téléviseur.)

— Y a-t-il Internet ? Payant ou pas ? (Eh oui, le Wi-Fi vous permettra de travailler quand vous viendrez passer un peu de temps avec votre mère, ou de brancher Skype pour lui faire voir ses petits-enfants.)

— Quel est l'âge moyen des résidents ? (Cela permet de se faire une idée plus précise de l'ambiance. Il y a plus de chance pour que les résidents soient bien portants à quatre-vingt-deux ans qu'à quatre-vingt-dix-sept ans.)

— Combien de personnes de GIR 1 et de GIR 6 accueillez-vous ?

— Y a-t-il une convention écrite entre l'établissement et des bénévoles ? (Ça permet de savoir s'il y a des visites de personnes extérieures.)

— Est-ce qu'il y a une participation de l'établissement à la vie de la commune ? (C'est-à-dire, est-ce qu'il y a des anciens de la commune qui viennent ou des enfants des écoles ? Est-ce qu'il y a des choses organisées en partenariat avec d'autres associations municipales ? De la vie, du bruit, de l'animation...)

— Est-ce qu'il y a un lien créé entre le résident et sa famille ? Organisation de repas communs à la demande ? Organisation de repas lors des fêtes religieuses ?

— Combien de réclamations et de plaintes ont été reçues dans l'établissement ? (Je me demande si vous oserez la placer, celle-là, mais vous serez surpris de la réponse : cette question fait l'objet d'un recensement légal de la direction régionale des affaires sanitaires et sociales, dans un questionnaire nommé fort justement PATOSS – on sait rire, dans ce pays...)

— Qu'est-ce qui est mis en place pour éviter la maltraitance dans l'établissement ?

— Quel est le projet de vie ? (Un projet de vie est mis en place par le directeur avec l'appui du médecin et des équipes pour définir ce que l'établissement va apporter aux personnes.)

— Y a-t-il un projet de soin ? (Dans certaines maisons où il peut n'y avoir que des soins alternatifs par exemple.)

— Y a-t-il un volet de soins palliatifs dans le projet de soin ? (Mieux vaut poser la question maintenant.)

— Y a-t-il un conseil de vie sociale ? (C'est un conseil qui regroupe familles, soignants et administratifs afin qu'ils puissent discuter ensemble de la vie de la résidence.)

— Quels sont les principaux dispositifs mis en place pour la prévention de la douleur ? (Pas de bla-bla, des faits, des exemples, des noms de médicaments.)

— Quels sont les projets spécifiques à la prise en charge de la maladie d'Alzheimer ? (C'est important pour ceux qui ont un parent atteint de la maladie mais aussi pour les autres afin de savoir s'il y a beaucoup d'Alzheimer dans l'établissement, ce qui peut être très mal vécu par quelqu'un de bien portant.)

— Quels sont les dispositifs de prise en charge de la fin de vie ?

— Avez-vous signé un accord avec un établissement de pompes funèbres ? (La mort, ça n'arrive pas qu'aux autres…)

— Existe-t-il un médecin coordinateur ? formé en gériatrie ? (C'est important car les familles sont ainsi certaines qu'il y a un médecin sur place, et un médecin spécialisé dans le vieillissement.)

— Y a-t-il une convention avec des ambulances ? (Sans ça, il est parfois très difficile d'obtenir une évacuation d'urgence en ambulance.)

— Existe-t-il une convention avec des infirmières libérales ? (Qui viendra faire les pansements quand vos infirmiers en CDI, sous-payés, poseront le troisième arrêt maladie de l'année, syndrome « ras-le-bol-je-craque » ?)

— Est-ce que vous collaborez avec d'autres structures – centre hospitalier, hôpital psychiatrique ? Est-ce que vous avez signé une convention avec un établissement de santé ? (Ce qui permet de savoir où est envoyé le parent placé s'il a un problème. Les hôpitaux se renvoient tous la balle dès qu'on dépasse un certain âge. Mourir de froid, sur un brancard, dans un service d'urgences… en France…)

— Quelle est l'amplitude horaire entre le dîner et le petit déjeuner ? (Ce qui permet de savoir si la personne âgée ne va pas « mourir de faim » en attendant sa brioche du matin. Demandez qu'on vous précise le nombre d'heures légales maximum entre ces deux repas et observez la gêne éventuelle du directeur…)

— Quels sont les horaires des différents repas ?

— Y a-t-il possibilité de prendre les repas à la carte ?

— Y a-t-il un diététicien qui s'occupe des menus ?

— Avez-vous une commission menu ? (Comme la commission de la vie sociale, elle réunit les familles, les résidents, les soignants, une diététicienne et un représentant du prestataire pour discuter des menus.)

— Quel est le nombre de personnels auprès des résidents à temps plein ?

— Quel est le nombre de personnels diplômés à temps plein ? (C'est-à-dire combien de médecins, combien d'infirmiers, combien d'aides-soignants, combien d'auxiliaires de vie et combien d'AMP ?)

— Combien y a-t-il de femmes de ménage ? Combien de fois le ménage est-il fait par jour, par semaine ?

— Combien de personnels spécialisés, ergothérapeutes, psychothérapeutes, kiné, animateurs, psychomotriciens, etc., comptez-vous ?

— Combien de personnel diplômé est présent la nuit à plein temps ?

— Un temps de transmission entre les équipes est-il prévu ?

— Quelle est la qualification du directeur ?

— Quel est le nombre de soignants faisant fonction ? (Quand je serai parti de la résidence où je travaille, il ne restera que deux personnes qui feront fonction d'infirmiers puisqu'elles n'ont pas le diplôme.)

— Y a-t-il eu des formations sur les thèmes suivants : prévention des chutes, préventions de la maltraitance, promotion de la bientraitance, prévention de la douleur, accompagnement de fin de vie, nutrition ?

— Y a-t-il un accompagnement du personnel ? un groupe de parole ? une analyse de pratiques ?

— Y a-t-il un travail collectif régulier ? (C'est essentiel des temps pour se retrouver ensemble entre soignants et réfléchir à notre pratique.)

— Est-ce qu'une convention a été signée avec la DDASS ?

En plus du questionnaire, il faut demander à visiter la résidence et ouvrir les yeux, le nez et les oreilles. Se demander si ça sent le propre. Et surtout, il faut bien lire le contrat de séjour, surtout les clauses de départ : un long préavis est parfois exigé. Eh oui, vous serez peut-être amené à faire partir votre parent de la résidence, cela arrive régulièrement.

Dernier conseil : le lâcher prise.

Vous devez placer votre mère, votre père.

Vous pensez au fond de vous que vous êtes un fils indigne, une fille indigne.

Votre visite vous donne envie de fuir, de pleurer, de ne plus voir tout ça ; votre visite vous donne envie de rentrer chez vous, d'oublier ce cauchemar, ces vieux, ces odeurs, cette non-vie apparente.

Vous pensez à votre libre arbitre, à vos choix, ceux que vous avez effectués, ceux qu'il vous reste à prendre.

Vous pensez à cet adulte qui vous a donné la vie, vous a torché, vous a fait réciter vos leçons, vous a giflé lorsque vous avez fait le mur, vous a déconseillé ce garçon, dont vous avez divorcé douloureusement, bien plus tard, ce vieux ou cette vieille qui était votre papa, votre maman et qui n'est plus que l'ombre du parent adorable ou atroce qu'il fut. Vous pensez à cet adulte et vous vous voyez, vous, à sa place.

Bientôt.

Jamais.

Jamais, bien sûr. Pas pour moi, jamais.

Et pourtant.

Mon dernier conseil, donc, de soignant à famille, d'auteur à lecteur, d'homme à homme : lâchez donc du lest.

Faites-vous aider, parlez-en à des gens payés pour ça. La vie n'est pas simple, et confier ses parents à une institution choisie tant bien que mal peut faire partie des derniers grands traumatismes d'une existence d'adulte : cela signe l'entrée pour vous dans la dernière partie de votre vie. Ce n'est pas rien. Écoutez-vous et parlez-en : ce ne sont pas les aides-soignantes de la maison de retraite qui pourront vous aider, ni votre mari ni votre concierge.

Maman dort dans un hospice.

Papa porte des couches.

Vous n'avez pas le choix : cette colère, ce surinvestissement un rien pathétique dans la couleur des rideaux de la chambre de votre mère, cette peine, il faut la laisser partir. Chez quelqu'un qui peut vous écouter. Croyez-moi, la culpabilité ne disparaît ni avec les kilomètres ni en insultant l'infirmière.

Nous avons su prolonger l'existence de nos parents : que souhaitons-nous en faire ? Je n'ai pas la réponse.

ANNEXES

En mars 2005, chercheur en sociologie sur le pas de la porte, sans implantation institutionnelle et sans aucun réseau ou presque, je décrochai enfin une place dans un colloque organisé à Lille sur le thème « l'accompagnement de la vulnérabilité au grand âge ». Dans l'anxiété de valoriser ma recherche personnelle tout en respectant les canons du langage universitaire, c'est avec un style plutôt oral et des paragraphes courts que j'avais rédigé ce texte, par la suite mis en ligne sur le site des organisateurs du colloque.

Le souhait de William Rejault de mettre en annexe de son récit une approche universitaire m'amène à me replonger dans l'accueil qu'avait reçu mon intervention. Au cours de ce rite de passage, je me revois très bien parcourir des yeux l'assemblée, scrutant les regards réprobateurs et les hochements de tête encourageants, et tentant d'ignorer l'écrasante majorité de visages indifférents, configuration classique quand la position de l'orateur dans la hiérarchie académique est inférieure à celle de la plupart des membres de l'auditoire. Mon intervention a donné lieu à quelques réactions théoriques de peu d'intérêt. Je fus plus stimulé par les discussions d'arrière-boutique. Une professionnelle du soin aux personnes âgées était outrée par le rapprochement que j'avais opéré entre « intimité » et « violation », mais a fini par comprendre mon argumentation en songeant que son parcours particulier faisait d'elle une exception qui ne pouvait que confirmer la règle. Mais surtout, une poignée de professionnels et de jeunes chercheurs au plus près du terrain, sans grand souci de répandre une idéologie plutôt qu'une autre, m'ont dit leur satisfaction de m'avoir entendu, retrouvant leur propre expérience alors même que je n'en connaissais rien.

Dans les années 1970, la sociologie française avait un esprit rentre-dedans, critiquant sans concession toutes les institutions de dressage et de redressement : caserne, école, hôpital psychiatrique, hospice... aucune n'en réchappait. Mon expérience directe entre 2002 et 2007 renvoyait cette époque à la préhistoire ! J'ai dû migrer de la sociologie de la vieillesse à la sociologie du travail pour échapper à une fausse générosité qui, à force de nier la réalité, contribuait à la renforcer (et brisait dans le même mouvement la vocation critique des sciences sociales). Ainsi, l'expression « personne âgée » s'est imposée pour mettre fin à la coloration négative du mot « vieux ». Mais elle tend à son tour à devenir stigmatisante, au point que tout colloque (ou presque) sur la vieillesse comprend sa niaise intervention proposant de « faire disparaître ce mot horrible de "personne âgée" ». Ainsi vont ces interminables entreprises de dénomination qui font œuvre de « respect » en remplaçant tout mot devenu péjoratif par un terme neuf et pur, avant qu'il soit à son tour fatalement rattrapé par la réalité qu'il est censé désigner de façon édulcorée.

Gérard RIMBERT,
février 2009

Docteur en sociologie de l'EHESS (École des Hautes Études en Sciences Sociales), Gérard Rimbert a mené au Centre de sociologie européenne une recherche sur l'accompagnement des personnes âgées « dépendantes », en comparant l'univers des maisons de retraite et celui du bénévolat. Il fut chargé d'études à Télécom ParisTech, pour une recherche sur l'usage des blogs par les médecins et les enseignants ; puis au Groupe de recherche sur la vulnérabilité sociale pour une recherche-action sur la grande précarité aux alentours des gares parisiennes du Xe arrondissement (SDF, toxicomanie, prostitution). Il a été ATER (Attaché Temporaire d'Enseignement et de Recherche) en sociologie à l'Université de Limoges, et a enseigné les méthodes quantitatives à l'Université de Picardie. Il est actuellement consultant en risques psychosociaux au sein du cabinet Technologia, pour le compte des représentants du personnel. Il a dernièrement publié l'article « Concilier soin et réparation : le soutien humaniste aux personnes âgées dépendantes », paru dans *Sociologie du travail* n° 50-54, 2008.

http://gerard.rimbert.free.fr

Métiers non qualifiés et exigence de dispositions exceptionnelles

Le petit personnel en maison de retraite

Journées d'étude « L'accompagnement de la vulnérabilité au grand âge », 2 et 3 mars 2005, Université de Lille 3

http://perso.numericable.fr/~sitedurtf7/je.htm

Cette communication rend compte d'une enquête monographique menée sur trois ans dans un établissement privé d'hébergement pour personnes âgées[1]. L'analyse porte sur l'opposition entre les métiers peu ou pas qualifiés que l'on peut trouver en maison de retraite et l'exigence faite au personnel de posséder des dispositions tout à fait exceptionnelles.

1. L'établissement propose quatre-vingts lits, tous occupés ou presque. Il comprend une directrice, une infirmière générale, une hôtesse d'accueil, une infirmière, six aides-soignantes, une vingtaine d'auxiliaires de vie et de femmes de service (qui se relaient). Moins les employées sont qualifiées, plus elles seront en contact direct avec les corps des résidents, « contact direct » par opposition au contact médiatisé par un instrument (infirmière) ou par un geste techniquement codifié (kinésithérapeute).

En effet, la majeure partie du personnel est composée d'auxiliaires de vie et de femmes de service. Ces femmes sont sans formation ou presque ; parmi les plus jeunes, beaucoup sont issues de programmes de formation pour échoués scolaires. Les femmes qui ont *effectivement* suivi une formation d'auxiliaire de vie n'ont pas réellement effectué d'apprentissage. Enfin, les formations plus poussées des aides-soignantes (qui sont plus homogénéisées, et donc identifiables) se rapportent plus à des éléments d'ordre technique que culturel et psychologique. Mais ces salariées sont soumises à l'exigence (objective) de mettre en pratique des dispositions exceptionnelles. Tout d'abord, il s'agit pour elles d'encadrer (avec toute la fermeté et l'autorité que cela peut impliquer) une population à laquelle aucun crime originel ne peut pourtant être reproché et qui n'est pas non plus rassemblée dans le cadre d'une formation extrême (par opposition à d'autres agents d'encadrement, comme les surveillants de prison ou les formateurs de l'armée)[1]. La légitimité de la profession n'est donc pas aisée. Par ailleurs, elles doivent accepter de commettre des violations de l'intimité et aussi savoir désamorcer la violence en question. Enfin, il faut savoir répondre aux attentes implicites ou indicibles (par exemple, une certaine façon d'être coiffé).

La méthodologie adoptée est de saisir indissociablement l'institution et ceux qui la font exister. Les effets de l'institution sur la vulnérabilité des résidents ne peuvent se comprendre par une vision finaliste, qui consisterait à attribuer artificiellement une intention explicite à une maison de retraite ; et inversement les actions individuelles du personnel auprès des résidents ne peuvent être mesurées à l'aide d'une interprétation subjectiviste, qui ne replace pas les salariés dans le cadre spécifique de l'institution.

1. On se réfère ici à la théorie d'Erving Goffman sur les « institutions totales » (*Asiles – Études sur la condition sociale des malades mentaux*, Les Éditions de Minuit, 1968, et particulièrement p. 46).

Cette conception très classique relève pour ainsi dire du bon sens sociologique. L'intérêt ici sera de préciser comment la vulnérabilité des résidents en maison de retraite s'explique (en partie) par le fait que la maison de retraite étudiée n'a pas d'autre projet que d'*accompagner* la crise biographique, en se contentant de « faire passer », de « faire avaler » le déclassement social que constitue l'entrée dans le « grand âge » (dépendance, déprise, affaiblissement de la sociabilité, effacement du rôle familial), si bien que les possibilités d'un *accompagnement réparateur* de ces crises biographiques reposent de façon aléatoire sur les différents membres du personnel ; presque « accidentellement », en fait.

Tensions entre résidents et salariés

La politique salariale de l'établissement

Elle est à placer sous le signe d'une contrainte de profitabilité. L'établissement recrute une population peu ou pas qualifiée (*cf.* prologue), économisant ainsi sur le coût de la masse salariale. On constate également un important turnover : aucun contrat en CDI n'est proposé au moment de l'entrée. Et ce turnover est aggravé par une rotation régulière au sein du personnel (changements d'équipes, de postes). Enfin, l'observation ethnographique (plus que les discours consensuels de la direction) révèle bien la surcharge de travail (surtout si on prend en compte le travail informel, non calculable, du « relationnel » avec les personnes âgées).

Les tensions culturelles

Au regard des entretiens menés avec les personnes âgées, et contre l'équation enchantée « maison de retraite = seconde famille », plusieurs résidentes estiment que « certaines employées sont un peu *vulgaires* ». Sur quoi repose cette vision des choses ? Comment interpréter sociologiquement l'accusation de vulgarité ? Il y a déjà un effet propre à la séparation de générations ; les manières de parler, de s'habiller et de se déplacer sont assez différentes. Or, la promiscuité obligatoire entre résidents et employées dépasse tout ce que pouvait imposer de coprésence la vie à domicile. Cette opposition est renforcée par celle des « styles de vie », assez ou très populaires chez les salariées, plus bourgeois chez quelques résidents (*cf.* tarifs élevés). Enfin, le racisme latent (et parfois manifeste) de certains résidents rend très improbable la constitution d'une dimension *affective* dans la relation de service.

D'autre part, le rapport au corps varie doublement selon les employées et les résidents :

– seules les employées (et en particulier les auxiliaires de vie) ont l'expérience de la manipulation du corps d'autrui ; l'habitude comme la nécessité produisent un certain détachement, une distance au rôle au moment des contacts avec les corps. Au corps singulier du point de vue des résidents s'oppose le corps standardisé (« les grabataires ») selon les employées ;

– les employées africaines immigrées en France (que ce soit entre elles, avec les résidents, et même avec moi) ont un rapport au corps qui, sans être brutal, est peu précautionneux. Elles ne maltraitent absolument pas les corps, elles n'ont cependant pas les gestes feutrés qu'une éducation plus occidentale et plus conservatrice inculque dès que sont réalisés les premiers usages du corps.

Ces tensions, considérées indépendamment du fonctionnement de l'établissement, ont pour effet de rendre la vie en institution doublement insupportable : non seulement le placement en maison de retraite est une forme d'arrachement, mais en plus le nouveau cadre d'existence et sa population salariée sont perçus négativement. Cela dit, ces données tenant au personnel pourraient être compensées par le fonctionnement de l'établissement. Qu'en est-il ?

– Le fonctionnement même de l'institution renforce ces effets (*cf.* deuxième partie) ;

– la vulnérabilité des résidents produite par l'institution est plus intense pour une certaine catégorie d'entre eux (*cf.* troisième partie).

Un effet général : le déclassement par le placement en institution

La soumission à un « temps industriel »

Si la maison de retraite est facilement qualifiée de « nouvelle demeure », tentative de réduction des tensions et du sentiment de culpabilité que génère souvent ce genre d'événements au sein du groupe familial, l'organisation du travail propre à un établissement collectif rend problématique la constitution d'une « demeure ». La norme d'un « temps domestique » est mise à mal par la nécessité d'un « temps industriel » (horaires de travail, changements d'équipes, repas collectifs, hiérarchie des urgences à traiter). Dans ces conditions, il ne suffit pas de « savoir ne pas brusquer » (disposition à la douceur qui peut être spontanément attendue des employées) : il faut aussi conserver ce savoir-faire (verbal et gestuel) dans un contexte de chronométrage des activités.

« Au milieu des gagas »

Cette formule récurrente dans les entretiens avec les plus « lucides » de la maison de retraite montre à quel point l'arrivée en établissement est vécue comme coexistence imposée avec des « repoussoirs identitaires ». Plusieurs résidentes se présentent comme « parfaitement lucides ». Mais elles remarquent aussi que « ici, il y en a certaines qui n'ont pas toute leur tête ». L'effet compassionnel de cette coexistence obligatoire est pourtant préférable aux situations où c'est un véritable envahissement qui est ressenti (par le toucher, les cris, gémissements… ou même parfois le dégoût visuel que ressentent certains « lucides » en voyant d'autres résidents manger).

L'une des compétences utiles pour limiter la fragilisation supplémentaire des personnes âgées se sentant souillées par ce mélange, c'est de savoir éviter ces contacts (ce qui passe par exemple par des stratégies de placement à table ou de disposition des fauteuils roulants). Or, c'est assez rare chez les auxiliaires de vie comme chez les femmes de service.

Le principe de lutte contre « l'encombrement »[1]

Si mettre à l'écart les résidents les plus encombrants (en raison du bruit qu'ils font, de la gêne visuelle qu'ils occasionnent, de l'agressivité dont ils peuvent faire preuve) n'est pas la mission officielle des salariées en maison de retraite (contrairement aux agents RATP avec les sans-abri), le « désencombrement » est un outil dans la gestion du travail. La définition de l'encombrement est variable selon les types d'employées.

Pour les plus qualifiées, c'est surtout l'encombrement verbal, celui des résidents en détresse mentale, errant dans les couloirs ou cherchant « leur maison », qui s'informent auprès de ceux qu'ils estiment être des « responsables ». La technique de « désencombrement » revient souvent à faire la sourde oreille, à attendre que le résident se lasse ou qu'une bonne âme se charge de répondre.

---

1. J'emprunte le terme à Emmanuel Soutrenon, qui mène une recherche sur le travail des agents RATP auprès des SDF, montrant que l'essentiel de leur tâche peut se ramener à faire circuler des personnes jugées encombrantes dans un univers donné (« Faites qu'ils (s'en) sortent… À propos du traitement réservé aux sans-abri dans le métro parisien », *Actes de la recherche en sciences sociales*, n° 136-137, 2001, pp. 38-48).

Pour les employées qui ont la tâche de manipuler les corps (changes, toilettes, déplacements...), l'encombrement est lié au poids des résidents, à leur violence, à leur odeur. Le mode de « désencombrement » relève de l'évitement et de la délégation du « sale boulot »[1] aux plus inexpérimentées...

C'est ainsi qu'une même personne peut être à la fois présentée comme « très intéressante » et ayant « toute sa tête » par celles qui conversent aimablement à ses côtés à l'heure du goûter, et comme « grosse baleine » et « peau de vache » par celles chargées de la laver. Cette perception des résidents selon leur degré d'encombrement explique certaines variations dans le traitement réservé aux différentes personnes âgées. Mais c'est aussi la possibilité que tel résident a de « rapporter » (à sa famille et/ou à la direction) qui détermine l'attitude des salariées.

En tout cas, la gestion de l'encombrement, sans se faire intentionnellement *contre* les résidents les plus vulnérables, se fait *pour* les salariées, ce qui peut revenir au même en termes de *redoublement de la vulnérabilité*. Mais les variations dans le traitement réservé ne sont pas le seul fait de certaines employées : elles sont inscrites dans l'organisation spatiale de l'établissement lui-même (*cf.* troisième partie).

Un effet spécifique : être « vieux des étages »

Vieux « présentables » / vieux « indignes »

L'organigramme de l'établissement fait apparaître un collectif de travail classique, avec sa base, ses fonctions intermédiaires et sa direction. La continuité apparente

1. Everett C. Hughes, *Le Regard sociologique*, Éditions de l'EHESS, 1996 (particulièrement pp. 59-136).

du collectif de travail est aussi assurée par l'utilisation des différents niveaux de la hiérarchie médicale : femmes de service et auxiliaires de vie, aides-soignantes, infirmières et médecins.

Mais cette présentation officielle masque la séparation entre :

1) une *face « présentable »* de l'établissement, située au rez-de-chaussée, avec son personnel qualifié, blanc de peau, et surtout culturellement plus policé, son mobilier d'allure bourgeoise et ses personnes âgées plus ou moins présentables ;

2) une *face « à cacher »*, dispersée dans les trois étages, avec son personnel peu ou pas qualifié, noir de peau, loin des standards culturels et des convenances, son mobilier réduit au plus fonctionnel, et ses personnes âgées particulièrement dégradées physiquement et/ou mentalement, bruyantes et malodorantes.

Outre cette description synthétique, cette séparation se manifeste à travers plusieurs signes : par exemple, les employées qui ne sont « pas à leur place » changent d'attitude quand elles se rendent dans « l'autre univers » ; la directrice de passage aux étages a souvent tendance à percevoir comme exceptionnels et accidentels certains événements qui la troublent (comme l'odeur des changes mélangée au parfum censé la recouvrir) ; les familles en visite ne font que *passer* aux étages (elles se font souvent « descendre » leur vieux au rez-de-chaussée...).

Le point de non-retour

Le bilan médical réalisé à l'entrée dans l'établissement n'est pas le seul à définir la « bonne place » du nouveau résident : le degré d'encombrement, l'apparence suffisamment « digne »... comptent aussi. Mais la place gagnée au rez-de-chaussée n'est jamais un acquis : les événements qui rapprochent un résident de la population des étages (forte incontinence, confusion verbale prenant la forme de cris et gémissements) auront rapidement pour effet de le fixer aux étages.

Le placement du côté « invisible » de la maison de retraite est souvent définitif, précisément parce que ni le dispositif ni les individus en place (qui pourraient pallier l'absence de politique dans ce sens) ne sont adaptés pour repérer les améliorations susceptibles de justifier un retour au rez-de-chaussée.

Conclusion

Voilà comment peuvent cohabiter paisiblement, et sans trop de mauvaise foi, un « idéal d'humanité » et des pratiques réduites à un « gardiennage des corps ». Le décalage entre le projet « humaniste » de ces dispositifs gérontologiques et la politique de recrutement de personnes sous-qualifiées repose en partie sur la croyance selon laquelle bien s'occuper des personnes âgées dépendantes serait en quelque sorte une compétence « naturelle ».

Cette croyance est issue à la fois de l'idéologie bourgeoise qui prête une « bonté d'âme » aux domestiques (dont les auxiliaires de vie sont en partie les descendantes), et plus généralement aux femmes. Or, l'enquête empirique montre bien que cette croyance est infondée ; et ça se voit même assez facilement.

Quels seraient alors les intérêts à cette croyance ? Du côté des employeurs, la faible qualification des employés permet d'économiser sur les salaires. Du côté de l'État (qui pourrait réguler les exigences de qualification), ces pratiques font exister un bassin d'emplois pour bien des personnes qui sans cela seraient assez inemployables (c'est également le cas pour les assistantes maternelles).

Une enquête monographique se heurte bien entendu à la question de la généralisation de l'analyse. Dans le cas présent, le fait que cet établissement soit privé, à but lucratif, situé en région parisienne et qu'il accueille des personnes âgées fortement dépendantes n'est pas étranger à ce qui peut s'apparenter à une forme institutionnelle de maltraitance « légitime » (au sens sociologique, et non au sens moral). On ne peut donc généraliser, mais seulement considérer que les mêmes causes produisent les mêmes effets.

Par contraste, une enquête en cours sur l'univers du bénévolat autour des personnes âgées (avec l'exemple de l'association les petits frères des Pauvres) souligne bien que d'autres types de recrutement, d'autres types de personnes âgées (plus valides) et un autre ratio aidants/aidés produisent des configurations radicalement différentes.

Si ce qui ressort de cette analyse, c'est l'apparente inéluctabilité des inégalités de vieillissement social, l'utilité de la sociologie pourrait alors être de préciser leurs conditions de possibilité, afin de les réduire plutôt que de les nier. « Faire des miracles » ne relève pas du miracle : cela s'apprend.

Annexe

(suite aux discussions qui ont suivi la communication)

Les présentations ethnographiques du vieillissement peuvent facilement être accusées de produire une « vision déficitaire de la vieillesse ». Ce qui est proposé ici est une vision sociologique du vieillissement, et on définit alors le *vieillissement social* comme l'usure et la dévalorisation d'un ensemble de ressources nécessaires à un individu pour conserver sa position sociale. C'est quand vieillissement social et vieillissement biologique coïncident que le second impose son pouvoir explicatif au premier, en faisant écran. Le vieillissement social « se mesure au nombre des changements de la position occupée dans la structure sociale qui ont pour effet irréversible de resserrer l'éventail des possibles initialement compatibles »[1]. Par définition, la vision est alors nécessairement « déficitaire », mais ne vise pas *l'ensemble* des personnes âgées (délimitées par exemple selon le critère administratif de l'âge), puisque ce n'est pas *l'ensemble* d'une classe d'âge qui se retrouve, par exemple, en maison de retraite.

Pour repousser le risque d'une « vision déficitaire de la vieillesse », le sociologue peut être tenté de se rabattre

1. Pierre Bourdieu, « L'invention de la vie d'artiste », *Actes de la recherche en sciences sociales*, n° 2, 1975, pp. 67-93 (p. 75).

sur la définition biologique et médicale (l'état de santé), ou sur celle de l'état civil (l'âge). Mais il prive alors sa discipline de toute autonomie, puisqu'il hérite d'une définition toute prête de ce qu'est un « vieux ». Et ce faisant, ce sont précisément les accusateurs « anti-déficit » qui tendent à enfermer un ensemble d'individus pourtant socialement hétérogènes dans un même mot qui, quoi qu'ils en pensent, reste péjoratif.

Ne dira-t-on pas justement d'un homme de quatre-vingts ans qui fait du sport, qui n'a pas besoin d'aide à domicile, qui voit régulièrement ses enfants et petits-enfants, qui emmène sa femme au restaurant, qui participe au conseil d'administration d'une grande entreprise qu'il est « encore jeune »[1] ?

---

1. À l'inverse, le travail de Stéphane Beaud et Michel Pialoux montre efficacement l'usure symbolique et matérielle des OS – n'ayant donc même pas atteints l'âge de la retraite – au sein du monde industriel. C'est en isolant le vieillissement social du cadre habituel de la retraite qui y est souvent associé qu'ils soulignent la spécificité du *vieillissement social* (S. Beaud, M. Pialoux, *Retour sur la condition ouvrière*, Fayard, 1999).

Q & A à l'auteur William Réjault

Voici ici regroupées les questions qu'on me pose le plus souvent sur le livre, depuis sa sortie. Sur un salon, à une signature, dans vos mails, parfois sur des plateaux télé ou plus simplement autour d'un café. Et voici donc, aussi, mes réponses...

Es-tu toujours infirmier ?

Non, plus depuis la fin décembre 2008. L'écriture de ce livre a ramené tellement de choses à la surface que j'ai du faire face à mes propres contradictions : soit je restais en cautionnant un système, soit je devais partir ailleurs. L'anecdote ouvrant le livre sur l'intoxication au monoxyde de carbone a également beaucoup joué sur ma décision. Je me suis senti un “moins que rien” et ma vie ne valait pas grand chose aux yeux de mes employeurs, comme j'ai pu le confier à l'antenne de RMC, un jour, au bord de l'épuisement, au bord des larmes. Leur cynisme m'a achevé.

As-tu déjà toi-même maltraité ?

Je n'ai jamais levé la main sur un patient mais j'ai, plus d'une fois, haussé le ton contre une patiente démente qui ne cessait de me “harceler”. J'emploie volontairement ce terme abusif : je ne percevais plus ses répétitions comme une pathologie mais bien comme une agression, je n'étais donc plus professionnel dans ma prise en charge, je n'étais plus dans mon rôle, il était temps de prendre du recul avant de franchir la ligne jaune. Dans un même ordre d'idée, j'ai pu fermer une porte ou éviter une chambre lorsque les plaintes de la personne me dépassaient : je ne pouvais rien faire par manque de temps, de personnel ou parce qu'il n'y avait qu'une seule réponse possible, passer une heure auprès d'elle, entre êtres humains, pour éviter qu'elle ne souffre de solitude. Mes fuites me rendaient mal à l'aise. Je ne dormais plus, j'ai pris beaucoup de poids.

Tes (anciens) collègues ont-ils lu le livre ?

Oui, certains. J'ai trois anecdotes à ce sujet. Je fus appelé quelques jours après la sortie du livre par la directrice de l'établissement, furieuse, qui avait lu dans le *Figaro* un article portant sur l'ouvrage. Elle était hors d'elle et ne cessait de me reprocher mon livre. Je me défendais comme je pouvais : « Je ne cite personne, madame, l'établissement n'est pas reconnaissable...

— Et alors ? Et quand bien même, William ? Vous n'aviez pas à sortir ce livre !

— Je n'ai écrit que la vérité, Madame !

— Et alors ? Je ne vous reproche pas d'avoir dit la vérité, je vous reproche de le faire en public ! Avez-vous pensé aux répercussions sur vos collègues ?

— ... »

Sans commentaire, non ?

Autre anecdote troublante, mon « amie » la psychologue de l'établissement, avec qui je passais des heures à parler des patients, de mes collègues, de ce que je voyais et qui me semblait clairement de la maltraitance, cette psychologue qui savait absolument tout, TOUT, de ce qui se passait dans la maison... fut chargée après mon départ d'animer des groupes de parole. Excellente initiative, me direz-vous. À un détail près. Ces groupes de paroles m'étaient consacrés et ils traitaient de la souffrance que j'avais infligée à l'établissement, au personnel, aux patients. J'étais dépeint comme un dangereux mythomane qui avait tout inventé dans le but de faire souffrir et mes collègues étaient invités à relâcher leur colère contre moi ou... fortement poussées à le faire. Je fus scandalisé de l'apprendre : si mon livre évoquait parfois leurs comportements, je n'avais pas l'intention de faire du mal à qui que ce soit. En instrumentalisant mon action, en me diabolisant, on les a maltraitées un peu plus encore. Elles furent coachées par les personnes dont je fus le plus proche (éthiquement, amicalement) et, collectivement, institutionnellement, il fut décidé, instauré, que « j'avais tout inventé ». Je plains ces personnes. La directrice qui fit comme elle put pour réparer les « dégâts » causés par ma prise de parole (je parle comme eux, voyez) fut elle-même licenciée sept mois plus tard. Quand à la psychologue qui cautionna ces groupes de paroles, pour quelques euros par mois dont elle avait besoin (elle avait du mal à joindre les deux bouts, jonglant avec les vacations), je ne peux que lui adresser toute ma compassion. Sincère. J'espère que ces personnes arrivent à dormir.

Plus troublant, il y a quelques mois, un coup de fil, tard, un soir. Une voix qui m'est familière. Qui tient à rester anonyme. Qui m'agace. L'homme me demande si je souhaite témoigner, encore. Je demande son nom. Il refuse. Il me dit qu'il a des preuves, des photos, des films. Je ne cesse de lui demander, encore et encore, qui il est. Il finit par lâcher le morceau : « Je suis l'infirmier que tu as remplacé et formé en deux jours, à ton départ.

— Oh...Voilà, je me souviens. Mais qu'est-ce que tu me veux ?

— Je veux que tu témoignes pour moi. Depuis que tu as quitté la maison, c'est toujours la même histoire. Je suis écœuré. J'ai pris des photos, des vidéos, j'ai de quoi te fournir plein de munitions pour faire fermer l'établissement.

— Rien n'a donc changé ?

— Rien, non. Ils disent que c'est "structurel" et qu'on "ne peut rien y faire". Veux-tu témoigner à ma place, alors ?

— Non. Je suis épuisé de parler dans le vide. Ton coup de fil m'apaise ("j'avais donc raison, je n'ai rien imaginé, on tend à le penser quand les souvenirs s'effacent") et m'angoisse à la fois. Tu dois parler, toi. C'est ton tour. Moi on ne me croira plus si je reviens avec une deuxième salve. Il faut laisser la parole à d'autres soignants. Prends-la. Expose la situation.

— Je ne saurai pas faire. »

Il ne me recontacta pas.

Un dernier coup de fil, enfin. Une voix que je reconnais, encore. Une ancienne collègue d'Alsace, infirmière, à qui une famille a recommandé ce livre de « l'infirmier qui témoigne » et qui l'a dévoré en une nuit. Stupéfaite, elle a reconnu l'établissement dont je parle, et pour cause, elle y travaille toujours. Elle a retrouvé mon numéro de portable en fouillant dans les archives du personnel. Elle est en larmes : « Si tu savais, si tu savais... »

Je commence par m'excuser :

« Je suis désolé, je t'ai blessée en déballant tout ça...

— Non, pas du tout, je ne pleure pas pour ça. Je pleure parce que tout est pire depuis ton départ il y a cinq ans. Nous étions sept IDE (infirmiers diplômés d'état) à plein temps, nous ne sommes plus que deux... et ils comblent les trous, quand ils le peuvent, avec de l'intérim... Quand ils en trouvent ! Personne ne veut venir travailler chez nous, personne ! Et même des fois, personne ne vient car les budgets ne permettent plus de prendre des intérimaires qui coûtent une fortune. J'ai perdu huit kilos, je suis sous antidépresseurs depuis des mois... Mon mari me dit que je vais me tuer à la tâche mais je ne peux pas laisser les résidents livrés à eux-mêmes, non ? Qu'est-ce qu'ils vont devenir ? »

Question sans réponse. Elle y travaille toujours, aux dernières nouvelles.

Que te dit-on après la lecture ?

Les soignants me racontent neuf fois sur dix qu'ils vivent la même situation, parfois en « moins pire », parfois aussi désastreuse, et ils me remercient de les rassurer sur leur état d'esprit. Non, ils ne sont pas délirants, non, ils ne sont pas seuls à penser que le système est devenu fou.

Combien d'établissements sont concernés par ce que tu racontes dans le livre ?

Aucune idée. Une minorité, j'espère. Je suis peut-être malchanceux, tout simplement. Je crois, hélas, que la réalité est tout autre. Je ne dispose d'aucun chiffre précis. Mon témoignage n'engage que moi et les situations que j'ai vécues.

As-tu inventé certaines situations dans le livre ?

Non. J'ai même du couper certaines anecdotes à la demande de l'éditeur qui trouvait que « cela faisait beaucoup ». Mon témoignage reste cependant un témoignage humain. Les policiers qui interrogent cinq témoins après un drame obtiennent cinq avis différents, cinq points de vue, sur les circonstances exactes. La vérité absolue n'existe pas. Mon témoignage est fragile : il est basé sur mes émotions, mes souvenirs, mes colères. Je connais des infirmiers qui auraient agi différemment, qui auraient trouvé normales certaines situations. Chacun sa façon de voir, d'interpréter, de témoigner.

Que fais-tu désormais dans la vie ?

Je travaille actuellement dans une maison de disques.

« Tu ne portes pas dans ton cœur certaines professions, dans le livre. »

Faux. Je pointe du doigt les carences en formation des professionnels sous payés avec qui je devais travailler. Je ne jette la pierre sur personne et, si j'ai blessé des aides-soignantes, des auxiliaires de vie, des aides médico-psychologiques, je vous prie de m'en excuser. J'ai été formé par des femmes et des hommes qui parfois n'avaient aucun diplôme et qui m'ont énormément appris. J'ai travaillé avec des aides-soignantes qui en savaient plus que des médecins et des médecins qui travaillaient plus durement que certaines infirmières, retroussant les manches pour aider les AMP aux toilettes pendant que l'infirmier buvait son café. Je le sais. C'était moi qui buvais le café ce jour-là...

Acceptes-tu de témoigner devant les médias, encore ?

Non. Je ne m'estime plus compétent pour le faire. Cela fera deux ans bientôt, à l'heure où j'écris ces lignes, que je ne suis plus sur le terrain. Je ne peux parler de choses qui sont désormais si loin dans ma tête... ou si proches quand j'ouvre un journal. Je laisse la parole aux secrétaires d'état, aux collègues, aux familles... Et je n'entends pas grand chose.

« C'est facile d'écrire un livre mais c'est plus compliqué de se battre au quotidien, tu as fuis ! »

Cette phrase me laisse songeur... et je l'ai entendue en direct à la radio. Elle m'a fait l'effet d'un uppercut. Il est très difficile d'écrire un livre sur un sujet aussi noir : la catharsis est monumentale. De plus, prendre la parole devant des médias, ne parler que de son expérience mais être perçu comme un porte-parole d'un problème global est un réel fardeau. Chaque mot doit être posé, chaque phrase doit être réfléchie. J'ai beaucoup souffert en rédigeant le livre mais la promotion a été encore plus épuisante. Se retrouver face à Thierry Ardisson pendant vingt minutes pour parler de maltraitance n'a rien de facile ou d'amusant. C'est une épreuve. J'ai vécu chaque direct à la télévision, à la radio comme un combat dont je devais ressortir vainqueur par respect pour les gens dont je parlais dans le livre. Les journalistes ne voulaient parler que de maltraitance, de choses négatives, ils cherchaient la « petite phrase ». J'étais déchiré entre l'envie de parler et la peur de généraliser un discours qui n'était, somme toute, que mon expérience.

Y a-t-il eu des échos à ton ouvrage ?

Non, je ne pense pas. Je sais que certaines écoles d'infirmiers, d'aides soignants (en Suisse, en Belgique) donnent à lire l'ouvrage aux élèves. Je n'ai jamais été contacté par un seul politique depuis la sortie du livre, de gauche comme de droite. Aucun ministre, secrétaire d'état, maire ou préfet. Rien. Personne... sauf un homme qui bâtit des maisons de retraite un peu différentes dont il est encore trop tôt pour parler et avec qui j'ai réfléchi, pendant quelques mois, aux aménagements possibles.

Tu n'es plus infirmier, cela te manque-t-il ?

Parfois, oui. Humainement. Mais... un infirmier reste toujours un infirmier, quelque soit les situations et le lieu, le soignant formé continue à évaluer et à agir selon ses études, son expérience, plus discrètement, je le concède, mais il continue à soigner !

Conseillerais-tu à un bachelier de devenir soignant ?

Oui. Sans hésitation. Que ce soit pour cinq ans, dix ans ou toute une vie, voilà un métier qui apprend à celui qui veut bien l'entendre à s'élever. Un peu de plomb dans la cervelle, un peu de recul sur les petites souffrances du quotidien, un peu d'amour à donner, enfin, et cela n'est jamais désagréable, de donner. J'ai beaucoup reçu durant ma carrière professionnelle, probablement bien plus que je n'ai donné... mais jamais moins, en tout cas. Ce métier m'a rendu meilleur. Je ne serai jamais devenu celui que je suis sans ces années en blouse.

Remerciements

Pour Virginie Fuertes qui est à l'origine de ce livre, de la première à la dernière page, sur le fond comme sur la forme. Merci, sincèrement.

Pour Marion, collègue au grand cœur, sans qui une certaine maison de retraite n'aurait plus son âme depuis bien longtemps.

Pour Madame B. (ancienne Madame H.), humaine et généreuse, incroyable directrice, incroyable bonne femme.

Et une pensée pour les soignants auprès des vieux qui ne baissent pas encore les bras, qui veulent encore y croire.

Table des matières

Préface 7

Prologue 9

Première partie : Mon expérience 23
La Sirène 35
La Résidence 47
Une journée ordinaire 51
J'aime les vieux 58
Mes meilleurs souvenirs 62

Deuxième partie : La maltraitance 67
Qu'est-ce que la maltraitance ? 70
Comment tuer un vieux en 10 leçons 73
Maltraiter sans tuer 87
La manière de parler 87
Rendre quelqu'un incontinent 89
Droguer quelqu'un 91
Placer quelqu'un en HP 93
L'acharnement thérapeutique 94
L'excès de sollicitude 97
Maltraitance par fainéantise 99
Des activités inadéquates 100

La directrice généreuse, surtout avec elle-même 103
Maltraiter un cadavre 106
Les familles maltraitantes 109
L'infantilisation des patients par les enfants 117
La maltraitance comme exutoire ? 118
Les familles 119
Les pervers 120
Quand les patients sont odieux 123
Qu'est-ce qui rend les patients difficiles à vivre ? 125
On les dépossède 125
Le regard des autres 130
La vie à huis clos 133
Le sentiment d'abandon 134
Le cas d'Olivia 137

Troisième partie : Les failles du système 141
État des lieux 144
Le nombre de personnes âgées est en constante augmentation 144
Le nombre de soignants et les formations ne sont pas adaptés 145
Des locaux inadéquats 147
Où est l'argent ? 147
Le temps consacré aux patients 152
Les effectifs 152
Les cadences effrénées 157
Temps de présence, tant de présences ? .. 159
Le rouleau compresseur des horaires 163
La rationalisation du travail 164
Le turnover 166
Les postes se confondent 171

Les formations 171
Les aides médico-psychologiques 173
De la gérontologie à la géronto-psy 178
L'homme d'entretien 184
Les filles d'origine étrangère 186
Les médicaments, les activités, le suivi psychologique du personnel 190
Les salaires 199
La conséquence : la maltraitance 206
On déshumanise le patient 206
Dénoncer la maltraitance 210
La lente dégringolade 221

Quatrième partie : Des solutions possibles 233
La garde à domicile 235
La journée idéale d'un infirmier 243
En Suisse 249
Faire entrer le monde 252
Les arts 252
Des bénévoles 253
Les crèches 254
Les familles mieux présentes 258
Les animaux 261
S'ouvrir aux méthodes alternatives 263
Les Snoezelen 265
Les Cantou 267
Les maisons de retraite alternatives 269
Des maisons de retraite pour homosexuels, des maisons de retraite communautaires… 271
Les trois en un 274
L'euthanasie 275
Comment choisir sa maison de retraite 281

Annexes 291
Métiers non qualifiés et exigence de dispositions exceptionnelles – Le petit personnel en maison de retraite 297
Tensions entre résidents et salariés 300
La politique salariale de l'établissement ... 300
Les tensions culturelles 300
Un effet général : le déclassement par le placement en institution 302
La soumission à un « temps industriel » 302
« Au milieu des gagas » 302
Le principe de lutte contre « l'encombrement » 303
Un effet spécifique : être « vieux des étages » 305
Vieux « présentables » / vieux « indignes » 305
Le point de non-retour 306
Conclusion 307
Annexe – (suite aux discussions qui ont suivi la communication) 309

Q & A à William Réjault 316

Remerciements 311

9474

Composition
PCA

Achevé d'imprimer en Espagne
par LITOGRAFIA ROSÉS
le 2 janvier 2011. EAN 9782290022016

Dépôt légal janvier 2011.

ÉDITIONS J'AI LU
87, quai Panhard-et-Levassor, 75013 Paris

Diffusion France et étranger : Flammarion